JN410170

법 구 비 유 경

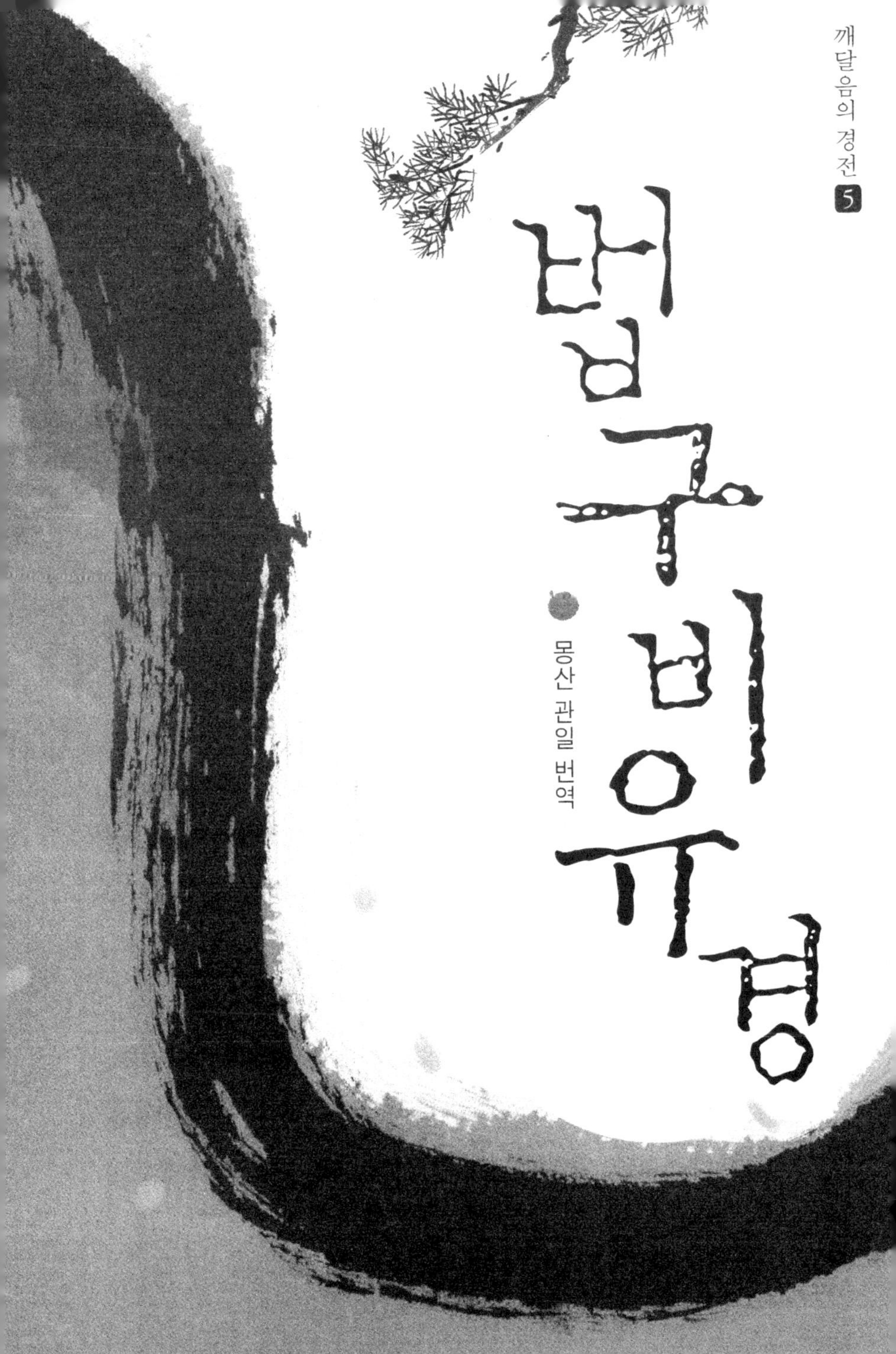
깨달음의 경전 5
법구비유경
몽산 관일 번역

법구비유경을 펴면서

이 법구비유경은 아함부와 반야부의 가교역할을 하는(불경으로서는 특수한 형식을 지닌) 경전이다.

제목이 시사하듯이 법구경의 시에 대한 배경 설화를 주제별로 분류하여 과거 · 현재 · 미래에 일어났거나 현재 일어나고 있거나 장차 일어날 수 있는 인연담을 은유와 직유로써 적절하게 표현하였다.

이 경전은 모두 네 권이고 마흔 가지 주제가, 일흔세 가지 이야기에 담긴 부처님의 가르침이 여름의 밤하늘에 별같은 그런 경전이다. 일흔세 가지 가르침은 단편 소설이나 콩트처럼 짧으면서 단일한 주제를 삼세에 넘나들며 부각시켜 확대경처럼 뚜렷하게 보여줬다.

이 경전은 30년 전에 이미 동국역경원에서 번역하여 법구경 · 백유경 · 불소행찬과 함께 한글 대장경 제20권으로 간행했으나 이 경전이 단행본으로 나오는 것은 이번이 처음이다. 1989년 국어 어법이 바뀌기 전에 출판하였으니, 현재 어법에 익숙한 이들의 눈에는 여러 군데 오류가 발견될 것이다. 그런 것을 동국 역경원 역경위원인 관일 스님이 재번역하여 원고를 보내 왔기에 일별一瞥하고, 앞으로 한글대장경을 모두 이렇게 다시 번역해야 하겠다는 생각을 했다.

이 경을 번역한 역자는 어릴 때 운허스님의 시봉을 십 수 년 하면서 강원에서 불경을 공부했고, 또 고등학교 교사로 이십 수 년 간 교편을 잡았었다. 1994년부터 동국역경원에서 6년 동안 고려대장경(팔만대장경) 40여 권을 번역했던 불가佛家의 내 아우다. 재입산하여 계를 받고 '다음 세상에 사람으로 태어나는 것' 을 목표로 정진하며, 본연부를 대표하는 현우경賢愚經 · 잡보장경雜寶藏經 · 백유경百喩經 · 비유경比喩經 · 찬집백

연경撰集百緣經 · 대장엄론경大莊嚴論經 등을 번역하여 부처님과 스승님과 단월에게 보은하겠다는 야무진 원을 세우고 있으니, 앞으로 읽기 편하고 쉬운 불경이 계속 나올 것이다.

생각만 해도 기분이 좋아, 몇 년은 더 살겠다.

역자가 재번역하겠다는 본연부 경전에 대해 부연하면 소승과 대승을 한꺼번에 쉽게 알 수 있게 하는 이야기 체, 즉 줄거리가 있고 주제가 분명하며 구성이 문학적 형식을 갖춘 그런 경전이다.

이 세상 어떤 책에도 불경에 없는 이야기는 없다. 바로 본연부가 이야기 불경의 중심이니, 여기에는 오이디푸스 비극 · 일리어드와 오딧세이 · 베니스의 상인 · 소돔과 고모라 · 홍해의 기적 · 심청전 · 콩쥐팥쥐 · 별주부전 등 이야기의 모태인데, 법구비유경도 그 모태 가운데 하나다.

이 경전을 읽는 모든 불자님들, 백문이 불여일견입니다. 지금까지 듣기만 하던 불자에서 부처님의 육성을 직접 보고 읽는 불자로 변화하십시오. 이 경전을 자제들에게 꼭 읽게 하십시오. 이 경전은 내용이 진부하지 않고, 또 지루하지도 않습니다. 부처님의 가르침인 경전을 직접 읽으면 삼천년 전 갠지스 강변의 장엄한 오케스트라가 불자님의 귀에 들리고, 형형색색의 거대한 대파노라마가 불자님 눈앞에 펼쳐집니다. 그러면 법 눈이 생겨 세상을 바로 볼 수 있어, 부처님의 참 가르침을 짐작할 수 있습니다.

나무석가모니불

불기 2551년 11월 1일

동국역경원 원장 월 운 씀

번역을 하면서

어느 국가나 그 국가가 고유한 말을 사용하고 있다면 그 국가 구성원들은 그들의 고유한 문화를 소유하고 있다. 특히 그들이(고유한 문화를 소유하고 있는 국가가) 고유한 문자까지 사용하고 있다면 그런 국가는 독립된 문화를 보유함은 물론 새로운 문화를 생성 발전시킬 수 있는 저력이 있는 국가다.

우리나라는 고유한 말과 유례를 찾을 수 없는 완벽한 이론을 바탕으로 과학적인 조직 체계를 지니고 있는 한글이라는 뛰어난 문자를 가지고 있다. 그러나 역사가 존재하기 시작하면서부터 사대事大사상이 뿌리를 깊이 박아 말과 문자가 사대화 됐으니, 역사 이전에 존재했던 순수한 우리 민족 고유의 깊이 있는 문화는 뿌리를 내릴 수 없는 토양으로 변해 버렸다.

그 이유는 지식인들이 사대문화에 젖어 우리의 고유한 문화를 백안시함 때문이니, 지위 유지에서 비롯된 현실에 안주하는 이기적 무책임에서 비롯되었다. 이러한 현상이 지금도 공공연하게 자행되고 있다. 지식인이 외국어는 모르면 창피한 줄 알면서 국어의 어법을 모르는 것을 당연시하는 전도된 발상이 우리 고유문화의 말살을 부채질하고 있다.

이러한 현상은 불경佛經을 한글로 번역하는 데서도 두 갈래로 나타났다. 한 켠은 고유명사나 불교의 술어를 우리 글로 풀어서 표기(1980년 중반까지)하는 것을 원칙으로 하고, 그렇게 번역을 해왔던 이들이 역경원 1세대들이고, 2세대들이 번역 일선에 포진하면서부터 어릴 때부터 귀에 익었던 대로 술어를 한자어 그대로 표기했다. 1세대 가운데 어떤 분이 고유명사까지 번역을 하여 표기했는데 당시 불교계의 반응은 우리 혼의 독립을 싫어했다. 심지어 1세대 가운데서도 너무 심한 풀이가 아니냐는 불평을 했다.

역경원에서 번역 간행한 불명경佛名經(한글대장경 56책)을 보면

99% 이상의 부처님 명호를 한자어로 번역한 중국인들과 술어의 번역을 거부한 우리나라 역경위원들의 자국 문자에 대한 긍지와 자부심과 그리고 근시안적인 무식을 엿볼 수 있는 좋은 본보기다.

본인이 천착한 '역경원 역경 예규 소고小考(1998년 간행 월운스님 고희 논총)' 에서도 밝힌 것과 같이 번역한 경전은 번역한 글이 의미를 전달하는 데 주가 되어야 한다는 주장을 했다. 따라서 본인이 이번에 번역한 법구비유경에서는 철저하게 풀이했고 번역의 냄새를 지우기 위해 번역문을 몇 번이나 손질한 뒤에 출판을 결심했다.

다행히 나의 뜻을 이해하고 출판을 맡아준 김태균 거사님, 김은경 보살님과 그리고 (주)은성프린터스 차준은 회장님과 직원 여러분께 불은이 항상 하시기를 빕니다.

2. 특별한 점

1) 인명과 지명은 범어 발음으로 표기하는 것을 원칙으로 했다.

왕사성→ 라자그리하, 아난→ 아난다, 가섭→ 카사파

2) 장음을 표기한 아 · 이 · 우 · 오 등은 표기하지 않았다.

슈라아바스티이→ 슈라바스티

그리드라쿠우타→ 그리드라쿠타

3) 관용적으로 표기하고 있는 술어는 그대로 표기했다.

제타와나나트카핀다다샤라마jetavanathapiṇḍadasyarama

→ 기수급고독원

베뉴바나veṇuvana → 죽림정사, 아라한arhan → 아라한

4) 법수나 술어는 대개 풀어서 표기 했다.

天人 → 하늘 사람, 三世 → 세 세상

五蘊 → 다섯 가지 쌓임, 行 → 지어감

5. 지문에서 말하는 이와 듣는 이를 구별하여 어체를 정리하려고 노력했다. 모든 경전이 부처님의 설법이지만, 그러나 경전이 세상에 전해진 직접적 동기는 결집이라는 절대적 과정을 거쳤다. 결집의 주인공인 아난다께서 500분의 대아라한 앞에서 '어떤 어체를 사용했을까?' 를 생각해 보고, 나름대로 정리하여 표기에 큰 변화를 주었다.

보기)

어느 날 집무를 마친 왕은 걸어서 부처님께 가서 ◈절했다.

어느 날 집무를 마친 왕은 걸어서 부처님께 가서 ⊙절했습니다.

부처님께서는 자리를 권하고 왕에게 ◈물었다.

부처님께서는 자리를 권하고 왕에게 ⊙물었습니다.

◈는 동국역경원 간행 제20권 광연품 224쪽 상단

⊙는 본 한글 법구비유경에 사용한 어법

위의 어체를 경어체로 바꾼 것은 아난다 존자께서 결집 당시 500분 대아라한 앞에서 하신 말씀이니, 말하는 이와 듣는 이의 관계를 고려 한 어법이다.

위와 같은 표기들이 기성불교인들에게 다소 혼란을 초래할 수 있으나, 번역한 불경의 수명이 기성 불교인들의 수명보다 더 길 것이고, 새로 불교를 만나는 불자들은 제대로 된 한글 경전을 읽을 권리가 있고, 지금 불교의 지식인들은 새로운 불자들에게 진정한 한글 대장경을 읽게 해주어야 할 의무가 있기 때문이다.

6. 경전에 나오는 어려운 낱말은 본문 낱말 위에 *표를 하고 책 끝에 풀이를 붙였다.

7. 품品마다 내용을 분류하여 본래 경전에 없던 작은 제목을 붙여 독자의 소양에 따라 읽을 내용을 선택하게 했다.

아무쪼록 이 경전이 부처님의 가르침을 일반인들이 쉽게 접하는 데 가교역할을 한다면 더 없는 영광이겠다.

불기 2551년 11월 1일

역 자 씀

1권

2권

3권

4권

1권

깊이 생각하여 방일하지 말고
사람을 위하여 자비를 배우면
그 때부터 근심은 없어지나니
언제나 생각하여 스스로 욕심을 없애라

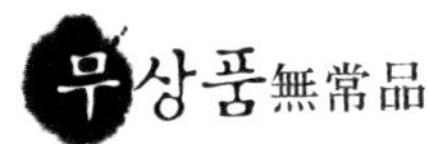

무상품無常品

임종 때에라도 삼보에 귀의하라

옛날에 제석천왕帝釋天王은 다섯 가지 덕德이 몸을 떠나자, 스스로 목숨이 다하여 반드시 인간 세상의 옹기장이 집에서 부리는 나귀의 새끼로 태어날 것을 알았습니다. 몸에서 떠나는 다섯 가지 덕은 무엇인가? 첫째 몸에서 광명이 없어지고, 둘째 머리 위에 꽃이 시들고, 셋째 왕좌에 앉아 있기가 싫고, 넷째 겨드랑이에서 땀 냄새가 나고, 다섯째 먼지나 흙이 몸에 붙는 것입니다. 이 다섯 가지 일로써 복덕과 수명이 다한 것을 스스로 알고 매우 크게 근심하고 걱정했습니다.

제석천왕은 '세 세계* 안에서 사람들의 괴로움과 액난을 구제해 줄 분은 오직 부처님이 있을 뿐이다.'라고 혼자 생각하고, 곧 재빨리 부처님께서 계시는 곳으로 갔습니다. 그 때에 부처님께서는 그리드라쿠타산*에 있는 돌집에서 좌선*중이셨는데, 보제삼매普濟三昧*에 들어 계셨습니다.

제석천왕이 부처님을 뵙고 큰절을 드리고 땅에 엎드린 채 지극한 마음으로 부처님과 법과 거룩한 스님들께 귀의하고, 땅에 엎드린 몸을 일으키지 아니한 그 시간에 홀연히 수명이 끝나고 바로 옹기장이 집의 나귀 뱃속에 새끼로 잉태되었습니다. 그 때에 나귀가 고삐를 끊고 굽기 위해 말리는 기와와 그릇을 깨뜨리며 내닫자, 옹기장이는 나귀를 몽둥이로 때렸으며, 몽둥이에 맞은 나귀는 즉시 유산을 했고, 나귀에게 잉태되었던 제석천왕의 정신은 부처님 앞에 엎드린 제석천왕의 몸에 돌아가 다시 다섯 가지 덕을 갖춘 본래의 제석천왕이 되었습니다.

그 때에 부처님께서 삼매에서 깨어나 제석천왕을 칭찬하셨습니다.

"장하구나. 제석은 운명하는 때를 당하여 삼보에게 귀의했기 때문에 죄업이 이미 없어져 다시 괴로워하지 않게 되었구나."

부처님께서 시를 읊으셨습니다.

지어가는 것은 항상 하지 않고
흥망하는 법이라 말하느니라.
태어났는가 하면 문득 죽나니

열반만이 즐거움이니라.

마치 옹기그릇 만드는 이가
흙을 개어 그릇을 만들어도
모두가 반드시 깨어지듯이
사람의 생명도 그러하느니라.

제석천왕이 이 시를 듣고 항상함이 없는 이치를 알았고, 죄와 복의 변화를 통달했고, 흥망성쇠의 근본을 이해했고, 열반에 이르는 지어감을 준수하고 기뻐하며 받들어 지니더니 스로타판나*의 도를 얻었습니다.

강물이 흐르듯

옛날 부처님께서 슈라바스티*에 있는 기타 숲 외로운 이 돕는 절*에 계시면서 모든 하늘 사람 · 용 · 귀신들을 위하여 설법하셨습니다.

그 때에 구십 살이었던 프라세나짓왕*의 어머님이 갑자기 앓더니, 의원이 치료를 했으나 회복하지 못하고 운명하였습니다. 왕과 신하들이 장례법에 따라 옮겨 장례를 마치고, 부처님 계신 곳을 지나다가 옷과 신발을 벗고 부처님 앞에 큰절을 드리자, 부처님께서는 자리를 권하시고 왕에게 물으셨습니다.

"대왕은 어디서 오시기에 옷은 누추하고, 얼굴이 평상시와 다르니 무슨 일이 있었소?"

왕이 고개 숙이고 말하였습니다.

"국대부인國大夫人(왕의 어머님. 역자 주)께서 연세가 구십 이셨는데 중병이 들어 갑자기 돌아가셨습니다. 유체를 무덤에 안장하고 지금 막 돌아오다가 부처님을 뵙는 것입니다."

세존께서 대왕에게 말씀하셨습니다.

"옛날부터 지금까지 크게 두려운 것이 네 가지가 있소. 태어나서 늙고, 마르고, 병들면 몸은 탄력이 없고, 죽으면 곧 정신은 육친과 가족들을 떠나나니, 이것이 네 가지요. 사람의 목숨은 기약할 수 없고, 만물은 덧없으니 오래 보존하기 어렵소. 하루가 지나가듯 사람의 생명도 또한 그렇소. 다섯 강물이 밤낮 흘러 쉬지 않나니, 사람의 목숨도 빠르기가 이와 같소."

세존께서 시로써 말씀하셨습니다.

강물이 흘러흘러
가고는 돌아오지 않듯
사람의 생명도 그러하여
가버린 것은 돌아오지 않네.

세존께서 대왕에게 말씀하셨습니다.

"세상은 다 이러하여 영원히 존재하는 것은 없고, 다 죽음으로 돌아감을 벗어 날 수 있는 것은 없소. 옛날의 국왕과 부처와 진인眞人*과 다섯 신통을 증득한 신선들도 또한 죄다 죽음으로 돌아가 지금까지 머문 이가 없소. 헛되이 슬퍼함으로써 건강을 해치지 마시오. 대개 효자가 돌아가신 이를 불쌍히 여기면 복과 덕이 되나니, 그 복덕이 흘러가 죽은 이를 따르는 것은 마치 먼 길을 떠나는 이에게 음식을 마련해 주는 것과 같소."

부처님께서 이 말씀을 하실 때에 왕과 신하들은 모두 기뻐하면서 근심과 걱정을 잊었고, 그 법회에 모인 일체 대중들도 도의 자취를 증득했습니다.

끓는 솥에 물이 줄듯이

옛날 부처님께서 라자그리하성*에 있는 칼란다카 대숲 절*에 계시던 어느 때, 여러 제자들과 함께 어떤 사람의 공양 초청을 받고 성에 들어가 공양하시고 설법하신 뒤 오후 네 시쯤 정사로 돌아오시다가 많은 소 떼를 몰고 성으로 들어가는 사람을 만났는데, 그 소들은 살지고 배가 부르고 이리 저리 뛰며 서로 뿔질을 했습니다. 그것을 보신 부처님께서 시로써 말씀하셨습니다.

목동이 막대기 들고
소를 몰아 풀을 뜯게 하듯이,
늙음과 죽음도 그러해
생명을 기르며 몰고 간다네.

훌륭한 가문의 남녀들
재산을 모아 쌓은들
없어지고 죽지 않는 이 없으니
그런 이가 이 세상 모두 다일세.

태어난 이는 밤낮으로
자기 생명 스스로 깎아 나가서
목숨이 조금씩 줄어드는 것
끓는 솥에 물이 주는 것 같네.

부처님께서 절에 도착하셔서 발 닦으시고 자리에 앉으시자, 아난다*가 앞에 나아가 절하고 사뢰었습니다.

"세존께서 아까 돌아오시는 길에 세 연의 시를 말씀하셨사온데, 그 뜻을 잘 모르겠습니다. 자세히 말씀해주셔서 저희가 알도록 해 주십시오."

"아난다야, 너는 어떤 사람이 소 떼를 몰고 가는 것을 보았느냐?"

"예. 그것을 보았습니다."

"그래 그 소 떼들은 도살장의 소들이었다. 본래 천 마리였으며, 도살장에서 날마다 사람을 시켜 소를 몰고 성 밖으로 보내어 좋은 물과 풀을 먹여 살지게 되면, 그 중에 제일 살진 놈을 가려내어 잡는다. 그렇게 하여 죽은 소가 절반이 넘지만 나머지 소들은 그 사실을 모르고 서로 떠받고 뛰며 소리 지른다. 그 소들이 그러한 사실을 모르는 것이 가슴 아팠기 때문에 시를 읊었느니라."

부처님께서 계속 말씀하셨습니다.

"아난다야, 어찌 그 소들뿐이겠느냐. 세상 사람들도 또한 그러하니라. 언제나 나라는 것에 집착하고 내가 덧없음을 모른 채 다섯 가지 쾌락*에 탐닉하여 그 몸을 가꾸고 기쁜 마음으로 향락하느라 서로 해치고 죽인다. 덧없는 죽음은 졸지에 오건만 까마득히 모르니 이런 사람들이 어찌 저 소와 다르겠느냐."

그 때에 이익을 탐내던 이백 명의 비구가 이 설법을 듣고 스스로 마음을 가다듬더니 여섯 가지 신통*을 얻은 아라한阿羅漢*이 되었고, 그들은 기뻐하며 부처님께 큰절을 했습니다.

비껴가지 못할 것 네 가지 하나

옛날 부처님께서 슈라바스티에 있는 기타 숲 외로운 이 돕는 절에 계시던 어느 때, 여러 제자들을 위하여 설법하고 계셨습니다.

그 때에 어떤 범지梵志*에게 십사오 세 되는 아름답고 총명하고 효성스럽고 변재가 뛰어난 딸이 있었습니다. 범지는 매우 사랑하고 귀여워했는데, 어느 날 갑자기 병이 들어 미처 치료할 시간도 없이 죽어버리니 마치 잘 익은 밭보리가 불에 타 버린 것과 같았습니다. 범지는 근심과 슬픔으로 정신을 잃고 멍청하게 되어 미친 사람 같고 백치와 같았습니다. 그 범지는 '부처님은 큰 성인으로서 사람과 인간들의 스승이시며 법을 말씀하셔서 사람들의 걱정을 없애주신다.'는 이야기를 어떤 사람에게 들었습니다.

그는 부처님께서 계신 처소에 나아가 큰절하고 꿇어앉아 아뢰었습니다.

"저는 본래 아들이 없었고, 오직 딸 하나를 두었는데 그를 사랑함으로써 근심과 걱정이 없었습니다. 어느 날 갑자기 병이 들더니 미처 손 쓸 사이도 없이 저를 버리고 죽었습니다. 저의 마음은 슬프고 죽은 딸이 불쌍하여 스스로 이겨 낼 수 없사오니, 세존께옵서 신비로운 교화를 주셔서 저의 이 근심으로 맺힌 마음의 한을 풀어주시기 바랍니다."

부처님께서 범지에게 말씀하셨습니다.

"이 세상에는 오래 가지 못하는 것이 네 가지나 있소. 첫째 내가 항상 있는 것 같지만 반드시 항상 있을 수 없고, 둘째 부귀함도 언젠가는 가난하게 되고, 셋째 만난 것은 반드시 헤어지게 되고, 넷째 건강이 아무리 좋아도 반드시 꼭 죽는 것이오."

세존께서 시로써 말씀하셨습니다.

항상하다는 것 죄다 없어지고
높으면 반드시 떨어지네.
만나면 반드시 헤어지고
태어난 자는 반드시 죽느니라.

범지가 이 시를 듣고 마음이 열려 이해하고 비구가 되기를 원했고, 부처님께서 허락하시자 수염과 머리카락이 저절로 깎이고, 곧 스님의 모습으로 변하더니, 거듭 항상 하지 아니함을 사유하여 아라한 도를 증득하였습니다.

비껴가지 못할 것 네 가지 둘

✣ 괴로움 주머니

옛날 부처님께서 라자그리하의 기차쿠타산에 계시던 어느 때, 성안에 연화蓮華라는 기생이 있었습니다. 그는 얼굴이 아름다워 그 나라에서는 비교할만한 여자가 없었기 때문에 돈 많고 권세 있는 집의 남자들은 모두 찾아가 즐거움을 만끽했습니다.

그 때에 연화는 부처님의 법을 좋아하는 마음이 저절로 일어나 세상의 일을 버리고 비구니가 되려고 하였습니다. 부처님이 계시는 기차쿠타산을 향하여 길을 가다가, 아직 반쯤 못 간 지점에서 어떤 우물을 발견했습니다. 그녀는 목이 마르던 터라 우물가로 가서 물을 마시고 손을 씻다가 물에 비친 제 얼굴 모습을 보았습니다. 얼굴빛은 발그레 빛나며, 머리칼은 검푸르고 윤기가 나며, 몸매는 균형 잡혀 견줄 데 없이 뛰어난 자신을 보고 마음속으로 후회하며 중얼거렸습니다.

'사람으로서 이 세상에 태어나 얼굴 모습과 몸매가 이렇게 아름답거늘, 왜 스스로 이것을 버리고 입산하여 스님이 되어야 하나. 당연히 젊음을 마음껏 불태우는 것이 옳을 것이다.'

이렇게 생각하고 다시 집으로 돌아가고 있었습니다.

그 때에 부처님께서 연화가 제도될 수 있음을 아시고, 환술로 절세미인 한 사람을 만들었는데 연화보다 몇 배나 더 뛰어나게 아름다웠습니다. 이 미인을 연화와 만나게 하니, 연화는 그를 보고 마음속으로 감탄하고 사랑스럽고 공경하는 마음이 일어나서 그 미인에게 말했습니다.

"어디에 사시는 누구십니까? 남편이나 자제들이나 부모나 형제나 그 밖의 친척들은 어디에 있으며, 왜 시종도 없이 혼자서 길을 가십니까?"

"성안에 갔다가 나오는 중이며 집으로 돌아가고 있습니다. 비록 생면부지이기는 하나 길거리에서 이야기할 것이 아니고 차라리 함께 저 샘물이 있는 곳에 가서 앉아 쉬면서 이야기를 나누지 않겠습니까?"

"좋습니다."

두 사람은 어깨를 나란히 하고 샘물 곁에까지 가서 정답게 소곤댔습니다. 절세미인은 피곤하여 졸리는 체하다가 연화의 무릎을 베고 살포시 잠든듯하더니 갑자기 숨길이 끊어졌습니다. 얼굴빛이 변하고 팅팅 붓더니 살갗이 썩고 문드러지며 고약한 냄새가 진동했으며 배가 터져 벌레가 우글거리고, 이빨

이 빠지고 머리카락이 떨어지더니 사지가 허물어져 흩어져버렸습니다.

이것을 본 연화는 마음속으로 너무나 크게 놀라고 두려워하며 중얼거렸습니다.

'그처럼 아름답던 미인이 갑자기 이렇게 죽다니, 참으로 세상은 떳떳함이 없구나. 그렇게 미인도 이러하거늘 나라고 어찌 오랫동안 보전할 수 있겠는가? 그러니 당연히 부처님께서 계신 곳에 가서 도를 배워 정진해야 하겠다.'

그는 곧 부처님의 처소에 가서 큰절을 하고 조금 전에 겪었던 일을 자세히 부처님께 사뢰자, 부처님께서 말씀하셨습니다.

"사람에게 믿지 못할 일이 네 가지가 있다. 무엇이 네 가진가? 첫째 젊음도 결국은 늙음으로 돌아가고, 둘째 아무리 건강해도 결국은 죽음으로 돌아가고, 셋째 육친이 한 데 모여 즐겁다고 하지만 결국은 헤어질 수밖에 없고, 넷째 아무리 재산을 많이 쌓아 두어도 결국에 흩어지느니라."

부처님께서 시로써 거듭 말씀하셨습니다.

늙으면 색신은 허약해지고
병들면 몸은 무너지느니라.

형체는 부패하여 썩고 마나니
목숨은 이렇게 끝나기 마련이다.
이 몸을 무엇에 쓰겠나
온갖 더러움 감싼 주머니거니
언제나 병을 만나 시달리고
늙고 죽는 근심 덩어리인데,

탐욕으로 방종하고 즐기면
나쁜 것만 더 키울 뿐
커다란 변화 듣고 보지 못했어도
수명은 끝내 무상한 것이다.

자식이 있으나 믿을 것 아니고
부모와 형제도 또한 그러하다네.
죽음이 닥쳐 핍박하면
아무리 친한 이도 믿을 것 없네.

연화는 이 설법을 듣고 마음이 흐뭇한 상태에서 이해하고 알더니, 몸은 도깨비 같아 목숨은 오래 머물지 못하고, 오직 도덕이 있고 열반만 영원한 안식처인 것을 알고, 곧 부처님 앞에 나아가 아뢰었습니다.

"저는 비구니가 되기를 원하옵니다."

"장하구나."

연화는 머리카락이 저절로 떨어져 비구니가 되었더니, 잘못을 쉬고 관찰하여 곧 아라한이 되었습니다. 자리에 있던 모든 이들이 부처님께서 말씀하신 것을 듣고 기뻐하지 않는 이가 없었습니다.

비껴가지 못할 것 네 가지 셋

옛날에 부처님께서 라자그리하에 있는 칼란다카 대숲 절에서 설법하고 계셨습니다.

그 때에 다섯 가지 신통*을 얻은 범지 네 형제가 있었습니다. 그들은 공교롭게도 이레 뒤에 모두 생명이 끝날 것을 알고 모여서 죽음을 피하는 방법을 의논했습니다.

"우리는 다섯 가지 신통의 힘으로써 하늘과 땅을 뒤집고 해와 달을 어루만지며, 산을 옮기고 강물을 막는 등 못할 일이 하나도 없다. 그런데 왜 죽음을 피하지 못하겠는가?"

첫째가 말했습니다.

"나는 바다 속의 중간쯤에 들어가 나타나지 않고 가만히 있겠다. 아무리 떳떳함이 없는 살귀殺鬼*라 하지만 어찌 내가 있는 곳을 찾겠는가?"

둘째가 말했습니다.

"저는 수미산*을 쪼개고 그 속에 들어가 산을 다시 합쳐 틈이 없게 하겠습니다. 아무리 떳떳함이 없는 살귀라 하지만 어찌 제가 있는 곳을 찾겠습니까?"

셋째가 말했습니다.

"저는 허공으로 날아가 거기에 숨어 있겠습니다. 아무리 떳떳함이 없는 살귀라 하지만 어찌 제가 있는 곳을 찾겠습니까?"

넷째가 말했습니다.

"저는 큰 시장 한 복판에 숨겠습니다. 아무리 떳떳함이 없는 살귀라 하지만 많은 사람 가운데서 어떻게 저를 찾겠습니까?"

이들은 의논을 끝낸 뒤 임금 앞에 가서 하직 인사를 했습니다.

"대왕님, 저희 형제들이 저희의 수명을 계산해보니 이레 뒤에는 모두가 하루 동안에 다 죽게 되었습니다. 저희들이 의논하여 죽음을 피할 곳을 정하고 그곳으로 가려고 합니다. 죽음을 벗어나고 돌아와 뵈려고 인사드리오니 오직 도덕을 닦으소서."

그들은 왕을 이별하고 각기 피난처로 갔으나 이레가 지나자 모두가 죽었습니다. 이것은 과일이 익으면 반드시 떨어지는 것과 조금도 다르지 않습니다.

시장을 관리하는 벼슬아치가 왕에게 아뢰었습니다.

"시장에 왔던 범지가 갑자기 시장에서 죽었습니다."

왕은 죽음을 피해 피난처로 간 네 범지 가운데 하나임을 알고 말했습니다.

"네 형제가 죽음을 피해 피난을 갔는데 벌써 한 사람이 죽었거늘 나머지 세 사람이 어찌 죽음을 면했겠는가?"

왕은 곧 수레를 준비시켜 타고 부처님 계신 곳에 가서 큰절하고 사뢰었습니다.

"저의 백성 가운데 다섯 가지 신통을 갖춘 네 형제 범지가 있는데 그들의 목숨이 이레 밖에 남지 않는 것을 알고 죽음의 살귀가 찾아오지 못할 곳으로 피난을 떠났습니다. 정말 지금 그들이 죽음을 벗어날 수 있겠습니까?"

"대왕님, 중생은 떼어버릴 수 없는 네 가지 일이 있소. 첫째

중음中陰*으로 있으면 태어남을 받지 않을 수 없고, 둘째 태어났으면 늙지 않을 수 없으며, 셋째 늙으면 병들지 않을 수 없으며, 넷째 이미 늙고 병들면 반드시 죽지 않을 수 없는, 이것이 네 가지요."

부처님께서 다시 시로써 거듭 말씀하셨습니다.

허공도 바다 속도 아니오,
시장도 산 속도 아니오,
죽음을 받지 않을 곳은 없소.
죽음을 벗어나면 죽음을 받지 않소.

이것을 힘쓸 것 내가 할 일이니,
당연히 이루도록 하게 해야지요.
모든 사람 이 때문에 초조해 하고도
결국은 늙고 죽는 근심 밟고 살지요.

이것을 알고 스스로 고요히 닦아
이처럼 나고 다함을 보면서
비구는 악마 군사 싫어하여

나고 죽음 비로소 벗어나지요.

"거룩하시옵니다. 진실로 부처님 말씀과 같습니다. 네 사람이 죽음을 피하려고 피해갔으나 이미 한 사람이 죽었습니다. 스스로가 지은 업으로 태어 난 목숨은 한계가 있기 때문에 나머지 세 사람도 짐작할 수 있겠습니다."

신하들과 벼슬아치들이 모두 믿고 그 뜻에 동의했습니다.

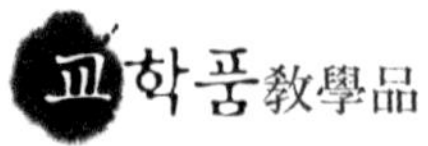

기회를 잡아라

옛날에 부처님께서 슈라바스티에 있는 기타 숲 외로운 이 돕는 절에 계시던 어느 때, 여러 비구들에게 말씀하셨습니다.

"부지런히 도를 닦아 오음五陰*과 오개五蓋*를 제거해야 한다. 마음이 밝고 정신이 안정되면 온갖 괴로움을 면하게 될 것이다."

그 때 어떤 비구는 뜻을 밝게 통달하지 못했는데도, 배부르게 밥 먹고 방에 들어가 문을 닫고 조용히 잠만 자고 있었습니다. 몸을 사랑하고 뜻을 유쾌하게 하며 덧없음을 관찰하지 않고, 게을러 아득한 어둠 속에서 빠져 밤낮이 따로 없었는데, 그는 이레 뒤에 목숨이 끝나게 되었으나 알 리가 없었습니다. 부처님께서 그를 불쌍히 여기시고 또 죽어서 나쁜 갈래에 떨어질 것을 염려하시고 곧 그 방 앞에 가셔서 손가락을 퉁겨 그를 깨우시고 시로써 말씀하셨습니다.

비구야, 일어나라. 왜 잠만 자느냐.
나나니 · 소라 · 고동 · 큰 조개 · 좀 따위는
더러운 데 숨고 덮여
잘못 알고 제 몸이라 생각한단다.

남에게 찔려 상처 입으면
마음은 병에 걸린 듯 아프느니라.
온갖 재앙을 만났는데
반대로 잠만 자고 있구나.

깊이 생각하여 방일하지 말고
사람을 위하여 자비를 배우면
그 때부터 근심은 없어지나니
언제나 생각하여 스스로 욕심을 없애라.

바른 소견으로 배우고 힘써 키워나가면
이것이 세간을 위한 밝음이니
생기는 복 천 곱이라
끝까지 나쁜 길에 떨어지지 않는다.

비구는 시를 듣고 놀라서 깨어나 부처님께서 직접 가르치심을 뵙고 공경하면서 송구스러워 하였습니다. 즉시, 일어나 머리 숙여 부처님께 큰절을 하자 부처님께서 그 비구에게 말씀하셨습니다.

"너는 너의 전생 일을 아느냐?"

"음개에 덮여 조금도 모릅니다."

"옛날 비파시인* 부처님 때에 너는 일찍이 출가했으나 몸의 이익만을 탐하였을 뿐 경전이나 계율은 생각하지 않고, 배부르게 먹고는 제 방으로 들어가 잠만 자고 목숨이 덧없음을 생각하지 않았다. 그 후에 목숨을 마치고 나나니로 태어나 오만 년을 지냈고, 거기서 목숨이 끝나고 소라 고동으로 오만 년, 큰 조개로 오만 년, 나무속의 좀 벌레로 오만 년을 지냈다. 이 네 가지 벌레로 어둠 속에서 사는 동안 몸을 탐하고 생명을 사랑하여 으슥한 곳에서 혼자 즐기며 살았다. 어둠으로 집을 삼아 광명을 좋아하지 않았고, 한 번 잠이 들면 백 년을 지나 겨우 깨어났다. 죄의 그물에 쌓여 벗어나기를 구하지 않다가 이제 비로소 그 죄가 다하여 비구가 되었거늘 어찌 잠에 빠져 싫어하고 버릴 줄 모르느냐?"

이에 그 비구는 속세의 인연을 듣고 부끄러워하며 자책하고 부지런히 도를 닦아 오음과 오개를 제거하고 아라한이 되었습니다.

남근을 자르렵니다

옛날에 부처님께서 슈라바스티의 기타 숲 외로운 이 돕는 절에 계시던 어느 때, 여러 하늘 사람과 사부대중을 위하여 설법하고 계셨습니다.

그 때에 나이 젊은 한 스님이 있었는데 사람됨이 완고하고 어리석었으나 질박하고 순수하였으며, 성질이 거칠고 도를 몰랐습니다. 그러면서 감정과 의지가 왕성하여 탐욕스러웠고, 왕성한 양기를 억제하지 못했습니다. 그는 그 때문에 늘 번민에 휩싸여 세상에서 탈출하지 못하자 혼자서 앉아 '이 음욕의 뿌리를 끊은 뒤에라야 청정해져 도를 얻을 수 있겠다.' 라고 생각하였습니다. 곧 시주의 집에 가서 도끼를 빌려와서 방에 들어가 문을 닫고 옷을 벗은 뒤 목판 위에 앉아 스스로 음경을 끊으려고 바로 앉아 '이 음경이 나로 하여금 괴롭게 하여 수 없는 겁을 내고 죽음에서 헤매게 했으니, 세 갈래 길과 여섯 갈래 길이 다 이 색욕을 말미암은 것이다. 이것을 끊지 않고서는 도를 증득할 인연이 없다.'라고 생각하였습니다.

부처님께서 그의 마음을 아시고 '그의 생각은 이렇게 어리석구나. 도라는 것은 마음을 억제하는 데서 얻어지거늘…. 마음이 근원인데, 그런데도 장차 죽을 것을 모르고 스스로 상해함으로써 길이 고통을 받으려 하는구나.'라고 생각하시고, 곧 그 방에 들어 가셔서 비구에게 물으셨습니다.

"너는 무슨 짓을 하려고 그러느냐?"

비구는 도끼를 놓고 옷을 입은 뒤 부처님께 큰절하고 사정을 말씀드렸습니다.

"도를 배운지가 오래 되었사오나 아직도 법의 문을 열지 못했습니다. 언제나 앉아서 선정에 들어 도를 얻을 듯하였으나, 음욕이 일어나 선정을 엎어버렸습니다. 양기가 왕성하게 일어나므로 마음은 언제나 헷갈리고 눈은 흐릿하여 하늘과 땅을 구별하지 못하게 됩니다. 스스로 책망하며 생각하오니 이것은 모두 색욕 때문이었기에 도끼를 빌려와 음경을 잘라버리려고 하였습니다."

부처님께서 말씀하셨습니다.

“너는 참으로 어리석고 도리를 모르는구나. 도를 얻으려면 그 어리석음을 끊고 뒤에 마음을 다잡아야 한다. 마음은 선과 악의 근본이니 그 음욕의 근본을 끊으려 하거든 먼저 그 마음을 제거하여라. 마음이 안정되고 뜻이 거기에서 풀려나면 저절로 도를 얻느니라.”

세존께서 시로써 거듭 말씀하셨습니다.

먼저 근본을 끊도록 공부하라.
임금이 두 신하만 거느리듯
모든 일과 따르는 이 없으면
그런 이는 훌륭한 도인이니라.

부처님께서 계속 말씀하셨습니다.

“열두 가지 인연*은 어리석음이 근본이 되나니 어리석음은 모든 죄의 근원이며, 지혜로운 것은 모든 행의 근본이니라. 그러므로 먼저 어리석음을 제거한 뒤에라야 뜻이 안정되느니라.”

부처님께서 말씀을 마치자, 비구는 부끄러워하고 자책하며 말했습니다.

“저는 어리석고 헷갈린 채로 지금까지 살아왔습니다. 오랫동안 변하지 않는 법을 몰랐기 때문에 이와 같이 되었사옵니다. 지금 부처님께서 하신 말씀은 매우 오묘하옵니다."

그는 안으로 사유하고 바르게 선정의 아나파나*에 들어 뜻을 지키고 마음을 제어하여 감정을 항복시키고 온갖 탐욕을 막아 곧 마음을 안정시키더니 부처님 앞에서 아라한이 되었습니다.

황야의 코끼리 같이

옛날 부처님께서 라자그리하의 그리드라쿠타 산에서 여러 하늘 사람과 국왕과 대신들을 위하여 불법을 말씀해 주시고 계셨습니다.

그 때 굳세고 사납고 용맹하고 씩씩한 한 명의 비구가 있었습니다.

부처님께서는 그가 생각하는 것을 아시고, 그를 영축산 뒤에 있는 귀신 골짜기의 나무 밑에 앉아 호흡하는 숫자를 헤아려 안정을 찾게 하셨습니다.

“숨을 쉬며 들숨과 날숨을 헤아려 뜻을 지켜 구하는 것을 끊고 괴로움을 없애면 열반을 증득할 수 있느니라.”

그 비구는 부처님의 가르침대로 귀신 골짜기 나무 아래 앉아 마음의 안정을 찾으려 했으나, 그러나 그는 골짜기 안에서 귀신들의 음성만 들리고 형상이 보이지 않기 때문에 두려움에 떨면서 숨을 죽이고 무서워 도저히 안정을 얻을 수 없었습니다. 마음으로 뉘우치고 곧 돌아 가려고 하다가 스스로 ‘나의 집은 부자요. 뛰어난 종족이다. 그런데 출가하여 도를 배워 홀로 편안한 곳에 있으려 했는데, 지금 깊은 산 속 귀신 골짜기에 있으니, 친구도 하나 없고 또 다니는 사람도 없고 다만 귀신이 자주 왕래하여 사람을 두렵게 하는구나.’ 라고 생각하였습니다.

이와 같이 생각하고 아직 그곳을 떠나기 전에 부처님께서 곁에 오셔서 나무 밑에 앉으시며 그에게 물으셨습니다.

“너는 혼자 여기에 있어도 아무 두려움이 없느냐?”

“지금까지 이곳에 한 번도 온 적 없이 처음 여기에 와 있사오니 진실로 두렵습니다.”

조금 뒤 큰 코끼리 한 마리가 약간 떨어진 나무 밑에 와 누워서 ‘여러 코끼리들을 멀리 떠나 있으니 얼마나 기분 좋은

가?' 라고 생각하며 기뻐했습니다.

부처님께서는 코끼리의 마음을 아시고 그 비구에게 말씀하셨습니다.

"너는 저 코끼리가 어디서 왔는지 아느냐?"

"저는 모릅니다."

"이 코끼리는 크고 작은 오백 마리 코끼리를 거느린 우두머리인데 다른 코끼리들을 귀찮게 여기고 그들을 버려둔 채로 여기에 왔다. 저렇게 누워 '은혜와 애정과 애욕의 감옥을 떠나 이렇게 혼자 있으니 얼마나 기분이 좋은가.' 라고 생각한다. 이 코끼리는 짐승인데도 오히려 한적한 것을 좋아하거늘 하물며 너는 집을 떠나 세상을 벗어나려 하면서도 혼자 있는 것이 싫어 친구를 찾으려 하느냐? 어리석고 흐리멍텅한 친구가 끼치는 손해는 많다. 혼자 있으면 적이 없고 또한 모의할 일도 없다. 그러므로 차라리 혼자서 도를 닦을지언정 어리석은 친구를 찾지 말아야 하느니라."

부처님께서 시로써 거듭 말씀하셨습니다.

배움엔 벗과 무리들이 없어야 한다.
좋은 벗 얻지 못할 바엔

차라리 혼자서 잘 닦을지언정
어리석은 친구와 함께 하지 말라.

계율을 잘 지키고 선정을 배움에
어찌 꼭 친구가 있어야 하느냐?
혼자서 잘 하면 근심 없거니
저 코끼리 우두머리와 같이하라.

부처님께서 이러한 가르침을 보이실 때 그 비구는 뜻으로 알고 마음속으로 그 거룩한 가르침을 생각하더니 곧 아라한이 되었습니다. 그 골짜기 귀신들도 부처님의 설법을 듣고 부처님의 제자가 되어 부처님의 가르침에 따라 다시는 사람을 해롭게 하지 않았고, 부처님은 비구를 데리고 함께 절에 돌아오셨습니다.

어떻게 하면 빨리 부처님을 뵙는가

옛날 부처님께서 슈라바스티의 기타 숲 외로운 이 돕는 절에서 모든 하늘 사람들을 위하여 설법하고 계실 때였습니다.

라자그리하에서 처음 배움을 시작한 비구 두 명이 부처님을 뵈려고 길을 떠났습니다. 두 나라 사이에는 사람이 살지 않는 넓은 들이 있었고, 마침 가뭄이 심하여 샘물이 모두 말라 버렸습니다. 그들은 배고프고 목마른데, 더위까지 극심하여 헐떡거리며 물을 찾았습니다. 다행히 물을 찾았으나 한 되 남짓한 물이 있었고, 그 물에는 자잘한 벌레들이 있었기 때문에 마실 수가 없자 두 비구는 서로 마주 보고 말했습니다.

"일부러 멀리 온 것은 부처님을 뵈려는 것인데, 오늘 여기서 죽을 것은 생각하지 못했습니다."

"우선 이 물을 마시고 목숨을 유지한 뒤 가서 부처님을 뵈옵자. 그 뒷일을 지금 어찌 알겠는가."

"부처님의 밝은 계율은 자비로써 최상을 삼는데 산 벌레를 죽여 스스로를 살려 부처님을 뵌들 이익이 없을 것입니다. 차라리 계율을 지키다 죽을지언정 계율을 범해 가면서 살지는 않겠습니다."

한 비구는 벌떡 일어나 실컷 물을 마시고 길을 떠났으나, 한 사람은 끝내 물을 마시지 않고 버티다 결국 죽고 말았습니다. 그는 죽자마자 둘째 하늘*에 태어났고 즉시 전생에 비구로서 계율을 지키다가 거기에 태어난 것을 알았습니다.

'참으로 계율을 지킨 복의 갚음은 오래가지 않고 바로 나타나는구나.'

꽃과 향을 준비하여 부처님께서 계신 절에 내려와 부처님께 절하고 꽃과 향을 올린 뒤 한쪽에 가서 서 있었습니다.

물을 마신 다른 한 비구는 길을 오느라 고생하며 하루를 지난 뒤에야 비로소 부처님 계신 곳에 이르러, 부처님의 신비한 덕이 지극히 높아 우뚝한 것을 보고, 큰절을 올린 뒤에 눈물을 흘리며 직접 부처님께 말씀드렸습니다.

"저와 동행했던 비구는 길에서 목숨을 마쳐, 부처님을 뵈옵지 못하였으니 슬프옵니다. 부처님께서는 살피옵소서."

"나는 이미 알고 있느니라."

부처님께서 한쪽에 서 있는 하늘 사람을 손으로 가리키시며 말씀하셨습니다.

"저 하늘 사람이 바로 너와 동행했던 비구다. 이 하늘 사람은 계율을 완전히 지켰기 때문에 하늘에 태어났고, 너보다 나에게 먼저 왔느니라."

부처님께서 자기의 앞가슴을 헤쳐 보이시며 말씀하셨습니다.

"너는 나의 모습만을 보고 나의 계율을 받들지 않았다. 너는 나를 보지만 나는 너를 보지 않는다. 너는 나에게서 만 리나 떨어졌고, 계율을 받들어 지킨 저 하늘 사람은 바로 내 눈앞에 있다."

이렇게 말씀하신 부처님께서 시로써 거듭 말씀하셨습니다.

배우고 많이 듣고
계율을 지켜 잃지 않으면
두 세상에 기림을 보고
원하는 것 얻느니라.

배우고 적게 듣고
계율을 지키지 않으면

두 세상에 고통을 받고
그 본원本願을 잃느니라.
공부에는 두 가지 있나니
항상 많이들은 이와 친하여라.
자세히 살펴 뜻을 알고
비록 피곤해도 샛되지 말아라.

비구는 시를 듣고 부끄럽고 두려워 고개 숙여 허물을 뉘우치며 잠자코 실행할 것을 생각하였고, 하늘 사람은 시를 듣고 마음으로 기뻐하더니 곧 법안法眼을 얻었고, 하늘 사람과 그 밖의 대중들이 받들어 행하지 않는 이가 없었습니다.

다문품 多聞品

마음의 칼을 버려라

옛날 슈라바스티에 흉악하고 인색하며 도덕을 믿지 않는 가난한 부부가 살고 있었습니다.

부처님께서는 그들의 어리석음을 불쌍히 여겨 허술하고 평범한 사문으로 변화하여 그 집 문 앞에 가서 걸식하셨습니다. 그때 그 집 남편은 밖에 나가고 없었는데, 그 부인이 욕하고 꾸짖는 것은 조금도 도리를 모르는 태도였습니다.

사문이 말했습니다.

"나는 도사道士가 되어 밥을 빌어먹고 삽니다. 나쁘게 꾸짖지 말고 한 끼의 밥을 주시오."

"만약 그대가 선 채로 죽어도 밥을 줄 맘이 없거늘, 하물며 지금 멀쩡한 몸으로 나에게 밥을 바랍니까? 다만 시간만 허비할 뿐이니 빨리 가는 것이 좋겠소."

이에 사문은 그 여자 앞에 선 자세 그대로 눈동자를 치뜨고

숨을 가쁘게 내쉬며 갑자기 죽는 모습을 나타내더니, 몸뚱이는 퉁퉁 불어 살갗이 터지고 코와 입에서는 벌레가 기어 나왔으며, 배가 터지고 창자가 문드러져 더러운 물이 흘러나왔습니다. 이러한 것을 본 부인은 몹시 두려워 소리를 지르면서 달아났습니다. 그러자 사문은 그 곳을 떠나 몇 리 밖의 나무 아래에 앉아 쉬고 있었습니다.

남편이 밖에서 돌아오는 도중에 아내가 놀라고 두려워 내닫는 것을 보고 이상하게 생각하였습니다.

"어떤 사문이 나를 이처럼 놀라게 하였습니다."

남편은 성을 내면서 말했습니다.

"그는 지금 어디 있는가?"

"이미 떠났지만 아마도 멀리 가지 못했을 것입니다."

남편은 활과 칼을 준비하고 사문의 자취를 찾아가서 활에 살을 메우고 사문을 향해 쏘았습니다. 그러나 화살이 튕기므로 칼을 들고 가까이 가서 사문을 치려했으나 사문이 유리집 안에 앉아 있는 것을 알았습니다. 즉 도인이 작은 유리성을 만들어 몸을 보호했기 때문에 그를 해치고자 했으나, 그러나 해칠 수 없었습니다.

"왜 문을 열지 않는가?"

"이 문을 열게 하고 싶거든 먼저 활과 칼을 버려라."

그는 '저 사문의 말대로 하자. 들어가기만 하면 주먹으로 치겠다.' 라고 생각하고 곧 활과 칼을 땅에 내려놓았으나, 문은 여전히 열리지 않았습니다.

"활과 칼을 버렸는데 왜 문을 열지 않느냐?"

"나는 네 마음속의 활과 칼을 버리라는 것이지 네 손에 있는 활과 칼을 말한 것은 아니니라."

이 말을 들은 그는 마음속으로 놀라고 몸을 떨며 속으로 '사문은 신비한 지혜로써 내 마음을 아는구나.' 라고 생각하였습니다. 곧 머리를 두드리며 회개하고 머리 숙여 도인에게 절하고 말하였습니다.

"저의 못난 아내가 성인을 몰라 뵙고 저에게 나쁜 마음을 일으키게 하였습니다. 조금의 자비심을 드리우셔서 저희를 버리지 마십시오. 제가 지금 가서 그를 데리고 오겠사오니 그에게 도를 닦도록 해 주십시오."

이렇게 말한 그는 곧 일어나 집으로 갔습니다.

"그 사문을 만났습니까?"

그는 사문의 신통과 변화를 자세히 설명하고 아내에게 말했습니다.

"그분은 지금 여기서 좀 떨어진 곳에 계신다. 너는 빨리 가서 그 분에게 사죄하고 용서해 주십사고 빌어라."

그들 부부는 도인이 계신 곳으로 가서 온 몸을 땅에 던져 절하고, 뉘우치며 사죄하고 꿇어앉아 제자가 되기를 원한다고 말씀드렸습니다.

"도인의 신통한 변화는 이와 같이 성스럽고 모든 것을 통탈하셨습니다. 유리성은 견고하여 넘을 수가 없었사오나 뜻은 맑고 마음은 안정되어 이면 근심과 걱정도 없었사온데, 어떠한 도덕을 수행하여야 그렇게 신기한 법을 이룰 수 있사옵니까?"

도인이 대답하였습니다.

"나는 널리 배우는 것을 싫어하지 않았고, 법을 받들되 게으르지 않았으며, 꾸준히 노력했고, 계율을 철저히 지켰으며, 지혜로웠으나 방일하지 않았고, 이러한 인연으로써 도를 얻어 스스로 열반에 이르렀소."

이에 도인은 시로써 거듭 말했습니다.

많이 들은 것 잘 유지했기에
법을 받들어 울타리를 삼았네.
부지런히 힘씀은 넘거나 헐기 어렵게 했지.

그것에서 계율 · 선정 · 지혜가 성취되었네.

많이 들어 뜻을 밝게 하였고
뜻이 밝아져 지혜 더욱 자랐네.
지혜로우면 뜻을 널리 깨달았고
이치를 보고 법답게 행하니 편안해졌네.

많이 들어 온갖 근심 제거하고
안정된 마음으로써 즐거움 삼았네.
부처님 법 잘 말하는 것으로써
스스로 열반을 증득하였네.

많이 들어 법과 계율을 알고
의심을 풀고 바른 법 보았네.
많이 들어 나쁜 법 버리고
죽지 않는 곳에 이르렀다네.

도인이 시를 마치고, 부처님의 빛나는 모습으로 변화하시자, 광명은 빛나고 번쩍거려 온 천지가 두루 빛났습니다.

그들 부부는 깜짝 놀라 두려운 마음으로 몸을 부들부들 떨었으며, 그들은 간탐과 악한 마음의 때를 씻고, 머리로 땅을 쳐 이십억 겁의 죄악을 모두 떨쳐 버리고 스로타판나의 도를 얻었습니다.

교만의 횃불

옛날 부처님께서 코오삼비국*의 미음정사美音精舍*에서 네 부류의 대중들*을 위하여 널리 큰 법을 말씀하시고 계셨습니다.

그 때에 어떤 범지가 있었는데, 그는 지혜가 많고 온갖 경전(96종 이교도의 경전)에 두루 통달하여 어떠한 일에 대해서도 꿰뚫지 못하는 것이 없었습니다. 때문에 스스로 뽐내고 천하에서 자기와 견줄 사람이 없다고 장담하며 상대할 사람을 찾아다녔으나 감히 상대하겠다고 나서는 사람이 없었습니다. 그는 오만의 상징으로 대낮에도 성안 어디에서나 횃불을 들고 다니자, 어떤 사람이 그에게 물었습니다.

"왜 대낮에 횃불을 들고 다니는가?"

"세상 사람이 모두 어리석고 어두워 눈으로 아무 것도 보지 못한다. 때문에 횃불을 들고 다니며 비춰줄 뿐이다."

부처님께서는 이러한 말을 해도 그 범지가 속세의 복으로써 반드시 제도될 만하였으나, 오만하게 뽐내며 명예만 추구하고, 목숨이 덧없음을 생각하지 못하고, 너무나 교만하고 방자하여 장차 태산泰山지옥에 떨어져 헤아릴 수 없는 겁劫을 지내도 거기에서 구출하기가 매우 어려움을 아셨습니다. 부처님께서는 한 현자賢者로 변신하여 거적을 깔고 어떤 가게 앞에 앉아 있다가 그 범지에게 물었습니다.

"여보시오. 당신은 왜 그런 짓을 하시오?"

"사람들이 매우 어리석어 언제나 밝음을 보지 못하기 때문에 횃불로써 그들을 비춰줄 뿐이오."

"경전에 네 가지 밝은 법이 있는데 그대는 그것을 아는가?"

"모르오. 무엇을 네 가지 밝은 법이라고 하십니까?"

"첫째 천문天文과 지리地理와 사철의 조화에 밝고, 둘째 천체의 운행에 밝아 음양과 오행五行을 분별하는 것이며, 셋째 나라를 다스리는 일에 밝아 교화하는 방법을 가진 것이며, 넷째 군사에 밝아 국방을 튼튼히 하여 실수하지 않는 것이오. 그대는 범지로서 이 네 가지 밝은 법을 알고 있소?"

범지는 횃불을 버리고 합장하며 그렇지 못함을 부끄럽게 여겼습니다.

부처님께서는 그 뜻을 아시고 원래의 부처님 몸을 나타내고, 빛나는 광명으로써 온 세상을 환하게 비추시며, 범성梵聲*을 내어 범지를 위해 시로써 거듭 말씀하셨습니다.

만약 조금 들은 것이 있다고
스스로 뽐내고 남을 업신여긴다면,
마치 장님이 촛불을 든 것 같아
다른 이를 밝게 할 뿐 저는 언제나 어둡다네.

부처님께서 이 시를 끝내시고 범지에게 말씀하셨습니다.

"누구보다 더 어리석으면서 대낮에 횃불을 들고 큰 나라에 들어와 쏘다니는구나. 네가 안다는 것 어떠하냐 한 티끌과 같지."

범지는 이 말씀을 듣고 부끄러운 얼굴빛을 하고 곧 머리 숙여 제자가 되기를 원하였습니다.

부처님께서 곧 그를 받아들여 제자가 되는 것을 허락하셨고, 그는 뜻으로 이해하고는 잘못이 그쳐, 곧 아라한이 되었습니다.

세 가지 잘못 죽음

옛날 슈라바스티에 스로타판나를 얻은 수닷타*라는 장자長者*에게 부처님과 법과 스님과 또 의원의 기술도 믿지 않는 괴팍한 호시護施라는 친구가 있었습니다.

그는 큰 병이 나서 자리에 누웠습니다. 친척들과 친구들이 문병을 가서 의원에게 진찰을 받아보라고 권했으나 그는 병이 심해서 죽을 지경에 이르렀지만 다른 사람의 말을 듣지 않겠다고 대답하였습니다.

"나는 해와 달을 섬기며 임금에게 충성하고, 부모에게 효도하는 것을 알뿐이니, 내가 지금 죽는다고 해도 끝까지 내 뜻을 바꾸지 않을 것이다."

수닷타가 문병을 가서 그에게 말했습니다.

"내가 섬기는 스승님은 이름을 부처님이라 하네. 그 분은 신비한 덕을 널리 입혀 주시기 때문에 보는 이는 죄다 복을 받네. 그 어른을 초청하여 설법을 듣고 축원해 달라고 해보게. 그 분의 말씀이나 행적이나 가고 오심은 다른 도인과 비교할 수가 없네. 그 분을 섬기고 섬기지 않는 것은 오직 그대의 뜻에 따를 수밖에 없지만, 그대의 병이 오래 되어 빨리 낫지 않기 때문에 그대에게 권하여 부처님을 초청하게 하는 것이니 꼭 그 복을 놓치지 않기를 바라네."

며칠이 지나간 어느 날 호시장자가 수닷타 장자에게 사람을 보내어 말을 전했습니다.

"그대가 나를 위하여 부처님과 그 제자들을 초청해주시게."

수닷타는 곧 부처님과 스님들을 초청했습니다. 부처님께서 그 장자의 집 문 앞에 도착하셔서 큰 광명을 놓으시니 안팎이 모두 훤하게 밝고 투명해졌습니다. 누웠던 장자 호시는 그 광명이 몸에 닿자 심신이 가뿐해져 자리에서 일어나 부처님을 영접했습니다.

부처님께서 자리에 앉으셔서 장자를 위로하고 물으셨습니다.

"아픈 것은 어떠하며, 예전부터 어떤 신을 섬겼으며, 치료는 어떻게 받고 있는가?"

장자가 부처님께 사뢰었습니다.

"저는 지금까지 해와 달을 섬겼으며, 임금과 조상을 공경하여 갖가지로 재계齋戒*하고 기도했습니다. 그러나 병을 앓기 시작한 지가 오래지만 아직 그 은혜를 입지 못했습니다. 약이나 침이나 뜸은 아예 문안에 들어오지도 못하게 했사오며, 경전이나 계율의 복덕에 대해서는 본래부터 조금도 모릅니다.

이것은 조상 때부터 지켜왔기 때문에 이렇게 살다가 죽으려 하옵니다."

부처님께서 장자에게 말씀하셨습니다.

"사람이 세상에 태어나서 살다가 횡사橫死하는 세 가지 경우가 있소. 첫째 병이 있는데 치료하지 않고 죽는 것이며, 둘째 치료하되 조심하지 않아서 죽는 것이며, 셋째 교만하고 방자하여 알지 못하면서 순서를 뒤바꾸어 치료하다가 죽는 것이요. 이러한 병자는 해 · 달 · 천지 · 조상 · 임금 · 부모가 고칠 수 없소. 마땅히 밝은 도로써 시기에 알맞게 조용히 고쳐야 되는 것이요.

첫째 네 가지 요소*인 몸에 추위와 더위 때문에 난 병은 의원이 약으로써 고치고, 둘째 온갖 삿된 일과 나쁜 귀신 때문에 생긴 병은 내가 가르친 경전과 계율로써 고치고, 셋째 성현을 받들어 섬기면 불쌍하고 가엾게 여겨 곤궁함과 재액에서 구제해주며, 그 덕이 신지神祇*를 감동시켜 중생을 복되게 하며, 큰 지혜로써 오음과 오개를 소멸시키는 것이오. 이렇게 받들고 행하면 지금 생애가 편안하고 행복하며 끝내 억울한 일을 당하거나 뜻밖의 재앙이 없으며, 계율과 지혜가 깨끗하여 세세생생에 언제나 편안할 것이오."

부처님께서 시로써 거듭 말씀하셨습니다.

해를 섬김은 밝음을 좋아하기 때문이다.
어버이를 섬김은 은혜를 알기 때문이다.
임금을 섬김은 세력을 무서워하기 때문이다.
도인을 섬김은 진리를 들었기 때문이다.

사람은 생명을 위해 의원을 섬기고
이기기 위하여 세력에 빌붙고
법은 지혜 있는 곳에 있고
복은 세세생생 실행함에 있다.
벗을 사귐은 일을 해내기 위함이고
친구와 헤어지는 것은 급한 일 때문이고
아내를 바라보는 것은 방안에서의 즐거움 때문이고
지혜롭고자 하는 것은 설법에 뜻이 있소.

뛰어난 스승은 세상에 도를 나타내나니.
의심을 해결하고 배움을 밝게 해주고
청정한 근본을 일으켜

법장을 받들어 유지할 수 있게 하느니라.

듣는 것은 금생을 이롭게 하고
처자와 친구와 형제까지
후세의 복에 이르게 하나니
들음을 쌓아야 성인의 지혜 이루네.

거둬들일 수 있다면 뜻을 알게 되나니
뜻을 알면 계율은 구멍 나지 않네.
법을 받들고 법에 의지하는 이들
이때부터 재빨리 편안함을 얻네.
근심과 성냄 흩어버릴 수만 있다면
상서롭지 못한 약한 모습을 제거하느니
안온하고 길함을 얻고자 하거든
꼭 많이들은 이를 섬겨야 하느니라.

장자는 부처님의 설법을 듣고 마음속의 의심덩어리가 구름처럼 사라졌습니다. 훌륭한 의원의 치료를 받고 도덕에 마음을 의탁하니 몸과 마음이 고요하고 편안하여 온갖 근심이 사라져 마치 가장 좋은 감로*를 마신 것과 같았습니다. 안팎이 모두 즐겁고 온화하며 몸은 편안하고 마음이 안정되어 스로타판나의 도를 얻었고, 친척들과 백성들이 그를 존경하지 않는 사람이 없었습니다.

가장 깊은 상처

옛날 라하자그리하에서 이백 리쯤 떨어진 남쪽에 큰 산이 있었고 남방의 여러 나라로 가려면 반드시 이곳을 통과해야 했습니다. 산이 깊고 길은 으슥하여 오백 명의 도적들이 그 산을 의지해 살면서 사람들을 약탈했습니다. 그렇기 때문에 지금까지 사방에서 피해를 입은 사람은 이루 헤아릴 수 없었습니다. 여러 군사들도 약탈을 당했기 때문에 왕의 행차도 통과 할 수 없어 많은 군사를 보내어 토벌했으나 그들마저 도적들을 잡지 못했습니다.

그때 부처님께서 그 나라에 계셨는데 중생들을 가엾이 여기며 생각하셨습니다.

'저 도적들은 죄와 복을 모른다. 세상에 여래가 있으나 눈으로 보지 못하고 법의 북이 날마다 울려도 귀로 듣지 못한다. 내가 가서 제도하지 않는다면 저들은 돌이 깊은 못에 가라앉듯이 지옥에 떨어질 것이 뻔하다.'

부처님께서는 귀족처럼 몸을 변화시켜, 값 비싼 옷을 입고, 좋은 말을 타고, 허리에는 보검을 차고, 등에 화살통을 메고, 손에 활을 들고, 말안장과 굴레를 모두 금과 보석으로 장식하고, 말 몸에는 영롱한 구슬을 드리웠습니다. 부처님께서는 말을 타시고 활시위를 울리면서 그 산중으로 들어가셨습니다. 도적들은 귀족으로 꾸민 부처님을 보고 모두 복이 터졌다고 생각하며 중얼거렸습니다.

'우리가 도적질을 해온 지가 여러 해였지만 아직 이러한 기회가 없었다. 달걀을 돌에 던지는 것과 무엇이 다르겠는가?'

그들은 머리를 나란히 하고 쏟아져 나와 부처님을 둘러싸고 활에 살을 메우고 시위를 당기고, 칼을 겨누며 부처님을 위협했습니다. 부처님께서 재빨리 살 하나를 쏘아 한 사람을 맞히니 오백 명 도적들이 모두 같은 곳에 화살 한 대씩이 꽂혔습니다. 다음에 칼을 한 사람에게 겨누니 그들은 모두 한군데씩 상처가 생겼습니다. 화살은 깊이 박혀 빠지지 않았고, 칼에 입은 상처는 너무나 심하게 아팠습니다. 그들은 모두 땅에 쓰러져 엎치락뒤치락하고 뒹굴며 머리 숙여 항복하면서 생각했습니다.

'이 분은 어떤 신神의 위력으로써 이러하신가? 용서를 받고 보잘 것 없는 목숨을 살리자.'

"화살을 뽑아 주시고, 상처를 낫게 해 주시옵소서. 지금 이 상처는 아파서 도저히 참지 못하겠습니다."

부처님께서 말씀하셨습니다.

"이 상처는 아프지 않고 화살은 깊이 박히지 않았다. 이 세상의 상처 가운데 근심보다 더 심한 상처가 없고, 사람을 해치는 것 가운데 어리석음보다 더 심한 것은 없다. 너희들이 마음에 품고 있는 탐욕에서 생기는 근심과 남을 해치고자 하려는 어리석음은 칼과 독약이 묻은 화살로도 고칠 수 없는 것이다. 이 두 가지는 뿌리가 깊고 단단하여 아무리 힘이 센 장사라도 뽑을 수 없고, 오직 경전 · 계율 · 많이 들어 아는 지혜 · 이치 등의 밝은 도가 있어야, 이 마음의 병을 고칠 수 있느니라. 그리고 근심과 애욕과 어리석음과 잘난 체함을 없애고, 억세고 세력이 강한 교만과 탐욕을 항복받아 덕을 쌓고 지혜를 배워야 그것들을 소멸하여 영원한 행복을 얻을 수 있을 것이니라."

부처님께서는 곧 원래의 몸을 나타내시니 거룩한 몸매가 뛰어나고 황금빛 얼굴이 빛나셨습니다. 시로써 거듭 말씀하셨습니다.

근심보다 더 아픈 상처가 없고
어리석음보다 더 독한 화살은 없다.
아무리 힘센 장사도 뽑을 수 없고
오직 많이 들음으로써 뽑느니라.

눈먼 이 이것에서 눈을 얻고
어둠에 휩싸인 이 이것에서 촛불을 얻느니라.
세상 사람들 인도하되
눈 있는 이가 눈 없는 이의 눈이 되는 것과 같으니라.

이러한 이유로 어리석음 버리고
교만과 부귀와 쾌락을 떠나나니
많이들은 이에게 배우고 섬겨라.
이것이 덕을 쌓는 길이니라.

그때 오백 사람은 부처님의 빛나는 모습을 뵙고, 거듭 이 시를 듣더니 곧 머리 숙여 절하고 귀의하였으며, 진실 되고 지극한 마음으로 참회하였습니다. 그들에게 박힌 화살이 저절로 빠지고 칼에 입은 상처까지 흔적이 없었습니다. 그들은 기뻐하며 마음의 문을 열고, 다섯 가지 계율*을 받고 부처님의 제자가 되니 온 나라가 태평해졌습니다.

믿음은 기적을 낳는다

옛날 슈라바스티의 동남쪽에 물이 깊고 넓은 강이 있었는데 강 언덕에 오백여 가구가 살고 있었습니다. 그들은 아직도 도덕으로써 세상을 제도하시는 부처님의 법을 듣지 못하고, 강퍅하고 억센 힘만 익히고, 속이는 것에 힘쓰며, 이익에 탐닉하고 마음대로 방탕하였습니다.

세존께서는 항상 제도하시기에 알맞은 사람들이라 생각되시면 반드시 가셔서 그들을 제도하셨는데, 이 오백 여 가구의 사람들도 지은 복덕이 반드시 제도하기에 알맞은 것을 아셨습니다. 그 때에 세존께서 저곳에 가셔서 강가에 있는 어떤 나무 밑에 앉아 계셨습니다. 마을 사람들은 빛나는 부처님의 모습을 뵙고 기이하다고 생각하며 놀라고 숙연해져, 모두 가서 절하고 인사를 드렸습니다.

부처님께서는 그들을 앉게 하시고 설법하셨으나, 많은 사람

들은 설법을 듣고도 속이거나 게을러 참된 말을 믿지 않았습니다.

부처님께서는 다시 즉시 도술로 사람 하나를 만들어, 강남 쪽에서 강물 위로 걸어서 오게 하되 물이 겨우 복숭아 뼈에 찰 정도였습니다. 그는 부처님 앞에 와서 큰절을 올렸습니다. 마을 사람들은 이 광경을 보고 모두 놀라고 이상하게 여겨 그 사람에게 물었습니다.

"우리는 조상 때부터 이 마을에 살았으나, 아직 물위로 걸어 다니는 사람이 있다는 말을 듣지 못했거늘, 당신은 어떤 사람이며, 어떤 도술을 사용하여 물에 빠지지 않고 물위로 걸어왔는지, 그 사정을 알고 싶소!"

"나는 강남 쪽에 사는 어리석고 솔직한 사람이오. 부처님께서 이곳에 계시면서 도덕에 대해 설법하신다는 소식을 듣고 저쪽 언덕까지 왔으나 강을 건널 수 없었소. 마침 언덕에 어떤 사람이 있기에 강물의 깊이가 얼마나 되느냐고 물었더니 '복숭아 뼈에 찰동말동 한 정도인데 왜 건너는 것을 주저하시오.' 라고 대답하였소. 나는 그 말만 믿고 그대로 건너왔을 뿐, 특별한 재주가 있었던 것은 아니요."

그때 부처님께서 그를 칭찬하셨습니다.

"장하고 훌륭하다. 대개 믿음과 정성이 지극하면 나고 죽는 강물도 건너거늘 몇 리의 강물을 건너는 것이 그렇게도 신기한가?"

부처님께서는 곧 시로써 말씀하셨습니다.

믿음은 강을 건너고
마음을 제어하는 사공이 되네.
부지런한 노력은 괴로움을 없애고
지혜로써 저 언덕에 오르느니라.

배우는 이로서 믿음과 행동함이 있으면
성인의 칭찬을 받느니라.
함이 없음을 좋아하는 이는
일체의 얽매임에서 풀려나느니라.

믿음이 굳어야 도를 얻고
법대로 행동하면 열반을 얻네.
많이들은 이 따르면 지혜를 얻고
이르는 곳마다 밝음이 있네.

믿고 계율 지키며
지혜로운 마음으로 행동하면
성냄을 이기는 대장부이니
이로부터 생사의 강을 건너네.

그때 마을 사람들은 부처님의 말씀을 듣고, 또 믿음의 실제를 보고 마음의 창을 열고 굳게 믿더니, 모두 다섯 가지 계율을 받아 청신사*가 되었고, 확실한 믿음으로 날마다 교법을 닦았는데 그 소문이 널리 퍼졌습니다.

일곱 가지 재물

옛날 부처님께서 세상에 계실 때 수타라修陀羅라는 큰 장자가 있었는데 그는 헤아릴 수 없는 재산을 소유했으며, 그 위에 도덕을 믿고 행동으로 옮겼습니다. 스스로 '섣달 초여드렛날에는 반드시 부처님과 스님들을 초청하여 공양 올리되, 내가 죽은 뒤에도 자손들이 꼭 이행하여 끊어지지 않도록 해야겠다.'라고 서원을 세웠습니다. 역시 장자는 죽음이 임박하자 자녀들을 불러놓고 유언했습니다. 그 아들의 이름은 비라타였는데 차츰 가난해져서 가지고 있는 재산이 없었습니다. 설달이 되었으나 공양거리를 마련할 수 없어 매우 근심하고 슬퍼하며 괴로워했습니다. 이때 부처님께서 마우드갈야야나를 비라타에게 보내어 물으셨습니다.

"그대 아버님의 기일이 드는 달인데 어떻게 준비를 하고 있는가?"

"돌아가신 아버님의 유언을 감히 어길 수가 있겠습니까? 세존께서는 저를 버리지 마시옵고 여드렛날 공양시간에 광명을 놓으시면서 왕림하여 주시옵소서."

마우드갈야야나는 부처님께 그대로 사뢰었습니다.

비라타는 아내를 데리고 재산이 많은 어떤 집에 찾아가 집을 담보로 돈 백 냥을 빌려, 집에 돌아와 모든 공양 거리를 빠짐없이 준비하였습니다.

부처님께서는 천이백오십 명의 대중들을 거느리고 그 집에 가셔서 자리에 앉으셨습니다. 비라타는 물을 돌리고 음식을 나르는 등, 부처님과 대중들이 공양하시는 수발을 들었습니다. 부처님께서 공양을 마치시고 손을 씻은 뒤 절로 돌아가셨으며, 비라타는 비록 집을 잃게 되었으나 조금도 후회하는 마음이 없고 오히려 만족해하며 기뻐하였습니다. 그날 밤중에 비라타의 집 창고는 창고마다 저절로 보물이 가득가득하여 옛날과 같게 되었습니다. 비라타 부부는 다음 날 아침에 이것을 보고 기뻐하면서도 한 편으로는 걱정했습니다. 관가에서 알고 이 재물이 어디서 났느냐고 물을까 두려워 하다가 두 사람이 상의하여 결국 '부처님께 가서 사실을 아뢰자.' 라고, 그들 부부는 곧 부처님을 찾아가 큰절하고 그 자초지종을 사뢰었습니다.

"안심하고 마음대로 사용하여라. 조금도 의심하거나 두려워하지 말라. 그대는 아버님의 유언을 어기지 않았다. 계율을 지키는 것과 부끄러워할 줄 아는 것은 죽는다고 변하는 것이 아니다. 많이 듣는 것과 보시와 지혜 등, 일곱 가지 재물*을 완전히 갖추었다. 그 재물은 복덕으로써 생겨난 것이며 재앙이나 변화로 생긴 것이 아니니라. 지혜로운 사람이 행동을 잘하면 남자나 여자나 그들이 사는 곳에 복이 오는 것은 자연의 이치에도 부응하는 것이다."

부처님께서는 시로써 다시 말씀하셨습니다.

믿음의 재물, 계율의 재물,
자기에게 부끄러움, 남에게 부끄러움,
들음의 재물, 보시의 재물, 지혜의 재물,
이것을 일곱 가지 재물이라 하느니라.

믿음을 따르고 계율을 지켜라.
항상 청정하게 법을 식별하라.
지혜를 따라 그대로 행동하라.
가르침을 받들어 잊지 말아라.

살아서 이러한 재물이 있으면
남녀를 가릴 것 없이
끝까지 가난할 수 없나니
어진 사람은 이것이 진실임을 아느니라.

비라타는 부처님의 설법을 듣고 더욱 믿음이 두터워져 머리 숙여 부처님 발에 큰절하고 기뻐하며 집으로 돌아가 부처님께 들은 법을 식구들에게 가르치고 서로 계승하더니 도의 자취를 증득하였습니다.

계신품 戒愼品

계율이 스님을 만든다

옛날 바라나시의 성에서 사오십 리쯤에 어떤 산이 하나 있었고, 그 산에 스님 다섯이 살면서 수행하고 있었습니다.

그들은 이른 아침에 일찍 산을 떠나 마을에 내려가 걸식을 하고 산에 돌아오면 언제나 저문 뒤였습니다. 가고 오는 시간이 오랜 것은 말할 것이 없고, 너무 지쳐 조용히 앉아 바른 선정에 들어가 생각을 모을 수 없는 상황이었기 때문에, 몇 해가 되어도 도를 성취하지 못했습니다. 부처님께서 그들이 고생만하고 얻는 것이 없음을 아시고 일부러 신통으로 도인 한 사람을 만들어 그들에게 가서 묻게 하였습니다.

"이런 곳에 은거하면서 도를 닦는데 피로하거나 곤란한 일은 없습니까?"

"보다시피 저희들은 여기 살다보니 걸식하는 곳이 너무 멀고, 네 가지 요소로 된 이 몸은 꼭 음식이 필요하여 날마다 음식을 먹으러 갔다가 돌아오면 피로합니다. 벌써 몇 년이 되었으나 괴로움만 더할 뿐, 낮에 갔다가 저녁에 돌아오니 몹시 피로하여 도를 닦을 겨를이 없습니다. 이러한 상태로 살다가 목숨을 마치는 것이 아닌지 모르겠습니다."

"수행하는 사람은 계율로써 근본을 삼고, 마음을 거두어들이는 것으로써 행동을 삼아야 합니다. 때문에 몸을 천하게 여기고, 진리를 귀하게 여기고 진리를 위해서라면 목숨까지 버려야 합니다. 음식으로써 몸을 유지하고, 뜻을 지키고 선정을 바르게 하여 안으로 모든 번뇌를 멈추게 하고 자기의 본래 마음을 식별하므로 온갖 잘못된 생각을 멈추고, 고요하고 밝은 지혜로써 삼라만상을 비추어보고 잘못된 생각을 없애면 도를 얻습니다. 만일 몸을 돌보고 감정에 순종한다면 어찌 괴로움을 벗어나겠습니까? 내일 스님들은 걸식하러 가시지 마십시오. 제가 공양을 올려 하루 동안 쉬시도록 하겠습니다."

다섯 사문들은 마음으로 크게 기뻐하며 처음 있는 일이어서 수상하게 여겼으나, 마음을 안정시키고 뜻을 고요히 하여 다시 마을에 갈 걱정을 하지 않았습니다.

다음 날 공양할 때가 되자 신통으로 만든 사람이 밥을 가지고 왔고, 그들은 밥을 먹고 안정되고 온화하여 마음이 맑았습니다.

밥을 가지고 온 도인이 그들을 위하여 시로써 말했습니다.

비구는 계율을 지키고
모든 감각기관을 지켜 거두고
먹는 것 스스로 조절한다네.
정신을 또렷하게 함이 비구에 걸맞다네.

계율을 지켜 마음을 항복 받고
마음을 지켜 선정을 바르게 하고
안으로 지관止觀*을 배우며
바른 지혜 잊지 말아라.

명철한 이는 계율을 지키고
안으로 바른 지혜를 생각하고
도를 이치에 맞게 행하면
스스로 깨끗하여 괴로움 없어진다.

시를 끝낸 도인이 부처님 몸으로 광명에 휩싸인 모습을 나타내시니 다섯 사문은 정신이 아득하고 황홀하여 다 계율을 사유하더니 즉시에 아라한과를 증득하였습니다.

유념품惟念品

법의 꽃을 드립니다

옛날 부처님께서 세상에 계실 때 불가사왕弗加沙王*은 병사왕甁沙王*과 친한 친구였으나 아직 부처님의 도를 모르고 있을 때였습니다. 불가사왕이 일곱 가지 보배로써 꽃을 만들어 병사왕에게 선물로 보내자 병사왕이 받은 꽃을 가지고 부처님께 바치면서 말씀드렸습니다.

"불가사왕은 저의 친구인데 이 꽃을 보내왔습니다. 지금 부처님께 올리오니 저 왕으로 하여금 마음의 창을 열고 부처님 법을 알게 하여, 부처님을 뵈옵고 법을 듣고 거룩한 스님들을 받들어 공경하도록 해 주십시오. 하옵고 저는 어떤 물건으로써 불가사왕에게 답례하는 것이 좋겠습니까?"

"십이인연경十二因緣經을 써서 그에게 보내주시오. 불가사왕은 그 경전을 보면 반드시 믿고 이해할 것이오."

병사왕은 십이인연경을 쓰고 별도로 편지를 써서 보냈는데 편지 내용은 이러했습니다.

'대왕이 보배 꽃을 보내 왔기에 저는 법의 꽃을 보내 드립니다. 이 경전의 뜻을 자세히 생각하시면 과보가 깊고 아름다울 것입니다. 이 경전을 잘 익히고 외워 도의 맛을 같이 나누시기 바랍니다.'

불가사왕은 그 경전을 받아 읽고 이치를 되풀이하여 생각하다가 마음으로 뜻을 알고 그것을 믿고 이해하고 감탄하며 말했습니다.

"아, 부처님께서 가르쳐 교화하심은 참으로 오묘하다. 이 정밀精密한 이치는 사람의 마음을 안정시키고 나라를 번영하게 할 것이다. 다섯 가지 욕심五欲은 근심과 번뇌의 근본이다. 오랜 겁 동안에 쌓인 미혹에서 이제 비로소 깨어나게 되었구나. 이 세속을 살펴보니 탐착하고 좋아할 것은 아무 것도 없구나."

신하들을 모아 놓고 태자에게 왕관을 물려 준 뒤 스스로 머리를 깎고 스님이 되어 법복*과 바루*를 마련하여 라자그리하성을 향하여 길을 떠나 성 밖에까지 와서 날이 저물자 어느 옹기장이의 옹기가마 속에서 잠을 자며, '내일 성안에 들어가 걸식한 뒤에 반드시 부처님 계신 곳에 가서 부처님을 뵙고 경전과 계율을 받을 것이다.'라고 생각했습니다.

그 때에 부처님께서는 신통으로써 불가사왕이 내일 밥을 먹는 시간 이전에 죽을 것을 아시고 먼 곳에서 왔지만 부처님을 뵙지 못하고 설법도 듣지 못할 것을 아셨습니다.

'매우 가엾구나.'라고 생각하시고 세존께서는 변화로 스님이 되어 옹기장이의 집에 가서 하룻밤 묵기를 간청했습니다.

"조금 전에 어떤 스님이 와서 옹기가마 안에 있습니다. 그곳에서 함께 묵으십시오."

부처님께서 풀을 한 아름 안고 들어가 한쪽에 깔고 앉아 불가사왕에게 물었습니다.

"어디서 오셨습니까? 누구를 스승으로 섬기며, 어떤 인연으로써 스님이 되셨으며, 부처님을 뵈었습니까?"

"저는 아직 부처님을 직접 뵙지 못했으나 십이인연경을 보고 스스로 스님이 되었으며, 내일 성에 들어가 걸식 한 뒤에 부처님을 뵈려 합니다."

"사람의 목숨은 구름과 같아 아침에서 저녁까지 살아 있음을 보장하지 못합니다. 전생의 업보로 죽음은 기약 없이 갑자기 닥칩니다. 이 몸을 식별하면 네 가지 요소로 된 것으로써 그것들이 모여 몸이 되고 그것들이 흩어지면 이 몸이 없어져

제 각각 본래의 요소로 돌아갑니다. 각의覺意*와 공空*과 청정함과 생각없음無想을 깊이 생각하고, 부처님과 법과 스님네와 보시와 계율을 일심으로 생각하고, 모든 물질은 덧없음을 알면 부처님을 뵌 것과 다름이 없을 것입니다. 그러므로 '내일 일은 쓸데없다.'라는 생각을 하십시오."

부처님께서 시로써 다시 말씀하셨습니다.

사람이 좋은 이익을 얻으려면
스스로 와서 부처님께 귀의해야 하네.
이런 까닭으로 조금도 딴 생각 말고
반드시 부처님과 법과 스님네를 생각해야 합니다.

자기 스스로 깨닫는 마음 아는 이는
이런 이를 부처님 제자라고 하네.
항상 마땅히 밤낮으로 딴 생각 말고
부처님과 법과 스님네를 생각해야 합니다.

몸을 생각하면 항상 하지 못함을 생각하며
계율의 공덕 보시의 공덕을 생각하며

공함도 원함도 생각함도 없나니
밤낮으로 반드시 이렇게 생각해야 합니다.

변화한 부처님께서 옹기가마 속에서 불가사왕을 위해, 물질은 이렇게 항상 하지 않다는 요점을 말씀하시니, 불가사왕은 마음이 안정되어 사유하더니 곧 아나가민*의 도를 증득하였습니다.

부처님께서 불가사왕이 아나가민이 되신 것을 아시고, 곧 부처님의 원래 몸과 광명과 상호를 나타내시니, 그는 부처님을 뵙고 놀라고 기뻐 춤추며 머리를 숙여 부처님께 큰절을 했습니다.

부처님께서 거듭 말씀하셨습니다.

"죄의 갚음과 덧없음은 다 끝났으니, 다시는 두려워하지 마시오."

"거룩하신 가르침을 받들겠습니다."

부처님께서는 곧 떠나셨습니다.

이튿날 밥 먹을 때가 되어 불가사왕은 성안에 들어가 걸식하다가 금방 새끼를 낳은 암소가 불가사왕이 송아지를 해코지할 것으로 잘못 알고 뿔로 들이받아 배가 찢어져 목숨을 마쳤습니다. 그는 곧 바로 아나가민이 태어나는 하늘에 태어났습니다.

부처님께서 제자들에게 말씀하셨습니다.

"죄, 그것에 대한 갚음은 삼가지 않으면 안 된다."

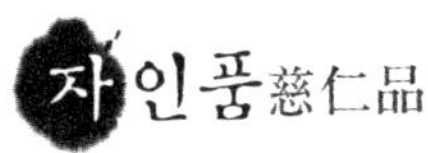

칭찬 받을 일

옛날 부처님께서 라자그리하에 계실 때, 그곳으로부터 오백 리쯤 떨어진 곳에 큰 산이 있었고, 그 산 속에 한 마을이 있었으며, 그 마을에 백스물두 사람이 살았습니다. 그들은 나무를 해 시장에 내다 팔고 사냥하는 것이 생활 수단이며, 가죽옷을 입고 고기를 먹으며 조상 때부터 농사를 짓지 않았고, 귀신을 섬기며, 부처님과 법과 스님에 대해서 조금도 몰랐습니다.

부처님께서는 거룩한 지혜로써 그들을 모두 제도할 수 있음을 아시고, 그 마을로 가셔서 나무 아래에 앉아 계셨습니다. 남자들은 모두 사냥을 갔거나 나무하러 가고 오직 여자들만 남아 있었습니다. 여자들은 부처님의 잘 생긴 모습과 몸에서 나는 광명이 온 천지를 비추자 산 속의 나무와 돌이 모두 황금빛으로 변하는 것을 보고, 늙은이와 젊은이들이 모두 '신기하구나!' 하면서 기뻐하고 부처님을 신인神人으로 알았습니다.

그들은 모두 부처님 앞에 가서 예배하고 자리를 만들어 드렸습니다. 부처님께서는 그들을 위해 '살아 있는 것을 죽이면 죄가 되고 자비를 행동으로 옮기면 복이 되며, 사랑하는 사람과 모여 사는 것도 한 때일 뿐 결국은 헤어진다.'라고 설법하셨습니다.

여자들은 이 설법을 듣고 모두 기뻐하며 부처님 앞에 나아가 아뢰었습니다.

"산 속에 사는 저희들은 짐승을 잡아 고기만 먹고삽니다. 변변하지 못한 공양이라도 올리고자 하오니 받아 주시기를 원하옵니다."

부처님께서 말씀하셨습니다.

"모든 부처님의 법에는 고기를 먹지 않소. 그리고 나는 이미 밥을 먹고 왔으니 다시 준비할 필요가 없소."

부처님께서 계속 설법하셨습니다.

"세상에는 먹을 수 있는 것이 수 없이 많소. 그런데 왜 이익이 있는 양식을 만들지 않고 하필 짐승들을 잡아먹으면서 살아가는가? 죽어 지옥에 떨어질 수 있으니 이것은 손해가 될 뿐 이익이 없는 것이오. 다섯 가지 곡식을 먹으며 중생을 가엾게 여겨야 하오. 아무리 미미한 곤충이라도 살기를 탐한다오. 그러므로 그들을 죽여 내가 살아가면 그 죄는 없어지지 않을 것이오. 어진 마음을 가지고 생물을 죽이지 않으면 세세생생에 근심이 없을 것이오."

부처님께서는 시로써 말씀하셨습니다.

자비한 마음으로써 산 것을 죽이지 않고
언제나 몸을 잘 잡도리하면
죽지 않는 곳에 살게 되고
가는 곳마다 근심이 없느니라.

산 것을 죽이지 말고 사랑하여라.
말을 조심하고 마음을 잡도리하면
죽지 않는 곳에 살게 되고
가는 곳마다 근심이 없느니라.

가만히 앉아 함이 없고
중생들의 목숨을 해치지 않고
그들을 귀찮거나 걱정하지 않게 하면
이런 이들은 당연히 범천*에 나느니라.

항상 자비와 사랑으로 가엾이 여기면
깨끗하기 부처님 가르침 같다네.
만족할 줄 알고 지관 할 줄 알면
이런 사람은 나고 죽음 벗어나느니라.

부처님께서 이렇게 설법하실 때, 남자들이 사냥에서 돌아왔으나 여자들이 그들을 마중하지 않았기 때문에 그들은 놀라고 의심하면서 보통 때와 다른 것에 이상한 생각이 들어 잡은 짐승들을 버리고 재빨리 돌아와 무슨 사고가 났는지 살펴보았습니다. 모든 여자들이 부처님 앞에 앉아 합장한 채로 설법을 들으며 꼼짝도 하지 않았습니다. 그들이 매우 화를 내어 소리치며 부처님께 폭력을 쓰려고 하자 여러 부인들이 충고하였습니다.

"이 분은 신인神人이시니 나쁜 마음을 먹지 마십시오."

그들은 곧 잘못을 뉘우치고 부처님께 절하였고, 부처님께서는 그들을 위해 짐승을 죽이지 않으면 복이 오고 짐승을 죽이면 죄가 된다고 설법하셨습니다. 그들은 마음으로 이해하고 큰절하고 꿇어앉아 부처님께 사뢰었습니다.

"저희들은 이 깊은 산중에서 태어나 살아오면서 많은 짐승을 죽였기 때문에 죄가 한량없이 쌓였사오니 장차 어떤 법을 실행해야 이 무거운 재앙에서 벗어날 수 있겠습니까?"

부처님께서 시로써 말씀하셨습니다.

인자한 마음을 지니고 어질게 행동하고
널리 사랑하며 중생을 구원해주면
열한 가지 칭찬 받을 것이 있어
복이 항상 몸을 따르느니라.

잠을 자도, 깨어도 편안하고
나쁜 꿈도 꾸지 않고
하늘 신들은 자비와 사랑으로써 보호하고
독물이나 흉기도 해치지 않느니라.

물에 빠지거나 불에 타지 않고
사는 곳마다 이익 얻으며
죽어서는 범천에 오르나니
이것이 열한 가지 칭찬할 것이니라.

부처님께서 이 시를 끝내시자 남녀노소 백스물두 사람은 기뻐하며 믿고 받들었고, 다섯 가지 계율을 받아 그것을 굳게 지켰습니다.

부처님께서는 병사왕에게 부탁하셨습니다.

"저들에게 농사지을 땅을 주어 농사짓는 법을 가르치고 우선 먹을 양식을 주십시오."

이렇게 어진 교화가 널리 퍼져 온 나라가 태평성대가 되니 모든 백성들이 행복했습니다.

부자는 거지의 음식을 탐내지 않는다

옛날 변방에 화묵和默이라는 임금이 다스리는 큰 나라가 있었는데, 변방이었기에 아직도 불 · 법 · 승의 거룩하고 오묘한 교화를 받지 못하고, 범지와 외도들과 무당 등을 받들어 섬겼고, 온 나라는 삿된 일을 저질렀기 때문에 산목숨을 죽여 제사하는 일을 예사롭게 했습니다.

그 때에 왕의 어머니가 큰 병이 들어 여러 의원들을 불렀으나 약효가 듣지 않았고, 또 무당들을 온 나라의 산천山川에 보내어 기도했으나 병이 낫지 않았습니다. 또 나라 안에 있는 이백 명의 이교도를 궁전에 초청하여 자리에 모으고 음식을 차린 뒤 말했습니다.

"나라의 왕모께서 오랫동안 병으로 고생하고 계신데 무엇 때문인지 모르겠소. 여러분들은 아시는 것이 많아 하늘과 별이 운행되는 모양을 잘 알고 있으니 무엇 때문에 병이 낫지 않는지 자세히 진단하여 나에게 알려 주시오."

"별들이 뒤섞여 음양陰陽이 조화를 잃었기 때문입니다."

"어떻게 처리하면 병이 낫게 할 수 있겠소?"

"성 밖 깨끗하고 평평한 곳에서 해와 달과 별과 네 산에 제사하되, 백 마리 짐승과 여러 가지 짐승과 어린애 하나를 제물로 하여, 왕께서 몸소 왕모를 모시고 그 곳에 가서 꿇어앉아 절하며 목숨을 연장시켜 달라고 기도하시면 병이 나을 것입니다."

왕은 곧 그 말과 같이 사람을 시켜 코끼리 · 말 · 소 · 양 등 백 마리를 준비하여 마련된 제단으로 몰고 가게 했는데 슬픈 울음소리가 천지를 진동하였습니다.

세존께서는 모든 중생을 널리 사랑하시므로 이 국왕이 완고

하고 어리석음이 심한 것을 매우 불쌍히 여겨 '왜 나쁜 마음을 일으켜 중생의 생명을 빼앗아 한 사람의 생명을 늘리고자 하는가!' 라고 생각하시더니 곧 대중들을 거느리고 그 나라에 가셔서 성 동문의 도로에서 왕과 바라문들에 의해 슬피 울며 몰려가는 짐승들을 만났습니다.

왕은 처음 뜨는 해와 같고 보름달 같이 원만한 모습으로 빛나는 광명이 천지를 환하게 비추는 부처님을 뵙고, 부처님을 뵙는 사람은 모두가 좋아하고 공경하지 않는 사람이 없고, 제사에 쓰일 짐승들은 다 죽음에서 벗어나기를 소원하였습니다. 왕은 수레에서 내려 앞으로 나가 일산을 물리고 부처님께 절한 뒤 합장하고 문안드리자 부처님께서는 자리에 앉게 한 뒤에 물으셨습니다.

"어디로 가는 길이오?"

"나라의 왕모께서 병이 난 지가 오래 되었습니다. 뛰어난 의원이 약을 써보고 천지신명에게 제사도 해 보았으며, 주선할 수 있는 치료방법을 두루 해보지 아니 한 것이 없습니다. 그래서 지금 처음으로 별들과 다섯 큰 산에 어머님을 위하여 목숨의 연장을 간청하여 쾌차함을 얻고자 합니다."

"한 말씀드리겠소. 잘 들으시오. 곡식을 얻으려면 반드시

씨를 뿌려 가꾸어야 하고, 큰 부자가 되려면 반드시 보시를 해야 하고, 오래 살고 싶으면 반드시 큰 자비를 시행해야 하고, 지혜를 배우려면 배우고 물어야 하는 것이오. 대개 부귀한 사람은 빈천한 사람의 음식을 탐하지 않소. 저 하늘은 일곱 가지 보배로써 궁전을 세웠고 옷과 음식은 생각만하면 저절로 앞에 이르는데 어찌 감로 같은 음식을 버리고 비린내 누린내 나는 더러운 음식을 먹으려오겠소.

음흉한 마음으로써 제사 지내고, 삿됨으로써 올바르다 하고, 산 것을 죽여 생명의 연장을 구하니 생명의 연장과는 거리가 머오. 많은 짐승의 목숨을 죽여 한 사람의 목숨을 늘리려 하니 어찌 될 법이나 한 일이겠소."

부처님께서 시로써 말씀하셨습니다.

만약 사람이 백 년을 살려고
부지런히 천하의 신神을 섬기고
코끼리나 말 등으로써 제사하는 것은
한 번 자비를 시행함만 못하네.

부처님께서 시를 말씀하실 때 광명을 놓아 온 세상을 두루 비추니, 세 갈래의 중생*으로서 여덟 가지 어려움*에 빠진 이들은 기뻐하지 않는 이가 없고, 제 각기 자기가 소원한 것을 얻었으며, 국왕 화묵은 오묘한 설법을 듣고 또 광명을 보고 매우 크게 기뻐하며 곧 도의 자취를 얻었습니다. 병든 어머니도 법을 듣고 다섯 가지 감관*이 편안해져 병이 나았습니다. 이백 명의 이교도들도 부처님의 광명을 보고 설법을 듣고는 부끄러워하고 뉘우치면서 제자가 되기를 소원했습니다. 부처님께서는 그들이 소원하는 대로 그들을 모두 받아들여 제자로 삼았습니다.

국왕과 대신들은 부처님과 제자들을 초청하여 한 달 동안 공양을 올렸고, 법답게 나라를 다스려 매우 좋은 나라가 되었습니다.

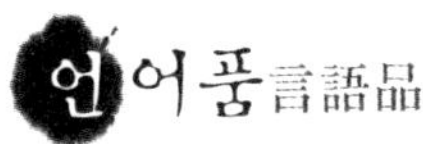

소에 받쳐 죽은 세 사나이

옛날 불가사왕이 라자그리하성에 들어가 걸식하던 중, 금방 새끼를 낳은 소에게 떠받쳐 죽자, 소 주인은 겁을 먹고 그 소를 팔아 버렸고, 소를 산 주인이 소를 끌고 물을 먹이러 가는데, 소가 또 뒤에서 떠받아 그 주인마저 죽었습니다. 그 소의 주인 아들은 성을 내고 그 소를 잡아 시장에 가서 고기를 팔았고, 어떤 농사꾼이 소머리를 사서 새끼줄로써 묶어 메고 집으로 돌아가다가 집에 거의 다 간 곳 일 리쯤을 남겨두고 소머리를 나무 가지에 매달아 놓고 그 밑에서 쉬고 있었습니다. 그때 갑자기 끈이 끊어져 소머리가 떨어졌는데, 공교롭게 소뿔이 농사꾼의 머리에 깊이 박혀 또 그 사람이 죽었습니다. 이와 같이 소 한 마리가 하루에 세 사람을 죽이자 병사왕은 그 사실을 보고받고, 반드시 무슨 업보가 있을 것을 믿고 여러 신하들을 거느리고 부처님께 나아가 큰절하고 자리에 앉아 부처님께 사뢰었습니다.

"세존이시여, 오늘 매우 괴이한 일이 성안에서 일어났습니다. 방금 새끼를 낳은 소 한 마리가 사람 셋을 죽였습니다. 장차 어떤 불길한 일이 있지나 않을는지, 그 이유를 알고 싶습니다."

"죄의 대가는 근원이 있는 것이지, 지금 금방 일어난 일만 볼 것이 아니오."

"그 원인을 알고 싶습니다."

부처님께서 아래의 이야기를 하셨습니다.

결정된 업은 면할 수 없다

옛날 장사꾼 세 사람이 다른 나라에 장사하러 갔다가, 일이 끝나고 떠날 때 돈을 주기로 하고 어떤 혼자 사는 노파의 집에 머물렀습니다. 그들은 노파가 혼자 사는 것을 확인하고 숙식비를 떼어먹기로 했습니다. 일을 끝내고 노파가 집을 비운 틈을 이용하여 값을 치르지 않고 몰래 도망을 쳐버렸고, 노파가 외출하였다가 돌아와 보니 그 장사꾼들이 없자 이웃사람들에게 물어 보았습니다.

"그들은 벌써 떠났습니다."

노파는 화를 내며 그들을 뒤쫓아 가서 겨우 그들을 만나, 그들에게 버럭 화를 내면서 말했습니다.

"왜 숙식비를 내지도 않고 도망가는가?"

"우리는 숙식비를 벌써 드리지 않았소? 왜 또 달라고 하는가?"

이렇게 서로 실랑이를 벌였으나 노파는 혼자의 능력으로 받아 낼 수가 없었습니다. 터지는 분통을 집어삼키며 그들을 저주하고 나쁜 서원을 세웠습니다.

"내가 혼자이기 때문에 지금은 어떻게 할 수가 없다. 내가 다음에 태어나는 곳에서, 만나면 기어코 한 날에 너희 셋을 죽일 것이다. 비록 도를 얻어도 절대로 용서하지 않고 한 번은 죽일 것이다."

부처님께서는 계속 말씀하셨습니다.

"그 때의 노파는 바로 오늘의 소며, 오늘 소한테 죽은 불가사 등은 그 때의 장사치 셋이었소."

부처님께서는 시로써 거듭 말씀하셨습니다.

나쁜 말로 남을 꾸짖고

교만하여 사람을 업신여김과
이러한 짓을 한다면
미워하고 원망함이 생기느니라.

겸손한 말과 신중한 말로
다른 이를 존경하고
성냄을 버리고 나쁜 마음 참으면
미워함과 원망함 저절로 없다네.

사람이 이 세상에 태어나면
입안에 도끼가 생겨
그것이 몸을 동강 낼 수 있나니
그것은 나쁜 말 때문이니라.

부처님께서 이렇게 설법하시는 것을 들은 병사왕과 그 관속들은 상대하는 사람에게 공손하고 엄숙하게 대하지 않는 이가 없고 좋은 행실을 숭상하기를 발원하며 큰절하고 물러갔습니다.

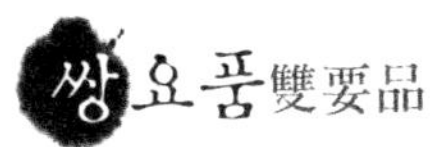

좋은 생각의 열매와 나쁜 생각의 열매

옛날 슈라바스티의 프라세나짓왕은 부처님 계신 곳에 가서, 수레에서 내려 일산을 물리치고 칼을 풀고 신을 벗고 합장하고 손과 무릎과 머리를 땅에 닿는 절을 한 뒤에 꿇어앉아 아뢰었습니다.

"내일 네거리에 변변찮은 음식을 차려놓고 이 나라 사람들에게 부처님께서 지극히 존엄하심을 알리려 하옵니다. 그렇게 하여 중생들이 귀신과 무당을 멀리하고, 다섯 가지 계율을 받게 하여 이 나라에 근심과 걱정을 없애려고 하오니 왕림하여 주시옵소서."

"훌륭하오. 나라의 주인이 된 이는 반드시 공명정대公明正大하게 백성을 인도하고 통솔하되 인의도덕으로써 현세와 미래세상이 복되게 해야 합니다."

"지극한 정성으로써 초청하오며 저는 물러가 음식을 준비하겠습니다."

왕은 돌아가 직접 음식을 만들었습니다.

다음 날 부처님께서 제자들을 데리고 도착하시자, 왕은 뛰어가 부처님과 스님들을 네거리로 모시고 갔습니다. 부처님께서 자리에 앉으시자 왕은 직접 손 씻을 물을 날랐고, 음식을 돌렸습니다. 부처님께서 공양을 마치고 왕을 위해 설법하시니 듣는 사람이 인산인해를 이루었고, 그 사람들 가운데 상인 두 사람이 서로의 생각을 말했습니다.

"부처님은 제왕과 같고 제자들은 충신과 같구나. 부처님이 밝은 법을 말씀하시면 제자들은 외워 널리 퍼뜨리겠지. 저 왕은 참으로 현명하다. 부처님을 높이 받들고 뜻을 굽힐 줄 아는구나."

다른 상인이 말했습니다.

"임금은 어리석다. 자기가 국왕인데 무엇을 더 구하려 하는가? 저 부처는 마치 소와 같고 제자들은 수레와 같다. 저 소가 수레를 끌고 동서남북으로 다니는 것처럼 부처도 그와 같다. 자네는 저 부처에게 무슨 도가 있다고 그처럼 뜻을 굽혀 받드는가?"

그들은 같이 길을 떠나 삼십 리쯤 가서 어떤 주막에 머물러

술을 마시며 장사에 대한 이야기를 했습니다. 그 때에 부처님께 대하여 좋은 생각을 한 사람은 사천왕이 보호하였고, 나쁜 생각을 한 사람은 태산지옥의 귀신이 뱃속에 들어간 술을 불같이 뜨겁게 했습니다. 그는 술집에서 나와 여관에 들려 잠을 자려 했으나 속이 뜨거워 견딜 수 없자, 여관을 나와 거리를 헤매다가 큰 길 바닥에 누워 뒹굴다가 잠이 들었고, 이른 새벽에 여러 대의 수레가 지나가면서 그를 깔아뭉개 죽였습니다. 아침에 잠에서 깬 동행은 친구가 수레에 깔려 죽은 것을 알고 혼자 생각했습니다.

'만일 이대로 고향에 돌아가면, 반드시 사람을 죽이고 재산을 빼앗았다는 의심을 받을 것이다. 옳지 않은 일이지만 재물을 버리고 가벼운 몸으로 다른 나라에 가서 살자.'

그는 다른 나라에 도착하여 많은 사람들이 모여 있는 것을 보고 그 곳으로 갔습니다.

그 때 그 나라의 왕이 죽고 태자가 없었는데 그 나라의 참서讖書(일종의 예언서)에 '어떤 나라에서 미친한 사람이 와서 이 나라의 왕이 되며, 그 사람을 찾는 방법은 죽은 왕이 타던 말이 왕 될 사람을 보면 반드시 무릎을 꿇는다.'라고 씌어 있었습니다. 그 나라 사람들은 말을 잘 꾸미고 옥새玉璽를 받들고 왕

될 사람을 찾아 나서자 구경꾼들이 길을 메웠습니다. 그들 가운데 있던 태사太史(벼슬이름)가 장사꾼이 있는 방향을 바라보며 말했습니다.

"저기 노란 구름 일산이 있고, 그 아래 웬 사람이 있으니 저 사람이 반드시 왕이 될 사람이다."

그들이 그 장사꾼 앞에 이르니 말이 무릎을 꿇고 그 장사꾼의 발을 핥자, 신하들은 그를 궁중으로 모시고 가서, 미리 준비한 향탕에 목욕시키고 국왕으로 모셨습니다. 그는 왕위에 올라 나랏일을 처리하면서 곰곰이 생각했습니다.

'나는 착한 일을 조금도 하지 않았고, 왕업을 익힌 적도 없다. 무슨 인연으로써 임금이 되었는가? 이 일은 반드시 부처님을 마음속으로 찬탄한 공덕이다.'

그는 곧 여러 신하들과 함께 멀리 슈라바스티 나라를 향하여 절하고 간절하게 소원했습니다.

"이 미천한 사람은 아무 덕도 없사온데 부처님의 사랑과 은혜를 입어 이 나라의 임금이 되었습니다. 내일은 스님들과 함께 이곳을 돌보아 주시옵소서."

때는 춘삼월, 부처님께서 아난다에게 말씀하셨습니다.

"여러 비구들에게 말하여라. 내일은 아무개 왕의 초청을 받았으니 모두 신통으로 저 나라에 가서 왕과 백성들을 기쁘게 하도록 하자."

이튿날 부처님 일행은 모두 신통을 부려 그 나라에 가서서 절도 있게 자리에 앉았으며, 공양을 마치신 부처님께서 손을 씻으시고 왕을 위해 설법하셨습니다.

왕이 부처님께 사뢰었습니다.

"저는 본래 미욱하고 하천한 사람으로 훌륭한 공덕은 조금도 없사온데 무슨 인연으로써 왕이 되었습니까?"

"일전에 슈라바스티 나라의 대왕이 네거리에서 나와 대중에게 공양을 베풀 때 그대는 마음속으로 '부처님은 국왕과 같고 제자들은 신하들과 같구나.'라고 생각했었소. 그대는 그러한 좋은 종자를 심었기 때문에 지금 스스로 그 결과를 얻은 것이오. 대왕의 친구는 '부처는 소와 같고 제자들은 수레와 같다.'라고 말하였소. 그 생각이 스스로 수레에 깔려 죽을 종자를 심었기 때문에 지금 태산지옥에서 불수레에 깔리는 갚음을 받고 있소. 그대가 지금 왕이 된 것은 어떠한 용맹으로 된 것이 아니오. 눈에 보이는 것이나 귀로 듣는 것을 좋게 생각하고 착한 일을 하면 복이 오고, 나쁘게 생각하고 악한 일을 행하면 재앙이 따르는 것이오. 선과 악은 다 스스로가 짓는 것이고 신이나 용이나 귀신이 주는 것이 아니며 줄 수도 없소."

부처님께서 시로써 거듭 말씀하셨습니다.

마음은 모든 일의 주인
주인은 모든 일 시키네.
마음으로 나쁘게 생각하고
그대로 말하고 행동하면

그 허물로써 따르는 고통
수레가 바퀴 자국 따름과 같다네.

마음은 모든 일의 주인
주인은 모든 일 시키네.
마음으로 착하게 생각하고
그대로 말하고 행동하면
그 복으로써 받는 즐거움
그림자가 본체를 따름과 같다네.

부처님께서 이 설법을 하시자, 법을 들은 왕과 신하들, 그리고 수 없는 사람들이 매우 기뻐하며, 모두 법 눈을 얻었습니다.

유리瑠璃의 오역죄五逆罪*

옛날 장자 수닷타는 기타 태자의 동산을 사서 거기에 절을 지어 부처님께 바치고, 기타 태자와 함께 부처님과 스님들을 초청하여 한 달 동안 모시고 공양을 올렸습니다. 부처님께서는 그 두 사람을 위하여 분명한 법을 자세히 말씀하셨습니다. 그들은 부처님의 법을 확실히 알았고, 기타 태자는 기뻐하면서 동궁으로 돌아가 부처님의 덕을 찬탄하고 좋은 일만을 시행하며 스스로 즐거워했습니다. 태자가 부처님 법에 뜻을 두고 수행하자 그 아우 유리가 언제나 부왕의 곁에서 부왕을 보좌하였습니다. 어느 때 왕은 평복으로 가까운 신하들과 궁녀들과 부인을 데리고 부처님께 나아가 절하고 한결같은 마음으로 설법을 듣고 있었습니다.

왕궁에 남아 궁전을 지키고 있던 유리에게 간사한 대신 아살타와 아첨하는 여러 무리들이 유리 태자에게 말했습니다.

"왕자님. 시험 삼아 대왕의 옷을 입고, 대왕의 띠를 매고, 대왕의 관을 쓰고, 옥새를 가지고 대왕의 자리에 앉아 보십시오. 어찌 대왕의 모습과 같지 않겠습니까?"

어리석은 유리는 그 말에 따라 왕의 옷을 입고 띠를 매고 왕관을 쓰고, 옥새를 들고 왕좌에 올라앉자, 아첨하던 신하들과 아살타가 함께 경축하고 하례하며 말했습니다.

"꼭 대왕과 같습니다. 이제 오랜만에 우리 백성들이 소원을 풀 수 있는 기회를 만났습니다. 어찌 저 태자로 하여금 그 자리에 앉게 해야 됩니까? 또 그 자리에 올라앉았다가 다시 내려와야 합니까?"

유리는 어리석게도 간신들의 부추김대로 완전 무장을 하고 시종꾼들과 병사들을 거느리고, 기타 숲 외로운 이 돕는 절에 가서 대왕을 다시 왕궁 안에 들어오지 못하도록 내몰면서 왕을 섬기고 따르던 사람들 오백여 명을 죽였습니다. 왕은 부인과 함께 밤낮으로 걸어 카필라바스투로 망명하려 했으나, 도중에 굶주리다 못해 풀뿌리를 캐어먹고 배가 부어 죽었습니다. 유리는 또 거리낌 없이 동궁으로 들어가, 형인 태자를 죽이려 했습니다. 기타 태자는 세상이 덧없음을 알기 때문에, 조금도 두려워함이 없었으며 얼굴빛 하나 변하지 않았고, 도리어 웃음을 머금고 기쁜 듯이 칼날을 받았습니다. 아직 목숨이 끊어지기 전에 허공에서 저절로 음악 소리가 울려 퍼지며 그의 영혼을 영접해 갔습니다.

부처님께서는 기타 숲 외로운 이 돕는 절에서 다음과 같은 시로써 말씀하셨습니다.

지으며 기뻐하고 뒤에 또 기뻐하니
착한 행실 하는 사람 두 번을 기뻐한다.
그는 기뻐하고 오직 즐겨하나니
복을 바라보는 그 마음 편안하기 때문이라네.

이승에서 즐기고 저승에서 즐기고
착한행실 하는 사람 두 곳에서 즐긴다.
스스로 복을 짓고
그 복을 받으면서 즐긴다.

그 때에 왕이 된 유리는 군사를 동원하여 슈라비스티국을 정벌하여 석씨 종족을 무자비하게 죽였는데, 그 중에는 도를 깨달은 이들도 많았으니, 이렇게 잔인무도하게 오역죄를 저

질렀습니다.

이 사실을 아신 부처님께서 유리왕의 앞날에 대하여 예언하셨습니다.

"저 유리는 불충과 불효를 저지르는 등 온갖 죄를 지었으니 그 죄에 대한 갚음이 무겁다. 지금부터 이레 뒤에는 반드시 지옥의 불과 같은 불길에 타서 죽는다."

그 나라의 태사도 부처님과 같은 예언을 했습니다. 이 말을 전해들은 유리왕은 매우 두려워하며, 곧 배를 타고 바다로 나아가며 말했습니다.

"나는 지금부터 물에서 이레를 살겠다. 불이 어찌 바다에서 일어나겠는가?"

그러나 이레가 되는 날 한낮에, 물속에서 저절로 불기둥이 치솟아 배를 몽땅 태워버리자, 유리는 허둥지둥거리며 두려워하다가 결국 불에 타서 죽고 말았습니다.

그 때에 부처님께서 시로써 말씀하셨습니다.

지으며 걱정하고 뒤에 또 걱정하니
악한 행실 하는 사람 두 번을 걱정한다.
그는 걱정하고 두려워하나니

죄악을 바라보고 마음은 두려움에 떤다.

이승에서 뉘우치고 저승에서 뉘우치고
악행을 하는 사람 두 곳에서 걱정한다.
스스로 재앙을 지으면
그 죄를 받으면서 괴로워한다.

부처님께서 위의 시를 마치시고, 여러 비구들에게 말씀하셨습니다.

"기타 태자는 영화로운 지위를 탐하지 않고 죽으면서도 법을 생각했기 때문에 하늘에 태어나 자연스럽게 안락을 누리고, 유리는 광적으로 어리석어 마음대로 행동하다가 지금은 지옥에서 헤아릴 수 없는 괴로움을 받는다. 세상의 부귀와 빈천은 모두 덧없는 것으로 돌아가나니, 영원히 존재하는 것은 아무 것도 없다. 그렇기 때문에 뜻이 높은 선비는 목숨을 버리는 한이 있어도 꼭 법에 맞도록 생활하는 것을 보배로 여기느니라."

부처님께서 이렇게 말씀하실 때 대중들은 모두 믿고 받들어 실천했습니다.

질곡桎梏

옛날 그리드라쿠타산 뒤에 칠십 여 가구의 이교도들이 살았고, 그들은 전생에 불법과 인연이 있었으므로 부처님의 가르침을 받을 수 있었습니다.

부처님께서 그 마을로 가시던 도중, 길에서 신통을 나타내시니, 그들은 부처님의 의젓하신 모습과 찬란하게 빛나는 빛을 보고 모두 공경하고 마음으로 복종하였습니다. 부처님께서 나무 아래 앉아 그들에게 물으셨습니다.

"이 산중에서 얼마나 오래 살았으며, 무슨 일을 하며 생활하는가?"

"저희들은 이곳에서 삼십여 대를 살았으며, 농사와 목축업으로써 생활하고 있습니다."

"어떤 신을 섬기며 어떻게 수행하여 나고 죽음의 바다를 건너려 하는가?"

"해와 달, 그리고 물과 불을 섬기며 시절에 따라 제사 올립니다. 만일 사람이 죽으면 남녀노소들이 다 모여 범천梵天*에 나도록 외침으로써 나고 죽음을 떠나게 하옵니다."

부처님께서 그들에게 말씀하셨습니다.

"농사를 짓거나 목축업을 하거나, 해와 달과 물과 불을 섬기고 철마다 제사하거나, 소리 높여 외쳐서 범천에 태어난다 해도, 그것으로 나고 죽음에서 벗어나 영원히 사는 법이 아니다. 기껏해야 스물여덟 하늘*을 벗어나지 못하는 것이다. 왜냐하면 바른 도의 지혜가 없기 때문에 다시 세 갈래 길에 떨어질 수 있다. 그러나 집을 떠나 청정하게 뜻을 닦고 고요하게 이치를 닦으면 열반을 얻을 수 있느니라."

부처님께서는 시로써 거듭 말씀하셨습니다.

진실을 거짓으로
거짓을 진실로 생각하면
끝내 그릇된 소견이니
끝까지 참된 이익 얻지 못하네.

진실을 알고
진실하게 생각하고
거짓을 보고
거짓인 줄 알면
그것은 바른 소견

그러면 반드시 참 이익 얻는다네.

세상엔 모두 죽음 있나니
그러므로 세 세계는 편하지 않다.
저 물과 불의 신이 즐겁다 해도
지은 복 다하면 그도 죽네.
모든 세상 살펴볼 때
한번 나서 끝나지 않는 것은 없다네.
그러니 나고 죽음 벗어나려는 이
참된 도를 실천해야 하네.

칠십 여명 이교도들은 부처님의 말씀을 듣고 전부가 완전히 이해하고 스님이 되기를 간청했습니다.

그 때에 부처님께서 '잘 왔구나, 비구들아!' 라고 말씀하시자 그들의 머리카락과 수염이 저절로 깎이고 스님의 모습이 되었습니다.

부처님께서 그 비구들을 데리고 절로 돌아오시는 도중에 그들이 아내와 자식들이 그리워 각각 집으로 되돌아가려는 생각을 하는 사실을 아셨습니다. 더구나 그때 비가 내려 그들의 마음은 더욱 울적하고 처량하였습니다. 부처님께서는 그들의 뜻을 아시고 신통을 부려 길가에 수십 칸이 되는 건물을 만들어 내시고 그 안에 들어가 비를 피하게 하셨습니다. 그 때 지붕 한 곳이 뚫어져 빗물이 바닥을 적셨습니다. 이것을 보신 부처님께서 시로써 말씀하셨습니다.

> 지붕 잇는 일을 대충하다가
> 비가 오면 새는 것처럼
> 뜻을 단속하고 도를 닦지 않으면
> 음탕한 욕심이 마음을 뚫는다.
>
> 지붕 잇기를 잘하면
> 비가와도 새지 않네.
> 뜻을 단속하고 실천하면
> 음탕한 마음 일지 않네.

칠십 여명의 비구들은 위의 시를 듣고, 비록 마음을 다잡아 보려고 애썼으나, 마음은 여전히 울적하였고, 비가 그치자 길을 떠났습니다. 도중에 헌 종잇조각이 길 바닥에 떨어져 있는 것을 보신 부처님께서 어떤 비구에게 말씀하셨습니다.

"저 종잇조각을 주워라."

비구가 분부대로 종잇조각을 줍자, 부처님께서 그에게 물었습니다.

"그 종이는 무엇에 사용했던 종이 같으냐?"

부처님의 질문을 받은 비구는 종이를 코에 대고 냄새를 맡아 보고 사뢰었습니다.

"이 종이는 향을 쌌던 종이임이 분명합니다. 비록 비를 맞았으나, 아직 향내가 조금은 남아 있습니다."

좀 더 길을 가는데 이번에는 새끼 토막이 길바닥에 있었습니다. 부처님께서 또 어떤 비구에게 말씀하셨습니다.

"저 새끼 토막을 주워 보아라."

분부를 받은 비구가 새끼 토막을 줍자, 부처님께서 다시 그에게 물으셨습니다.

"그것은 무엇에 썼던 새끼 토막인 것 같으냐?"

그 비구도 새끼 토막을 코끝에 대어 보더니 얼굴을 찡그리며 부처님께 말씀드렸습니다.

"이 새끼 토막에서는 비린내가 납니다. 반드시 생선을 묶었던 새끼입니다."

부처님께서 비구들에게 말씀하셨습니다.

“어떤 물건이나 본래는 깨끗하나 모두 인연을 따라 죄와 복을 일으키는 것이다. 현명한 이를 가까이 하면 도와 뜻이 높아지고, 어리석은 이를 가까이 하면 재앙이 오는 법이다. 마치 종이는 향을 쌌기 때문에 아직 향냄새가 나고, 새끼는 생선을 묶었기 때문에 비린내가 나는 사실과 같이, 조금씩 조금씩 전염되는 사실을 가까이 있으면서도 깨닫지 못하는 것이 세상살이 이니라.”

부처님께서 시로써 거듭 말씀하셨습니다.

나쁜 사람이 나를 물들이는 것은
냄새나는 물건을 가까이 하는 것처럼
조금씩 유혹되어 허물을 익혀
저도 모르는 사이에 악한 사람이 되네.
어진 사람이 남을 물들이는 것은
마치 종이로 향을 쌌던 것처럼
착함 실천하고 지혜 익혀서
그대로 실천하면 청정해지네.

칠십 여명 스님들은 이 시까지 듣자 집에 대한 마음이 더러운 넝쿨이며, 아내와 자식이 질곡桎梏인 줄 안 뒤에 견고한 믿음으로 절에 도착하더니, 뜻을 제어하고 실천하여 아라한과를 증득하였습니다.

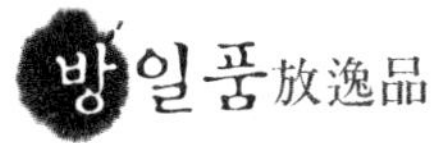

이런 법은 없습니다

옛날 부처님께서 세상에 계실 때의 이야깁니다.

오백 명의 상인들이 바다에 들어가 일곱 가지 보물을 많이 모아 본국으로 돌아가는 도중, 깊은 산 속 길을 가다가 귀신들에게 홀려 그 산을 벗어나지 못하고 골짜기에서 모두 죽었습니다. 그들의 보물이 여기저기 산 속에 흩어져 있는 것을, 그 산에서 공부하던 스님이 발견하고 욕심이 생겼습니다.

'나는 여기서 공부를 시작한 것이 어언 칠년, 아직도 도를 얻지 못하였고, 또 빈궁하여 생활하기가 매우 어렵다. 이것들을 주워 가정을 만들어 살아가는 것이 좋겠다.'

그는 보물들을 수습하여 한 곳에 감추어 두고 산에서 내려와 형과 아우를 불러 그것을 가지고 집으로 돌아가고 있었습니다. 그 때 부처님께서는 그 비구를 제도할 수 있다고 생각하시고, 곧 어떤 비구니가 되셨습니다. 그 비구니는 눈썹을 그리고 곱게 화장을 하고 영락으로 멋을 낸 모습으로 골짝 길을 따라 산으로 들어갔습니다. 도중에 보물을 챙겨 길을 따라 내려오던 비구를 만나자 땅에 엎드려 절하고 문안드렸습니다. 비구는 비구니에게 꾸중하였습니다.

"수행하는 법에 이런 일은 없소. 머리를 깎고 가사를 입었는데, 왜 눈썹을 그리고 얼굴에 화장을 하고 영락으로 몸을 가꾸었는가?"

비구니가 응수했습니다.

"스님의 법에 이런 일은 없습니다. 부모를 하직하고 도를 공부하기 위하여 산 속에 살면서 마음이 안정되어야 하거늘 어찌하여 옳지 못한 방법으로 재물을 얻었습니까? 또한 탐욕 때문에 도를 잊어버리고 즐기려는 마음을 지니고 방일하며, 덧없음을 생각하지 않습니까? 세상에 사는 것은 나그네와 같은데 죄의 갚음은 늘어만 갈 것입니다."

비구니는 그 비구를 위하여 시로써 다시 말했습니다.

비구님, 부디 계율로써 몸을 보호하십시오.
방일하시면 걱정과 근심이 많습니다.
작은 싸움은 큰 싸움의 원인입니다.

악업을 쌓다보면 불 속에 들어갑니다.

계율 지키면 그 복이 기쁨을 가져오고
계율 범하면 마음으로 두려워합니다.
그러므로 세 세계의 번뇌를 끊으면
그는 곧 열반에 가까이 간 분입니다.

시를 끝낸 비구니는 그 비구를 위해 부처님 몸으로 돌아가 빛나는 광명을 내셨습니다. 비구는 부처님을 뵙고 두려움에 온 몸의 털이 곤두섰습니다. 바로 땅에 엎드려 부처님께 절하고 허물을 뉘우치며 하소연했습니다.

"어리석고 미욱하여 바른 법을 어기고 법을 벗어나 돌아올 줄 몰랐나이다. 장차 저는 어떻게 하오리까?"

그때 부처님께서 시로써 말씀하셨습니다.

앞에 방일했으나
뒤에 그것을 끊을 수 있다면
그는 이 세상을 잘 비출 것이니
결정코 옳은 길을 생각하여라.

잘못하고 실수로 나쁜 행실 저질렀어도
잇달아 그것을 착한 행실로써 덮어주면
그는 이 세상 잘 비출 것이니
결정코 좋은 일만을 생각하여라.

한창 젊어 집을 버리고
부처님의 교훈 힘써 닦으면
그는 이 세상을 잘 비출 것이니
마치 달에서 구름이 사라지듯이.

사람이 먼저 나쁜 행동했더라도
뒤에 가서 그치고 범하지 않으면
그는 이 세상을 잘 비출 것이니
마치 달에서 구름이 사라지듯이.

부처님의 이와 같은 시까지 들은 비구는 번뇌가 다하고 탐욕을 끊었습니다. 곧 부처님께 절하고 나무 밑으로 돌아가, 들숨과 날숨을 따라 지관止觀으로써 깨끗해지더니, 도의 과일인 아라한과를 증득하였습니다.

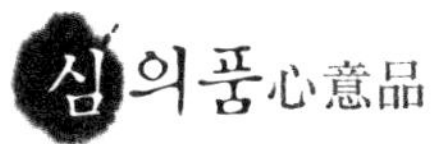

보고 듣는 기관을 단속하라

옛날 부처님께서 세상에 계실 때, 강기슭 나무 밑에서 어떤 노인이 십이 년 동안 공부하였으나 탐욕을 버리지 못하였습니다. 마음은 미망으로 치닫고, 뜻은 산란하여 여섯 가지 욕심*만 더해갔습니다. 눈은 빛을 쫓고, 귀는 소리를 따르고, 코는 좋은 냄새만 탐하고, 입은 맛있는 음식만 찾고, 몸은 촉감이 좋은 것만 추구하고, 뜻은 물질을 구하니 몸은 비록 고요하나 마음은 늘 들떠 조금도 편히 쉴 새가 없었으므로 공부한지가 십이 년이었으나 도를 얻지 못했습니다.

부처님께서는 그를 제도할 수 있음을 아시고, 어떤 사문*의 형상으로 변하셔서, 그가 있는 곳으로 가 같은 나무 밑에서 잠을 잤습니다.

조금 뒤에 달이 뜨자, 거북이 한 마리가 슬금슬금 나무 밑으로 오는데, 그 때 굶주린 물개 한 마리가 먹이를 찾다가 거북을 발견하고 잡아먹으려 하였습니다. 낌새를 알아차린 거북은 머리와 꼬리, 그리고 네 다리까지 모두 움츠리니, 물개는 거북을 잡아먹을 수가 없었습니다. 물개가 조금 떨어지면 거북은 다시 걸었고, 물개가 다시 공격하면 다시 움츠리니 물개는 성공하지 못했고, 거북은 드디어 물속으로 들어갔습니다.

그 때 도인이 변화하신 부처님께 말을 걸었습니다.

"저 거북은 몸을 보호하는 갑옷이 있었기 때문에 물개가 그 짬을 얻지 못한 것이겠지요."

부처님께서 말씀하셨습니다.

"내가 생각하니 세상 사람들은 저 거북이만도 못합니다. 몸이 덧없음을 모르고, 항시 여섯 가지 감관을 제어하지 않고 감관을 따라 즐기니, 바깥 악마가 그 짬을 얻으면 그의 몸이 쇠퇴하여 목숨이 끝난 뒤, 끝없는 나고 죽음, 속인 다섯 갈래를 헤매면서 천 가지 만 가지의 고통을 받습니다. 그러나 그것은 모두 스스로가 지은 것, 부디 스스로 힘쓰고 여섯 가지 감관을 가다듬어 열반의 안락을 구해야 합니다."

변화한 스님은 시로써 말씀하셨습니다.

우리 몸은 오래지 않아

결국에는 흙이 된다네.
몸이 무너지면 마음도 떠나나니
길손인데 무엇을 탐하는가?

마음이 이 몸을 만들어
가고 옴이 끝이 없다네.
삿되고 치우친 생각 많으면
그것은 스스로 근심을 부른다네.

이 몸은 내 뜻이 만든 것
부모가 만든 것 아니니,
부디 힘을 다해 바른 길로 나아가
복을 지으면 돌아보지 마시게나.

거북처럼 여섯 감관 감추고
성처럼 든든히 뜻을 막아
지혜로써 악마들과 싸워 이기면
그 때는 다시 근심이 없다네.

위의 시를 들은 도인은 탐심이 끊어지고, 음욕이 가시어 아라한과를 얻었습니다. 그리고 자기 앞에서 설법한 분이 부처님이신 줄 알고 극진히 공경하며 엄숙하게 옷깃을 여미고 부처님 발에 절하였습니다. 그때 신장들과 용과 귀신들도 모두 기뻐했습니다.

화향품華香品 하나

서원의 힘

부처님께서 슈라바스티에 계실 때였습니다.

그 나라의 동남쪽 바다에 섬이 있었고, 그 섬 가운데 큰 누대樓臺가 있었고, 그 누대 주위에는 온갖 풀과 꽃나무와 관목들이 많았고, 특히 누대 안에 향기로운 꽃을 피우는 향나무가 있었는데 그 나무는 아주 깨끗했습니다.

그때 그곳에 이교도 종족의 여자 오백 명이 있었습니다. 그들은 비록 이교도를 받들어 섬겼으나 마음이 굳세어 매우 부지런히 공부했습니다. 그러나 그들은 부처님이 이 세상에 계신 줄 몰랐으므로 어느 때 저희들끼리 의논하여 공부하는 방법을 결정하였습니다.

"우리는 여자로 태어났기 때문에 비록 종교인이라고 하나, 어려서부터 늙어 죽을 때까지 세 가지 일에 얽매여 자유롭지 못하다. 몸은 도깨비 같고 목숨은 짧으니 장차 죽고 말 것이다. 그러므로 우리는 향기로운 꽃을 피우는 향나무가 있는 누대에 가서 그 향기로운 꽃을 꺾어 정성을 다해 재를 올리며 범천梵天이 강림하시도록 간청하여 소원 성취를 비는 것이 좋겠다. 즉 범천에 태어나 죽지 않고 오래 살며, 또 자유를 얻어 아무 얽매임이 없고, 모든 죄의 갚음을 떠나 다시는 근심과 걱정이 없도록 공부하자."

그들은 공양거리를 준비하고 누대에 가서 꽃을 꺾어 범천상 앞에 바치고 한결같은 마음으로 정성껏 재를 올리며 범천의 강림을 간절하게 소원했습니다.

그때 부처님께서 그들이 비록 속된 재를 올리지만 그 마음이 지극하고 부지런하므로 제도할 수 있음을 아시고, 곧 여러 제자들과 보살 · 신 · 용 · 귀신들을 거느리고 허공으로 날아가셔서, 그 누대 곁의 큰 나무 밑에 앉으셨습니다.

여자들은 부처님을 범천이라 생각하고, 매우 기뻐하며 스스로 축하하고 위로했습니다.

"이제 우리들의 소원을 성취하게 되었다."

그때 부처님을 수행했던 신이 여자들에게 말했습니다.

"이 어른은 범천이 아니시다. 이 어른은 세 세계에서 가장 높으신 분으로 '부처님' 이라 부르시며, 헤아릴 수 없는 사람들을 제도하신다.”

여러 여자들은 부처님 앞에 나아가 사뢰었습니다.

“저희들은 죄업이 많아 여자가 되었사온데 얽매임을 떠나 범천에 태어나기를 소원하옵니다.”

부처님께서 말씀하셨습니다.

“너희들은 좋은 이익을 얻으려고 그렇게 소원하는구나. 세상에는 두 가지 일이 있는데 그 갚음이 분명하다. 즉 착한 일을 하면 복을 받고, 나쁜 일을 하면 재앙을 받는 것이다. 세상은 괴롭고 천상은 즐겁다. 그리고 함이 있음*은 번거롭고, 함이 없음*은 고요한 것이다. 누가 그 진실한 것을 선택하여 가지지 않겠는가? 착하다. 그대들은 밝은 뜻을 가졌구나.”

부처님께서 시로써 말씀하셨습니다.

누가 좋은 땅을 선택할 수 있는가?
누가 지옥을 버리고 천상에 갈 것인가?
누가 거룩한 법의 구절을 말하되
마치 좋은 꽃을 선택하듯 할 것인가?

공부하는 사람은 좋은 땅을 찾아

지옥을 버리고 천상으로 간다.
법의 구절을 잘 말하되
공덕의 꽃 꺾듯이 하라.

이 세상은 굽지 않은 기왓장
도깨비 같은 현상 잠깐 있는 줄 알아라.
악마의 화살 꺾어 버리면
그는 나고 죽음을 초월한다네.

이 몸은 마치 물거품 같으니
도깨비 법은 도깨비 법으로 된 것을 알아라.
피는 악마의 꽃 꺾어버리면
그는 나고 죽음을 초월한다네.

부처님의 시를 들은 그들은 진실한 도를 배우기 위해 비구니가 될 것을 소원하였습니다. 그러자, 그들의 머리털이 저절로 깎여지고 몸에는 법복이 입혀졌습니다. 고요한 선정에 들어 깊이 생각하더니 그들은 곧 아라한의 도를 증득하였습니다.

아난다가 부처님께 여쭈었다.

"지금 이 비구니들은 본래 무슨 공덕을 지었기에 부처님께서 제도하셨고, 한 번 시를 듣고 비구니가 되더니 바로 도를 얻었습니까?"

부처님께서 말씀하셨습니다.

"옛날 카샤파 부처님이 세상에 계실 때에 큰 장자 한 사람이 있었다. 그는 큰 부자로써 헤아릴 수 없는 부인과 또 미녀 오백 명을 거느리고 있었다. 그의 성품은 질투와 사악함이 가득 차 있어 좀체로 문을 열어주지 않았기 때문에 부인들과 미녀들이 부처님을 뵈러 가려고 했으나 끝내 보내주지 않았다. 그 뒤 어느 날 그 나라의 임금이 모든 대신과 장자들을 초청하여 궁전에서 연회를 베풀었다. 장자가 궁전에 들어간 틈을 이용하여 부인들과 미녀들은 부처님께 나아가 큰절 올리고, 자리에 앉아 부처님의 설법을 듣고 난 뒤에 원을 세웠다.

'우리들은 어떤 세상이거나 나쁜 사람을 만나지 않고, 태어나는 곳마다 언제나 도덕이 있는 성인을 만나기를 소원합니다. 또 저희들은 '오는 세상에 석가모니 부처님께서 세상에 오신다.'는 말씀을 들었사오니, 그 어른을 만나면 집을 떠나 도를 배우고, 가르침대로 공부하기를 소원하옵니다.' 라고 하였느니라."

부처님께서 계속 말씀하셨습니다.

"그때 그 부인과 미녀 오백 명이 바로 지금 이 오백 명 비구니다. 이들의 본래 소원이 굳세고 간절하여 내가 제도할 수 있었기 때문에 측은히 여기고 내가 제도한 것이니라."

부처님께서 이 말씀을 하실 때 그들은 모두 기뻐했습니다.

2권

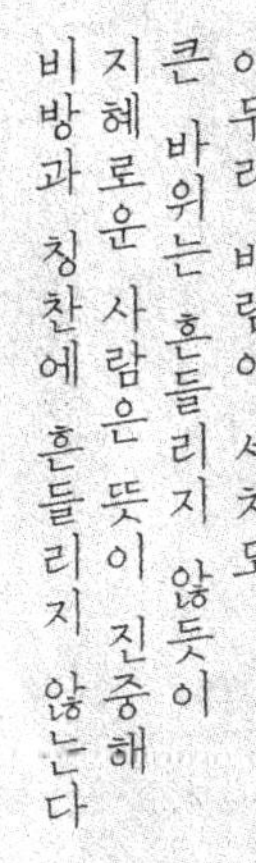

아무리 바람이 세차도
큰 바위는 흔들리지 않듯이
지혜로운 사람은 뜻이 진중해
비방과 칭찬에 흔들리지 않는다

화향품華香品 둘

미인이 되는 길

옛날, 부처님께서 처음 도를 이루시고 라자그리하에 계시면서 교화하셨고, 다음에는 슈라바스티로 가셨습니다.

그 나라 국왕과 대신들은 부처님을 높이 받들고 존경하지 않는 사람이 없었습니다.

그 때 큰 장사꾼 파리는 오백 명의 동료를 인솔하고 넓은 바다에 나아가 보물을 채취하고 있었습니다. 그 때에 바다 신이 한 잔의 물을 파리에게 보이며 파리에게 물었습니다.

"바다 물이 많은가, 잔 안에 있는 물이 많은가?"

"그대의 잔 안에 있는 물이 많습니다. 그 이유는 바다 물이 아무리 많아도 쓸데가 없습니다. 굶주리거나 목마른 사람에게 이익을 줄 수 없기 때문입니다. 그러나 한 잔 안에 있는 물은 비록 양이 적지만 필요한 사람에게 주면 목숨을 구제할 수 있습니다. 그 공덕으로써 태어나는 세상마다 헤아릴 수 없는 복을 받을 수 있기 때문입니다."

"참으로 훌륭하도다."

그는 목에 걸었던 향내가 나고 일곱 가지 보배로 만든 영락을 파리에게 주고, 또 많은 보물을 채취하여 무사히 슈라바스티로 돌아가도록 도와주었습니다. 그는 나라에 도착하자 곧 프라세나짓왕에게 향기 나는 영락을 바치고, 얻게 된 경위를 밝히며 말하였습니다.

"아무리 생각해도 이 향기 나는 영락은 제가 지닐 것이 아니기에, 삼가 대왕에게 바치는 것이니, 꼭 받아 주시기 바랍니다."

그것을 받은 왕은 향기 나는 영락이 기이한 것임을 생각하고 곧 여러 부인들을 불러놓고 말했습니다.

"가장 아름답게 꾸민 사람에게 이 향기 나는 영락을 줄 테니 모두 특별히 잘 꾸미고 오시오."

이 말을 들은 육십 명 여자들은 모두 다 화려한 옷을 입고 곱게 화장한 채로 왕 앞에 모였습니다.

이들을 살펴 본 왕은 그들에게 물었습니다.

"말리 왕후는 왜 오지 않았는가?"

시녀가 말했습니다.

"오늘이 보름입니다. 말리마마는 부처님의 법에 따라 재齋*

를 수행하느라 소복素服 입고 화장하지 않았기 때문에 나오지 아니했습니다."

왕은 사람을 보내어 말리를 부르며, 언짢은 표정으로 가시가 돋친 말을 했습니다.

"그가 오늘 재를 수행한다고 해서 어찌 왕의 명령을 어길 수 있단 말이냐?"

이렇게 세 번이나 되풀이했습니다.

그 때에 말리 왕후는 소복을 한 채로 그 곳에 이르렀고, 그 모습은 마치 해나 달과 같아서 평상시보다 몇 배나 아름다웠습니다.

왕은 흠칫 놀라며 부드러운 말로 물었습니다.

"어떤 도덕의 힘을 지니고 있어 지금 그렇게 얼굴이 빛나고 아름답소?"

"스스로 생각하오니 저는 복이 적어 여자의 몸이 되었고, 마음과 몸에는 더러운 때가 밤낮 산처럼 쌓여 있습니다. 더구나 사람의 목숨은 짧고 시간은 촉박하여, 죽은 뒤에는 세 가지 나쁜 갈래에 떨어질까 걱정합니다. 그러므로 매달 부처님의 법에 따라 재일을 지켜 수행하며, 탐욕을 끊고 도를 닦으니 다시 태어나는 세상에서는 복을 받을 것입니다."

왕은 매우 기뻐하며 그 향기 나는 영락을 말리황후에게 주었습니다.

"저는 지금 재일에 수행하고 있사와 이것을 필요로 하지 않습니다. 다른 사람에게 주십시오."

"내가 처음부터 가장 아름답게 꾸민, 가장 아름다운 사람에게 '이것을 주겠다.' 고 생각하였소. 지금 그대가 가장 아름답고 훌륭하며, 또 법에 따라 재일을 지키니 도에 대한 뜻이 특별하게 높소. 그러므로 이것을 주는 것인데 그대가 받지 않는다면 나는 이것을 누구에게 주겠는가?"

"대왕은 걱정하시지 마십시오. 제가 바라는 것은 마음을 낮추어 저와 함께 부처님께 가셔서 향기 내 나는 영락을 드리고, 또 거룩한 가르침을 받음으로써 여러 겁 동안에 누릴 수 있는 복을 받는 것이 좋겠습니다."

왕은 그렇게 하는 것이 좋겠다는 생각을 하고 곧 수레를 준비시켜서 부처님께 나아가 머리를 숙여 절하고 자리에 앉아 부처님께 말씀드렸습니다.

"바다의 신이 가지고 있던 이 향기 나는 영락은 파리라는 장사꾼이 저에게 준 것이옵니다. 육십 명의 여자들이 모두 탐내어 가지고 싶어 했는데, 말리는 주어도 받지 않습니다. 그것은 부처님 법에 따라 재일을 지켜 마음에 탐욕이 없었기 때문입니다. 이제 삼가 부처님께 올리오니 꼭 받아 주시기 바라옵니다. 부처님의 제자도 굳은 마음으로 재일을 지켜 그 곧은 마음이 이와 같거늘 어찌 이 영락을 받는 것에 마음이 있겠습니까?"

부처님께서는 왕을 위해 향기 나는 영락을 받으시고 시로써 말씀하셨습니다.

여러 가지 아름다운 꽃다발 만들어
머리를 장식하면 아름다운 것 같이
덕의 향기 많이 쌓는 사람은
태어날 때마다 더욱 예뻐집니다.

꽃다운 풀과 진기한 꽃은
바람을 거슬러서 향기를 풍기지 못하지만,
도를 닦아 피어나는 향기
그 덕의 향기는 사방으로 퍼집니다.
전단향과 다갈라 향기나
푸른 연꽃과 발사갈 꽃이나

아무리 그것들 향기가 좋다하여도
계율의 향기를 따를 수 없습니다.

꽃향기는 기운이 약해
진실한 것이라 말할 수 없으나
계율을 지켜서 생기는 향기는
하늘까지 이르니 더욱 훌륭합니다.

계율이 구족하면 모두 성취되며
수행에 아무런 방일함 없으면
선정에 들어 해탈하나니
영원히 악마의 길 여읜답니다.

부처님께서 시를 끝내시고 다시 왕에게 말씀하셨습니다.

"재일을 지켜 수행하는 복으로 밝은 명예가 널리 멀리 퍼지는 것이오. 마치 이 세상의 열여섯 큰 나라에 가득한 보물을 보시하여도 그것은 말리왕후가 하루 동안 나의 법에 따라 재를 수행하는 복보다는 못한 것이오. 만일 그 복을 비교한다면 저 수메루산*과 콩알 한 개를 비교하는 것과 같소. 그렇게 복을 쌓고 지혜를 배워야 열반에 이른다오."

이 일로써 왕과 왕후 그리고 노소 신하들은 모두 기뻐하면서 정성을 다하여 재일에 재를 수행하게 되었습니다.

연꽃처럼

옛날 부처님께서 그리드라쿠타산에 계셨습니다.

그 때에 성안에 사는 장자의 아들 쉰 명이 부처님께 나아가 예배하고 자리에 앉자 부처님께서는 그들을 위하여 설법하셨습니다.

"모든 행위는 덧없고 괴롭고 공한 것이고, 모든 물질에는 나라고 할 것이 없다. 은혜와 사랑은 꿈과 같아서 나고 죽음을 영원히 떠날 수 없고, 온갖 재앙이 모두 사라져야 비로소 큰 안락을 얻게 될 수 있다."

그 때에 그들은 설법을 듣고 모두 기뻐하며, 부처님의 제자가 되기를 희망하였습니다.

"잘 왔구나. 비구들아."

이렇게 말씀하시자 그들의 수염과 머리털은 저절로 떨어지고 법복이 입혀져 곧 스님이 되었습니다. 이 여러 스님들에게는 친한 벗들인 장자들이 있었습니다. 그들은 그들이 집을 떠나 스님이 되었다는 소문을 듣고 마음속으로 기뻐하며 그리드라쿠타산에 가서 만나보고는 찬탄하였습니다.

"스님들은 출가할 생각을 하고 출가했으니, 참으로 좋은 이익을 얻었습니다."

그 장자들은 곧 단壇을 만들어 부처님과 그 제자들을 초청하기로 했습니다.

이튿날, 부처님께서 제자들을 거느리고 그들의 집으로 가셔서, 공양하신 뒤 설법하시고 해질녘에 돌아오셨습니다. 새로 스님이 된 쉰 명의 스님들은 친척들이 그리워 모두 집으로 돌아갈 생각을 했습니다. 부처님께서는 그들의 뜻을 아시고, 그들을 데리고 성문 밖으로 나가셨습니다. 발 어귀 더러운 도랑에 다섯 가지 빛깔의 연꽃이 피었는데, 깨끗한 향기가 퍼져 다른 더러운 냄새를 지웠습니다. 부처님께서는 곧 거기에 가셔서 연꽃을 바라보시며, 시로써 말씀하셨습니다.

밭 어귀 더러운 도랑은

큰 길 가까이 있고
거기에 아름다운 연꽃이 피었네.
향기는 맑고 깨끗해 마음에 드네.

나고 죽음도 이와 같이
범부들 곁에서
지혜로운 이 태어남을 기뻐하나니
거룩한 나의 제자이기 때문이니라.

부처님께서 위의 시를 끝내시고 산으로 돌아가셨습니다.

아난다 존자가 부처님 앞에 나아가 말씀드렸습니다.

"조금 전 부처님께서 밭 어귀 도랑에 다가가셨을 때 두 연의 시를 말씀하셨는데, 그 이치를 잘 모르겠사오니, 그 뜻을 말씀해 주십시오."

"너도 그 더러운 도랑의 진흙 속에 핀 연꽃을 보았느냐?"

"네 보았습니다."

"사람이 한 번 세상에 태어나면 계속해서 바뀌어 태어난다. 수명은 기껏 백 년. 길기도 하고 짧기도 하며, 아내와 아들에 대한 애정, 굶주리고 목마름과 추위와 더위에 슬퍼하기도 하고 기뻐하기도 한다. 한 가지 흉함*과 두 가지 좋은 것*과 세 가지 독*과 네 가지 뒤바뀜*과 다섯 가지 쌓임*과, 여섯 가지 경계*와 일곱 번째의 식*과 여덟 가지 삿됨*과 아홉 가지 괴로움*과 열 가지 악행* 등, 이런 것들은 마치 도랑에 쌓인 더러운 진흙탕과 같은 것이다. 거기에서 어떤 사람이 갑자기 세상이 덧없음을 깨닫고, 마음을 내어 도를 배우되, 마음을 깨끗이 하고 정신을 집중하여 잡된 생각을 끊고 스스로 도를 얻으면, 그것은 저 더러운 진흙탕 속에서 연꽃이 피는 것과 같다. 스스로 도를 얻으면 다시 돌아가 일가친지들을 제도하고, 일체중생 모두가 그에 의해 지혜가 열려 해탈하면, 그것은 저 연꽃 향기가 다른 더러운 냄새를 없애는 것과 같으니라."

이 말씀을 들은 쉰 명 새로 된 스님들은 날아갈 듯이 심신이 가뿐해지고 뜻이 굳어져, 곧 아라한이 되었습니다.

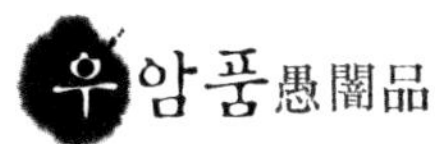

다음은 없다

옛날 부처님께서 슈라바스티 나라에 계실 때였습니다. 그 성인에 비리문이 있었는데, 나이는 팔십이고, 재산이 헤아릴 수 없이 많았습니다. 그는 사람됨이 완고하고 미련하며 인색하고 탐욕이 많아 교화하기가 어려웠으며, 인륜과 도덕을 모르고 삶의 덧없음을 생각하지 못했습니다. 더구나 집을 짓고 꾸미는 것을 좋아하며, 몸채 앞에는 사랑채요, 뒤에는 별당이요, 시원한 누각이 있고 따뜻한 방이 있었으며, 동쪽 서쪽에는 회랑이 있었는데, 뒤에 있는 별당을 수리하고 있었습니다. 그는 항상 집을 짓는 업자에게 일을 주지 않고 직접 그 일을 하며 온갖 일을 지휘 감독하였습니다.

부처님께서는 그 노인이 오늘 해가 지기 전에 죽을 것을 도의 눈으로 아셨습니다. 그러나 그는 그런 줄 모르고, 한창 바삐 돌아다니니, 몸은 비쩍 여위고 힘이 다했으며, 복을 짓는 일에는 도무지 정신을 쓰지 않았으니, 매우 가여웠습니다.

부처님께서는 아난다를 데리고 그 집에 가서 그를 위로 하셨습니다.

"얼마나 수고로운가. 지금 이 집을 이렇게 수리하는 것은 누구를 위한 것인가?"

"사랑채에서는 손님을 접대하고, 별당에는 제가 거처하고, 동쪽 서쪽의 집에는 자식들과 노복들이 거처하고, 또 물건들을 간수합니다. 여름에는 시원한 누각에 오르고 겨울에는 따뜻한 방에 들어가 삽니다."

"그대의 이름을 들은 지는 오래되었으나 오늘 처음 만났소. 마침 중요한 시가 있어, 나고 죽음에 관계되는 일이기에 들려주고 싶어왔소. 잠깐 하던 일을 멈추고 앉아서 이야기할 수 없겠소?"

"지금 한창 바빠 앉아서 이야기할 겨를이 없습니다. 다음에 다시 오시면 뫼시고 이야기를 듣겠사오니 말씀하실 시나 바로 말씀하십시오."

부처님께서는 곧 시를 말씀하셨습니다.

자식이 있고 재물이 있으나

어리석은 이, 허덕이기만 하네.
그러나 '나'도 '내'가 아니거니
왜 자식과 재물을 걱정하는가?

더울 때는 여기에 거처하고
추울 때는 저기에 거처한다고,
어리석은 이 미리 걱정하면서도
다가 올 변고를 모르는구나.

어리석으면 더욱 어리석어져
스스로를 지혜 없다 말하네.
어리석으면서 지혜로운 이 이기는 것,
이것이 가장 어리석음이라 말하느니라.

시를 들은 바라문은 말하였습니다.

"그 시를 잘 말씀하셨습니다. 지금은 너무 바쁘니, 뒤에 오셔서 다시 말씀해 주십시오."

부처님께서는 그를 못내 가엾이 여기며 떠나셨습니다.

부처님께서 떠나신 뒤, 그는 직접 나무를 올려주다가 나무가 떨어지면서 머리를 때려 그 자리에서 바로 목숨을 마쳤습니다. 그 집안사람들의 곡성이 이웃과 온 마을을 진동시켰습니다. 부처님께서 아직 멀리 가시기 전에 그런 변고가 생겼습니다. 부처님께서 가시다가 동구 어귀에서 수십 명의 범지를 만났습니다. 그들은 부처님께로 다가와 부처님께 여쭈었습니다.

"어디에서 오십니까?"

"저 죽은 노인의 집에 가서 그를 위해 설법했으나, 그는 나의 말을 믿지 않고, 덧없음을 모르더니, 지금 갑자기 저승으로 가버렸네."

부처님께서는 그 범지들을 위하여 노인에게 들려준 시를 빠뜨리지 않고 말씀하셨습니다. 범지들은 그 시를 듣고 기뻐하더니, 곧 도의 자취를 증득했습니다.

부처님께서 시로써 말씀하셨습니다.

어리석은 이가 지혜로운 이와 친해지는 것은
마치 국자가 국 맛을 보는 것 같다네.
아무리 오래도록 가까이 하고 친해도
그 법을 모른다네.
현명한 이가 지혜로운 이와 가까이 함은

마치 혀가 음식 맛을 보는 것 같아서
비록 잠깐 동안 익혀도
곧 참다운 도를 안다네.

어리석은 사람이 하는 일들은
그 몸에 근심을 불러오며
유쾌한 마음으로 악을 짓다가
스스로 무거운 재앙을 가져온다네.

착하지 못한 일행하면
일이 끝나고는 뉘우치며 슬퍼하고
얼굴은 눈물로 범벅이 되나니
갚음은 옛날의 습관이 부른 것이네.

그 때 위의 시까지 들은 범지들은 곧 믿는 마음이 깊어져 부처님께 예배하고 기뻐하면서 받들어 실행했습니다.

그림자는 물체를 따른다

옛날 부처님께서는 슈라바스티의 기타 숲 외로운 이 돕는 절에 계시던 어느 때, 여러 신과 사람들을 위하여 설법하셨습니다.

그 때에 프라세나짓왕에게 과부가 된 딸이 하나 있었는데 이름은 금강이었습니다. 젊어 과부가 되었으나 재혼하지 아니했으므로, 부모는 매우 가엾이 여겨, 아주 화려한 별궁을 짓고 많은 시종을 주어 살게 했습니다. 시종 가운데 늙은 여자가 있었는데 이름이 도승度勝이었습니다. 그가 맡은 일은 별궁의 여자들이 필요로 하는 화장품을 구입하고, 꽃과 향을 사서 궁을 꾸미는 일이었습니다. 어느 날 많은 사람들이 꽃과 향을 사려고 화훼단지로 나가는 것을 보고 그들에게 물으셨습니다.

"저 많은 사람들과 당신들은 어디에 가십니까?"

"부처님께서 세상에 나오셨는데, 세 세계에서 가장 높은 분으로서 중생들을 제도하여 모두 열반을 얻게 하십니다."

도승은 이 말을 듣고 마음으로 매우 기뻐하며 스스로 생각해 보았습니다.

'내가 지금 늙어서라도 부처님을 뵈옵게 되었으니 전생에 지은 복 때문이다.'

곧 향 살 돈에서 약간을 변통하여 좋은 꽃과 향을 사서 여러 사람들을 따라 부처님께 나아가 예배 올린 뒤, 한쪽에 물러나 꽃을 흩고 향을 사르며 순수한 마음으로 설법을 들었습니다.

절에서 나와 다시 꽃집에 들러 물건들을 사자, 설법을 들은 공덕과 전생에 지은 복덕의 힘으로써 향은 더욱 향기롭고 꽃은 더욱 싱싱하고 화장품은 더욱 질이 좋았으며, 양도 평상시보다 훨씬 많았습니다. 그러나 별궁의 식구들은 모두 시간이 늦어진 것을 나무랐습니다. 도승은 곧 설법을 들었던 앞의 일을 사실대로 말했습니다.

"세상에 성스런 스승님이 계시는데, 세 세상에서 가장 존귀한 분으로서, 더 클 수 없는 법의 북을 쳐서 삼천 세계가 진동합니다. 그 분의 법을 듣는 사람들이 한량없습니다. 그들을 따라가 그 법을 듣고 오느라고 이렇게 늦었습니다."

금강의 무리들은 '세존의 법은 뜻이 깊고 오묘하여 세상에서 듣지 못하던 것' 이라는 말을 듣고, 한편으로는 놀라고 또 한편으로는 기뻐하면서 탄식하였습니다.

"우리들은 무슨 죄업 때문에 그 법을 듣지 못하는가?"

그들은 도승에게 말했습니다.

“시험 삼아 우리들에게 그 법을 말해 보시오.”

“저는 천한 몸에 더러운 입이니, 감히 그대로 말할 수 없습니다. 다시 부처님께 가서 여쭈어 본 뒤에 분부하시는 대로 말씀드리겠습니다.”

그들은 도승을 다시 보내면서 거듭 부탁하였습니다.

“설법의 내용은 말할 것도 없고, 설법하는 의식까지 자세히 알아 오시오.”

도승이 아직 돌아 올 때가 되지 않았으나, 금강과 시녀들은 정원 가운데서 숨을 죽인 채로 기다리는 자세가 마치 빈집을 지키는 아이가 부모가 돌아오기를 기다리는 것과 같았습니다.

부처님께서 도승에게 말씀하셨습니다.

“네가 돌아가서 설법하면 많은 사람들을 제도할 수 있다. 설법하는 의식은 먼저 높은 자리를 만들어라.”

도승은 부처님의 가르침을 받고 돌아와 그 말씀을 전달하였습니다. 여러 사람들은 매우 기뻐하면서 각기 옷 한 벌씩을 내놓아 그것으로써 높은 자리를 만들었습니다.

도승은 목욕하고 부처님의 신통력을 빌려 높은 자리에 올라가, 이치에 합당한 설법을 하였습니다. 금강과 그 무리들은 평소에 삶에 대해 지녔던 의문이 풀리고 죄악이 사라지면서 스로타판나의 도를 얻었습니다. 그러나 그 설법이 너무 훌륭하여 별궁에 불이 일어난 것을 모르고 심취하였다가 모두가 불에 타서 죽었고, 그들은 모두가 하늘 세상에 태어났습니다.

왕은 불을 끄려고 사람들을 데리고 갔다가 그들이 모두 죽은 것을 보고, 주검들을 수습하여 장사지낸 뒤 부처님께 나아가 예배하고 물러나 한 쪽에 앉으니, 부처님께서 여쭈었습니다.

"어디서 오시는 길입니까?"

"금강이 거처하던 별궁에 불이 난 것을 너무 늦게 알았기 때문에 금강과 그 무리들이 모두 불에 질식하여 불행하게도 다 타 죽었습니다. 지금 장례를 치르고 오는 길입니다. 부처님이시여, 그들은 무슨 업보로 그러한 화재를 당한 것입니까? 저는 도저히 알 수가 없사오니, 세존께서 아직 말씀하시지 아니한 그들에 대한 인연을 들려주시기 바랍니다."

부처님께서는 다음과 같은 인연을 말씀하셨습니다.

"옛날 세상에 바라나시라는 성이 하나 있었소. 그 때 어떤 장자의 부인이 여러 부녀자와 시녀들을 이끌고 성 밖에 나가 큰제사를 지냈소. 그 법이 매우 엄격하여 다른 성姓씨들은 옆에 얼씬도 할 수가 없었소. 만일 외부 사람이 그 곁에 오면 친하거나 사이가 좋지 않거나를 따지지 않고 무조건 불에 집어 넣었소. 그 때에 가라라고 이름하는 푸라데카* 부처가 있었소. 그는 산중에 살면서 매일 아침이면 마을에 내려가 밥을 얻어먹고 저물면 산으로 돌아갔소. 그 날도 그 푸라데카는 밥을 얻어먹기 위해 내려가다가 제사지내는 장소를 지나가게 되었소. 장자의 부인은 그를 보고 매우 화를 내며 그를 붙잡아 불 속에 던져버렸소. 그는 온 몸에 불이 붙은 채로 신통을 나타내어 허공으로 날아 올라갔소. 모든 여자들은 그것을 보고 놀라고 두려워하며, 눈물을 흘리면서 잘못을 뉘우치고, 땅에 엎드려 손발이 닳도록 빌었소.

'저희 여인들은 어리석고 미련하여 지극히 참된 분을 몰라뵙고 신령스런 분을 욕보이게 하였습니다. 스스로 생각하옵건대 나쁜 허물이 산처럼 무겁습니다. 거룩한 자비심으로 이 무거운 잘못을 용서하여 주시기 바라옵니다.'

푸라데카는 그 소리를 듣고 땅으로 내려와 열반에 들었소. 여자들은 그곳에 사리를 모신 탑을 세우고 죽을 때까지 아침, 저녁으로 공양 올렸소."

부처님께서 왕을 위하여 시로써 말씀하셨습니다.

어리석은 사람은 악을 행하면서도
스스로는 그것을 모른답니다.
재앙이 닥쳐 그 몸을 태우고
허물은 불꽃같이 널름거립니다.

어리석은 이가 소망하는 것
괴로움으로 가는 길 아니라 말하나
재앙이 있는 곳에 떨어지고 나서야
비로소 나쁜 것임을 압니다.

부처님께서 왕에게 말씀하셨습니다.

"그 때 그 장자의 부인은 바로 지금 대왕의 딸이었던 금강이고, 도승과 별궁 식구들은 그 때 장자의 부인을 따르던 무리였소. 죄와 복은 사람을 따라 다니며 나타나지 않는 법이 없소. 선과 악이 중생을 따르는 것은 마치 그림자가 형체를 따르는 것과 같소."

부처님께서 하시는 설법을 들었던 그 자리의 사람들은 늙거나 젊거나 모두가 탄복하고 기뻐하면서 삼보에 귀의하고 다섯 가지 계율을 받고 도의 자취를 얻었습니다.

최고의 기술

옛날에 어떤 범지가 있었습니다.

그의 나이는 약관. 타고난 재주로써 어떤 일이든지 한 번 보기만 하면 모두 다 할 수 있었습니다. 그 때문에 그는 스스로의 총명만 믿고 맹세하였습니다.

'이 세상에 있는 모든 기술을 기어이 다 익히겠다. 만일 한 가지라도 모르는 것이 있으면 분명하게 통달한 것은 아니다.'

그 뒤 각처를 다니면서 기술을 배우되 어떤 것이든지 남다른 기술이 있는 이를 스승으로 찾아가지 아니한 데가 없었습니다. 여섯 가지 기예*와 잡다한 기술과 천문과 지리와 의약과, 그리고 무너지는 산을 막고 흔들리는 땅을 안정시키며, 도박과 장기와 바둑과 기악과 박촬博撮(말을 타고 편을 갈라 공을 끝이 뭉툭한 막대로 쳐 상대의 골대에 넣으며 즐기는 경기)과 옷 마르기와 비단에 수놓기와 고기 썰기와 음식 만들기 등, 사람이 하는 일

가운데 통달하지 아니한 것이 없었습니다.

그는 생각하였습니다.

'사나이로서 이만하면 누가 나를 당할 수 있겠는가? 시험 삼아 여러 나라를 돌아다니면서 나를 상대할 만한 사람을 꺾어서 항복 받는다면, 이름이 온 세상에 알려지고 기술을 가졌다는 소문이 온 세상에 퍼진 뒤에 이름을 역사에 실리게 하고 공적을 영원히 남기자.'

그는 다니다가 어느 나라의 시장에 들어가 어떤 사람이 앉아서 각궁角弓을 만들고 있는 것을 보았습니다. 소의 힘줄을 쪼개고 소뿔을 다듬는데 손놀림이 나는 것 같고, 활을 만들되 부속품을 다루는 솜씨가 아주 뛰어났으며, 따라서 활을 사려는 사람이 앞을 다투었습니다.

그는 혼자서 곰곰이 생각하였습니다.

'나는 젊을 때부터 모든 것을 다 배웠다고 생각했다. 그래서 활 만드는 사람을 보아도 그것을 업신여겨 배우지 않았다. 만일 저 사람과 활 만드는 기술을 겨룬다면 나는 절대로 따를 수 없다. 나는 저 사람에게 배워야 하겠다.'

그는 곧 활 만드는 사람에게 제자로 받아 달라고 간청하여 허락을 받고 정신을 집중하여 배워 한 달이 되기도 전에 그의 기술이 스승을 앞지르게 되자, 그는 스승의 은혜에 재물로써 사례하고 길을 떠났습니다. 또 다른 나라로 가다가 강을 건너게 되었습니다. 뱃사공이 배를 젓는데 배가 날듯이 나아가며, 배를 돌리거나 물살을 거슬러 가거나 물살을 타고 내려가되 빠름이 견줄 데가 없었습니다.

그는 또 곰곰이 생각하였습니다.

'비록 내가 기술이 많다고 하지만 아직 배 부리는 기술은 배우지 못했다. 아무리 하찮은 기술이라도 알지 못하면 안된다. 나는 저 기술을 배워 온갖 기술을 모두 갖추어야 한다.'

그는 곧 사공에게 제자로 받아 달라고 간청하고 허락을 받은 그는 공손히 그를 받들고 섬겼으며, 정성을 다하고 힘을 다해 노력한 결과 한 달 동안에 배를 부리는 기술이 스승을 능가하자, 그는 스승에게 재물로써 사례하고 길을 떠났습니다. 또 다른 나라로 가서 그 나라의 궁전이 온 세상에서 가장 잘 지은 궁전임을 보고 생각하였습니다.

'저 궁전을 지은 목수의 기술은 매우 뛰어나다. 나는 스스로를 숨기고 돌아다녔기 때문에 저 기술을 배우지 못했다. 만일 지금 그와 기술을 견준다면, 나는 반드시 질 것이다. 우선 배워야 마음이 편안하겠다.'

그는 그 궁전을 지은 목수를 수소문하여 찾아가 제자가 되기를 간청하여 허락을 받은 그는 정성껏 공경하며, 끌과 도끼를 잡고 열심히 노력한 결과, 한 달이 되기 전에 자로 치수 재기, 모내기, 둥글게 만들기 등 모든 규범을 알았고, 무늬 파기 · 넣기 등 목수 일 모두에 통달하여 하는 일이 스승보다 뛰어났습니다. 그는 재물로써 은혜에 보답하고 길을 떠났습니다.

그는 열여섯 모든 나라를 돌아다니면서 상대방과 기술을 겨루되 감히 대적할 만한 사람이 없자, 그의 마음은 잔뜩 교만해져 이렇게 외치고 다녔습니다.

"이 세상에서 누가 감히 나와 기술을 겨루어 이길 사람이 있겠는가?"

부처님께서 기타 숲 외로운 이 돕는 절에 계시면서, 멀리 있는 이 사람을 제도할 수 있음을 아시고, 곧 신통으로써 스님의 모습으로 나타내시어 지팡이 짚고 바루를 들고 그 사람 앞으로 천천히 나아가셨습니다. 그 범지가 살던 나라에는 부처님의 법이 없어 스님을 본 일이 없었기 때문에 괴상하게 여기며 생각했습니다.

'저 사람은 어떤 사람인가? 가까이 오면 물어 보리라.'

조금 뒤 부처님이신 스님이 그 앞에 이르자 범지는 물었습니다.

"어떤 왕족 가운데도 그대와 같은 이가 있다는 소문을 듣지도 못했고, 보지도 못했으며, 어떤 의복의 모양도 당신이 입은 그런 옷은 없었으며, 종묘宗廟의 기이한 그릇에도 당신이 가진 그런 그릇은 보지 못했소. 당신은 어떤 사람이기에 모습과 옷과 그릇이 평범하지 않은가?"

"나는 사람을 다루는 사람이다."

"어떤 것을 '사람을 다루는 것'이라 하는가?"

부처님께서는 그 사람이 배운 것을 따라 시로써 말씀하셨습니다.

활 만드는 사람은 활을 다루고,
뱃사공은 배를 다루고,
목수는 나무를 다루고,
지혜로운 사람은 사람을 다룬다네.

아무리 바람이 세차도
큰 바위는 흔들리지 않듯이,
지혜로운 사람은 뜻이 진중해

비방과 칭찬에 흔들리지 않는다.

또 마치 저 깊은 못물은
맑고 고요하며 깨끗한 것처럼,
지혜로운 사람은 도道를 듣고는
그 마음 깨끗하고 기쁨에 차느니라.

스님은 시를 끝내고 몸을 허공으로 날려 서른두 가지 거룩한 모양과 여든 가지 뛰어난 모습의 부처님 몸을 나타내셨습니다. 광명은 너무 빛나 눈을 뜰 수 없고, 그 빛은 온 세상을 두루 비췄습니다. 허공에 머무시던 부처님께서 땅으로 내려와 그 사람에게 말씀하셨습니다.

"나의 이 신통변화는 도덕으로써 사람을 다룬 힘에서 나온 것이다."

그 때에 그 사람은 온 몸을 땅에 대고 이마를 땅에 비비며 말씀드렸습니다.

"사람을 다루는 그 기술을 배우고자 하오니 들려주십시오."

"그것은 다섯 가지 계율*과 열 가지 좋은 행실*과, 네 가지 헤아릴 수 없는 마음*과, 여섯 가지 바라밀*과, 네 가지 선정*

과, 세 가지 해탈*을 닦는 것이다. 이러한 것을 익히는 것이 곧 사람을 다루는 기술이니라. 대개 활 만들기와 배젓기와 나무 다루기와, 또 여섯 가지 기예 등의 기술은 다 겉만 꾸미고 치레하는 일로서, 몸을 괴롭히고 마음을 방자하게 하는 나고 죽음의 길이니라."

범지는 부처님의 말씀을 듣고 즐겁게 믿고 이해하더니 제자가 되기를 간청했습니다.

"잘 왔구나, 비구야."

그의 수염과 머리칼은 저절로 깎여, 곧 스님이 되었습니다.

부처님께서는 거듭 그를 위하여 네 가지 진리*와 여덟 가지 해탈*하는 법을 설명해 주시니 그는 바로 아라한이 되었습니다.

대인은 욕심이 없다

부처님께서 슈라바스티에 계실 때였습니다.

그 수도(서울)로부터 오백 리 밖에 오륙십 가구가 사는 산골 마을이 있었고, 그 마을에는 아주 가난한 어떤 집이 있었습니다.

그 집 부인이 아기를 가져 열 달 만에 해산을 했는데 사내 쌍둥이를 낳았습니다. 두 아이의 생김새가 견줄 데 없이 단정하여 부모는 매우 사랑하였습니다. 첫째를 쌍덕雙德, 둘째를 쌍복雙福이라고 이름 지었습니다. 태어난 지 오륙십 일이 되는 어느 날. 아버지는 소를 먹이고 돌아와 평상에 누워 얼핏 잠이 들었고, 어머니는 섶을 하기 위해 밖에 나가 아직 돌아오지 아니했습니다. 두 아이는 좌우를 돌아보다가 어머니가 보이지 않자 한 아이가 탄식하며 다른 아이에게 말했습니다.

"나는 전생에 막 도를 얻게 되었었는데 어리석은 생각으로 '수명은 영원하다.'라는 생각을 했기 때문에 이제까지 나고 죽음에 떨어져 헤아릴 수 없는 겁을 지났는데, 지금도 이 가난한 집안의 아들로 태어났다. 짚 검불 속에 누워 담요 한 자락을 덮을 뿐이며, 변변하지 못한 음식으로써 겨우 몸을 지탱해 갈 뿐이니, 이렇게 되어서야 아무리 오래 지낸들 어떻게 도를 얻겠는가? 이것은 다 전생에 부귀를 탐하여 몸과 마음을 방탕하게 하고 잠깐 동안인 쾌락만을 즐겼기 때문이다. 그 때부터 줄곧 고통을 받았고 지금도 이와 같이 고생만 하니 장차 무엇을 믿어야 하겠는가?"

다른 아이가 말했습니다.

"나는 그 때에 너무 어렸고, 한 때에는 힘써보았으나 결국 정진이 뜻대로 되지 아니해서 여러 생 동안 온갖 고통을 받았다. 이것은 내가 스스로 지은 것이요, 부모가 그렇게 되게 한 것은 아니다. 다만 우리는 이렇게 받을 것을 받을 뿐, 무슨 할 말이 있겠는가?"

그 아이의 아버지는 그들이 이와 같이 스스로를 자책하는 말을 듣고 매우 괴상하게 여겼습니다.

'이것은 귀신을 부르고 숭상했더니 동티가 나 이런 재앙이 온 것이구나! 어떻게 태어난 지 오륙십 일밖에 안된 어린것들이 이런 말을 할 수 있겠는가? 아마도 뒷날 어버이를 죽이고 가족을 멸망시킬까 두려우니 자라기 전에 죽여 버려야 하겠구나.'

그 아버지는 재빨리 밖으로 나가 문을 닫고, 그들을 그대로 둔 채로 밭에 나가 섶을 주워 와서 집에 불을 질러 그 아이들을 태워 죽이려 했습니다. 그 때 그들의 어머니가 돌아와 섶을 집 주위에 쌓고 있는 남편을 보고 물었습니다.

"그 섶은 무엇 때문에 쌓고 있습니까?"

"아주 괴상한 일이 생겼소."

앞에 있었던 일을 자세히 설명하고 계획을 말했습니다.

"저것들은 아마도 귀신의 동티인 모양이다. 반드시 우리 집안을 멸망시킬 것이니, 그들이 성장하기 전에 불로 태워 죽어 버려야 하겠소."

어머니는 이 말을 듣고 마음속으로 깜짝 놀랐으나 내색하지 않고 남편의 말을 믿으려 하지 않았습니다.

"며칠 더 기다려 봅시다. 또 그런 말을 한다면 그 때 가서 결정합시다."

그 이튿날 그들 부부는 함께 사립문 밖에 나가서 조용히 귀를 기울였다. 두 아이는 방안에서 남편이 말한 대로 지난번과 같이 각각 업보를 한탄하였습니다. 그들 부부는 함께 그 소리를 듣고 괴이하게 생각하다가 결국 섶을 쌓아놓고 불을 질러 그 아이들을 죽이기로 했습니다.

부처님께서 하늘눈으로써 부부가 두 아이를 태워 죽이려는 것을 아시고 불쌍히 여겼으며 그들이 전생에 지은 복으로써 제도될 수 있는 것을 아셨습니다. 부처님께서는 즉시 그 마을에 몸을 나타내서서 광명을 사방으로 비추시니 천지가 진동하고 산천초목이 모두 금색으로 변했습니다. 마을 사람들은 모두 놀라서 밖으로 나왔다가, 부처님께서 광명을 놓아 사방이 변한 것을 알고, 곧 부처님께 나아가 예배드리며 기뻐했습니다. 그리고 마음속으로 이렇게 말했습니다.

'부처님은 지극히 성스러운 분이시다. 세 세상에 비할 데가 없다.'

부처님께서는 그 쌍둥이 집으로 가셨습니다. 쌍둥이는 부처님의 광명을 보고 한량없이 기뻐했습니다. 그 부모들은 깜짝 놀라 아이 하나씩을 안고 부처님 앞에 나아가 사뢰었습니다.

"이 아이들은 태어난 지 오륙십 일 밖에 되지 않았사온데 이상한 말을 합니다. 매우 괴상하며 어떤 귀신의 동티로 재앙이 있을까봐 두렵기 때문에 불에 태워 죽이려 했습니다. 마침 부처님께서 오셔서 아직 죽이지 않았습니다. 저희는 모르겠사오니 이 아이들이 귀신인지 아닌지, 어떤 재앙이 있을 것인지를 자세히 말씀해주십시오."

아이들은 부처님을 뵙고 온 몸으로 기쁨을 나타내었습니다. 부처님께서 아이들을 보시고 빙그레 웃으시며 입에서 다섯 색깔의 광명을 내어 온 천지를 두루 비추고, 아이들의 부모와 마을 사람들에게 말씀하셨습니다.

"이 아이들은 귀신이 아니고 복덕을 타고 난 아이들이다. 옛날 카샤파 부처님 때에 일찍 스님이 되어 어릴 때부터 친구로서 뜻을 같이 하고 집을 떠나 나름대로 수행하여 거의 도를 이루게 되었는데 갑자기 삿된 생각을 일으켜 그만 타락하였다. 세상의 부귀영화를 즐기고 복을 지어 천상에 태어나고 인간 세상에 태어나면, 제후나 국왕이나 장자가 되겠다는 생각을 일으켰기 때문에 곧 타락하여 열반을 얻지 못하고 이렇게 나고 죽음에 떠돌게 되었다. 지금까지 여러 생 동안 서로 붙어 태어나다가 지금 나의 세상에 와서 비로소 쌍둥이로 태어난 것이다. 과거에 부처님께 공양을 올린 공덕의 복이 아직 남아있어 제도할 수 있기에 내가 일부러 와서 구제하는 것이다. 만일 내가 오지 않았더라면 불에 타 죽었을 것이다."

부처님께서는 다시 시로써 말씀하셨습니다.

대인은 본래 욕심이 없고
있는 곳은 언제나 훤하다.
혹 괴로움이나 즐거움을 만나도
잘난 체하거나 지혜를 나타내지 않는다.

대현인은 세상일에 관심이 없어
자식도 재물도 나라도 원하지 않네.

언제나 계 · 정 · 혜의 길을 지키며
언제나 삿된 부귀를 탐하지 않네.

지혜로운 이 움직임을
마치 모래밭에 서 있는 나무와 같은 줄 아네.
도반의 뜻이 아직 강하지 아니하면
색깔 따라 그 바탕 물들어 진다네.

부처님께서 이렇게 말씀하실 때, 아이들이 부처님을 뵙자 그 몸이 무럭무럭 자라서 여덟 살쯤 된 아이와 같았습니다. 그리고 곧 사미 스님이 되어 아라한이 되었습니다.

마을 사람들은 부처님의 광명과 아이들이 불쑥불쑥 자라 마치 여덟 살 된 아이와 같이 몸이 변하는 것을 보고 모두 크게 기뻐하더니 스로타판나의 도를 얻었고, 그 부모들도 물론 의심이 없어지고 법을 이해하는 안목이 생겼습니다.

은혜를 갚다

옛날에 남해안에 한 나라가 있었으니 나리였고, 그 나라의 백성은 바다에서 진주를 캐고 전단향[1]을 채취하는 것이 대부분의 직업이었습니다.

그 나라에 형제를 둔 어떤 집이 있었는데, 부모가 세상을 떠나자 재산을 나누었습니다. 그 집에는 분나라는 종이 있었는데, 비록 나이는 어리지만 총명하여, 시장에 나가 장사도 하고, 바다에 들어가 보물을 채취하기도 하되, 못하는 일이 없었습니다. 그들 형제는 재산을 두 몫으로 나눌 때 재산 전부를 한 몫으로 하고 종 분나를 한 몫으로 정했습니다. 주사위를 던져 아우가 분나를 얻었습니다. 아우는 아내와 자식들과 종 분나만 데리고 빈손으로 집을 나왔는데, 그 때는 흉년이 들어 살아갈 방법이 막막하여 걱정하니, 분나는 주인에게 말했습니다.

"걱정하지 마십시오. 제가 꾀를 내어 한 달 이내에 형님보다 더 많은 재산을 가지게 해드리겠습니다."

"만일 그렇게만 해준다면 네가 자유인이 되게 해주겠다."

마침 안주인이 개인적으로 가졌던 약간의 패물 모두를 분나에게 주어 밑천을 삼게 하였습니다. 그 때 바다의 밀물이 만조가 되었고, 성안의 사람들은 모두가 바다로 나가 나무를 주웠습니다. 분나는 그 패물을 가지고 성 밖으로 나가 바닷가에 이르렀습니다. 그 때 그는 나무를 파는 거지를 보았는데, 그 나무속에는 붉은 전단향 나무가 있었습니다. 그 붉은 전단향은 어떤 중병도 고칠 수 있는 것으로써, 한 그루의 값이 금화 천 냥이었습니다. 그 당시의 세상에서는 이 붉은 전단향을 단 한 그루라도 좀처럼 얻을 수 없는 희귀한 것이었습니다. 분나는 그것을 알고, 단돈 두 닢의 금화로 나무를 산 다음, 그것을 가지고 집으로 돌아와 겉 부분을 깎아 내자 붉은 전단향이 나타났습니다. 그것을 수십 등분하여 제대로 손질하고 잘 간수했습니다.

그 때 어떤 장자가 꼭 붉은 전단향 두 냥을 넣은 약을 먹어야 나을 수 있는 중병이 들었습니다. 그러나 붉은 전단향은 쉽게 얻을 수 없었습니다. 그 소문을 들은 분나는 붉은 전단향을 가지고 병든 장자에게 가서 이천 냥의 금화를 받았습니다. 이렇게 전부를 다 파니 그 재산은 형의 열 곱이 넘었습니다. 주인은 분나의 은혜에 감사하는 마음으로 약속을 지켜, 분나가 뜻대로 살아가게 해주었습니다. 얽매임에서 헤어난 분나는 주인에게서 하직하고, 도를 배우려고 슈라바스티로 가서 부처님을 뵈옵고 예배드리고 꿇어앉아 사뢰었습니다.

"태어난 가문은 미천하오나 마음으로는 언제나 도덕을 좋아합니다. 세존께서는 사비를 베푸시 제도하여 주시기를 원하옵니다."

"잘왔구나, 분나야."

부처님께서 이렇게 말씀하시자 그의 수염과 머리카락이 저절로 깎이고 가사가 몸에 입혀져 바로 스님이 되었습니다. 부처님께서는 그를 위해 설법하셨고 그는 곧 아라한이 되었습니다. 도를 얻은 그는 혼자서 생각하였습니다.

'지금 내가 여섯 가지 신통을 얻어 나고 죽는 데서 자유로워진 것은 다 주인의 은혜다. 나는 지금 가서 그를 제도하고, 또 그 나라 사람들을 교화하겠다.'

그는 본국으로 돌아가 주인의 집으로 갔습니다. 주인은 무척 반가워하면서 자리를 권하고 음식을 장만해 대접하였습니다. 공양을 마친 분나는 손을 씻고 허공으로 날아 올라가 몸을 여러 개로 나타내어 몸 위에서는 불길을 내고 몸 아래로는 물을 내뿜으며, 광명을 사방으로 비췄습니다. 그런 후 본래 자리로 돌아가 앉아서 주인에게 말했습니다.

"이 신령스런 도덕은 모두 주인이 저를 놓아주신 덕택으로, 부처님께 배운 것입니다."

"부처님의 신기한 교화의 미묘함이 그러하시다면 당연히 나도 부처님을 뵈옵고 그 교훈을 받잡고 싶소."

"다만 지극한 마음으로 음식을 차리십시오. 부처님께서는 세 가지 지혜*를 통달하셨으니 반드시 몸소 오실 것입니다."

그는 곧 정성껏 음식을 장만하되 밤새워 준비를 다 마치고, 새벽에 목욕재계한 채로 슈라바스티를 향하여 향을 피우고 꿇어앉아 부처님을 간절히 초청하였습니다.

"부처님께서 부디 왕림하셔서 일체 중생을 구제하여 주시기를 소원하옵니다."

부처님께서는 그의 뜻을 아시고 곧 오백 명 아라한들과 함께 각각 신통으로 그 집에 도착하셨습니다. 그 나라의 왕과 백성들은 모두 공경하는 마음으로 엄숙하게 부처님께 나아가 땅에 엎드려 예배드린 뒤 물러나 자리에 앉았습니다. 부처님께서는 공양을 끝내시고 손을 씻으신 뒤, 주인과 왕과 관리들을 위하여 밝은 법을 널리 말씀하셨습니다. 그들은 모두 다섯 가지 계율을 받고 부처님 제자가 되어 부처님 앞에 서서 분나를 찬탄하였습니다.

"집에 있을 때는 부지런히 일했고, 집을 떠나서는 도를 얻었도다. 그 신기한 덕이 높고 아득하여 온 나라가 구제됨을 얻었도다. 우리는 지금 그 은혜를 어떻게 갚을 것인가?"

이미 부처님께서도 거듭 분나를 찬탄하시며 시로써 말씀하셨습니다.

마음은 이미 쉬고
말과 행동도 또한 쉬었네.
바른 해탈을 따라서
고요히 열반으로 돌아갔네.

탐욕을 버리고 집착이 없으면
삼계의 장애를 깬다네.
바라는 마음까지 아주 끊으면
이를 상인上人*이라 말한다네.

시골이나 들녘이나
평지나 언덕이나
응진應眞*이 지나는 곳에는
제도되지 아니함 없네.

고요한 곳 좋아하나니
일반인은 그렇지 못하네.
기분 좋은 일을 바라지 않고
탐욕이나 구하는 것 없다네.

부처님께서 위의 시를 마치시니, 주인과 왕과 관리들과 백성들은 더욱 더 기뻐했고, 그리고 이레 동안 부처님께 공양을 올린 뒤 스로타판나의 도를 얻었습니다.

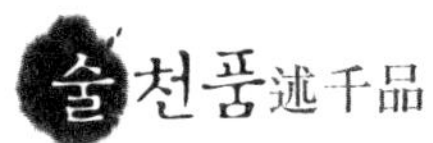

실천이 제일이다

옛날 부처님께서 슈라바스티에 계실 때, 어떤 장로 비구가 있었는데 이름이 반득般特이었습니다. 처음 스님이 되었을 때 성품이 너무나 우둔하여 삼년 동안에 시 한 구를 외우지 못하자 부처님께서 오백 비구에게 하루씩 돌아가며 가르치게 했습니다. 그러한 관계로 그 나라 안에 사는 사람은 신분의 차이 없이 누구든지 전부 반특이 우둔하다는 사실을 죄다 알고 있었습니다.

부처님께서는 그를 불쌍하게 여기시고 직접 불러 시 한 수를 가르쳐 주셨습니다.

입 조심하고 뜻을 안정시키고
몸으로써 나쁜 짓하지 말라.
이와 같이 행동하는 이는

이 세상을 잘 건너가느니라.

그 때에 반특은 부처님의 사랑과 은혜에 감동하여 기뻐하더니 마음이 열려, 곧 위의 시를 외웠습니다.

부처님께서 말씀하셨습니다.

"너는 지금 늙어서야 겨우 시 한 수를 욀 뿐이다. 남들이 알면 매우 이상스럽게 생각할 일이다. 나는 지금 너를 위하여 그 이치를 알도록 설명할 테니 한결같은 마음으로 귀를 기울여라."

반특은 분부대로 귀를 기울였습니다.

부처님께서는 그를 위해 몸으로 짓는 세 가지 행위*와, 입으로 짓는 네 가지 말*과, 뜻으로 짓는 세 가지 일*과, 이것이 없어지는 것과, 세 세상과 다섯 갈래에서 들뜨며 쉬지 않는 것과, 이것을 말미암아 하늘에 태어나는 것과, 이것을 말미암아 깊은 지옥에 떨어지는 것과, 이것을 말미암아 도를 얻는 것을 말씀하시고, 열반*과 자연을 분별하여 말씀하셨으니 헤아릴 수 없고 미묘한 법이었습니다.

그 때에 반특은 마음이 탁 트이어 바로 아라한의 도를 얻었습니다.

그 때에 오백 명의 비구니 스님들이 다른 곳에 있었으므로, 부처님께서 오백 명의 아라한들에게 차례를 정해주어 매일 한 아라한이 가서 그들을 위하여 설법해 주도록 조치하셨는데, 다음 날 반특이 갈 차례가 되었습니다. 비구니 스님들은 그 말을 듣고 비웃으며 말했습니다.

"내일 반특 스님이 오거든, 우리는 다 같이 그 스님을 맞이하고, 우리가 시를 설명하여, 그 스님이 부끄러워 아무 말도 못하도록 하자."

이튿날 반특은 그 비구니 스님들의 처소로 갔습니다. 여러 비구니 스님들은 모두 나와 맞이하여 예배드리고 저희들끼리 서로 보며 웃었습니다. 모두 자리에 앉자 공양이 나왔습니다. 공양을 마치고 손을 씻고는 반특에게 설법을 간청하였습니다.

그 때 반특은 높은 자리에 올라가 겸연쩍은 표정으로 말했습니다.

"나는 덕이 없고 재주가 모자라 맨 끝자리의 스님이 되었으나, 본래부터 완고하고 우둔하여 배운 것이 많지 않소. 그러나 시 한 수를 알고 그 이치를 약간은 분별하므로 그것을 설명하려 하니 모두들 조용히 들으시오."

그 때에 여러 비구니 스님들이 저마다 앞 다투어 시를 설명하려 했으나 입술이 옴짝달싹도 하지 않았습니다. 모두들 놀라고 두려워하며 스스로를 꾸짖고 머리를 숙여 허물을 뉘우쳤습니다.

반특이 부처님께서 말씀하신 것과 같이 말씀하셨습니다. 즉 낱낱이 분별하되 몸과 입과 뜻으로 짓는 업을 말미암은 것과, 복과 죄의 안팎과 하늘에 태어남과 도를 얻는 것과, 정신을 집중하여 생각을 끊고 선정에 드는 법 등을 자세히 분별하여 말씀했습니다.

비구니 스님들은 그 설법을 듣고 매우 놀라고 이상하게 여기면서도 한결같은 마음으로 기뻐하더니 모두 아라한의 도를 성취하였습니다.

며칠 뒤 프라세나짓 왕은 부처님과 대중 스님들을 초청하여 정전正殿에 모시고 공양을 올리려 하였습니다. 부처님께서는 반특의 신통력을 나타내 보이려고, 그에게 바루를 들고 따라오게 하셨습니다. 문지기는 그를 알아보고 막아서며 말했습니다.

"그대는 스님이면서 시 한 수도 모르는데 어찌 초청함을 받으려 하는가? 나는 속인인데도 시를 아는데, 더구나 그대는 스님이시잖습니까? 아무 지혜도 없는 스님에게는 보시해도 이익이 없을 것이니 이 문안에 들어가지 마십시오."

반특은 할 수 없이 문 앞에 서 있었습니다.

부처님께서는 정전에 앉아 계셨는데, 바루가 없어, 이미 물을 다 돌렸으나 물을 받지 못하고 계셨습니다. 마침 이 때에 반특은 멀리서 팔을 펴 부처님께 바루를 받들어 올렸습니다. 왕과 신하들과 왕후와 태자와 사부대중들은 팔은 들어오는데 얼굴이 보이지 않았기 때문에 모두 이상하게 생각하고 부처님께 여쭈었습니다.

"이것은 누구의 팔입니까?"

"이것은 반특 비구의 팔이오. 그는 근래에 도를 얻었소. 아까 절에서 내가 바루를 가져오라고 주었는데, 문지기들이 그를 들어오지 못하게 했기 때문에 팔을 펴 나에게 바루를 주는 것이오."

왕은 곧 반특을 초청하여 들어오게 했습니다. 그의 얼굴은 이전과 같지 않고 매우 뛰어나 보였습니다. 왕은 부처님께 말씀드렸습니다.

"반특 스님은 원래 성품이 우둔하여 겨우 시 한 수만 외운다는 소문을 들었는데, 어떤 인연으로 도를 얻었습니까?"

"꼭 많이 배워야 도를 얻는 것이 아니오. 실천하는 것이 제일이오. 반특은 겨우 시 한 수의 이치만을 알지만 그 정밀하고 오묘한 경지는 신神의 경지에 들어갔으며, 몸과 입과 뜻의 업은 고요하여 마치 순금과 같소. 사람이 아무리 많이 알아도 그 뜻을 해득하지 못하고 또 실천하지 아니하면 부질없이 정신만 해치게 되는 것이니 무슨 이익이 있겠소."

그리고 부처님께서는 다시 시로써 말씀하셨습니다.

비록 경전 천 권을 외우더라도
그 뜻을 바르게 모르면,
단 한 마디 법을 듣고
온갖 악을 없애는 것만 못하느니라.

비록 천 마디 말을 외우더라도
이치대로 실천치 아니하면 무엇이 유익하랴.
단 하나 이치를 듣고 행하여
제도됨만은 못하느니라.

아무리 많은 경전 외우더라도
그 이치를 모르면 무엇이 유익하랴.

하나의 법구法句라도 이치를 알고
그대로 실천하면 도를 얻느니라.

부처님께서 시를 마치시니 삼백 명 비구 스님들이 아라한이 되었고, 왕과 신하들과 왕후와 태자들이 모두 기뻐하였습니다.

보시와 복덕

어느 때 부처님께서 슈라바스티의 기타 숲 외로운 이 돕는 절에서 여러 신들과 사람들을 위하여 설법하고 계셨습니다.

그 때에 그 나라에 바라문 장자 한 사람이 있었는데 이름은 남달이었고, 큰 부자로 재산은 헤아릴 수 없을 만큼 많았습니다.

'범지의 법으로써 큰 시주가 되어 이름을 드러내야 하겠다.'

이렇게 생각한 그는 집의 재물을 내놓아 보시하되, 무차대회無遮大會*를 열어 오천 명의 바라문들에게 공양을 바쳤습니다. 즉 오 년 동안 의복과 평상과 약품과 진기한 보물과 제사 지내는 기구를 공급하되 조금도 아끼지 않았습니다. 모든 범지들은 그 남달장자를 위하여 여러 신神과 네 산과 다섯의 큰 산과 별과 물과 불 등에 제사하면서 축원하였습니다.

"언제나 복을 받으소서."

오 년이 끝나는 마지막 날, 그 장자는 아주 크게 보시하되 장자의 법대로 하려고 했습니다. 금 발우에 은을 담고, 은 발우에 금을 담고, 코끼리와 말과 수레와 남녀의 종과 온갖 자재資材와 칠보로 된 옷과 비단 일산과 가죽신과 사슴가죽으로 만든 옷과 지팡이와 걸상과 물통과 물주전자와 평상과 담요와 방석 등 필요한 것은 모두 얻도록 하되, 팔만사천 가지 물건을 모두 보시하려고 했습니다.

그 마지막 날이 되자 모두 대회에 와서 모였습니다. 귀신과 국왕과 대신과 범지와 장자 등이 다 와서 모여 앉아 부산하게 떠들면서 모두 기뻐하였습니다.

부처님께서 그것을 아시고 탄식하시며 말씀하셨습니다.

"저 장자 범지는 왜 저렇게 어리석은가? 보시하는 물건은 저와 같이 많지만 갚음으로 받을 복은 매우 적구나. 마치 불 속에 씨앗을 심는 것 같거니 무슨 갚음을 얻겠다는 것인가? 만일 내가 교화하지 않으면 영원히 법에서 멀어지겠다."

부처님께서는 자리에서 일어나셔서 의복을 정돈하시고, 신통을 부려서 땅속에서 솟아 나와 큰 광명을 놓아 대회장을 두루 비추었습니다. 모인 이들은 그 광경을 보고, 지금까지 없었던 일인 까닭에 놀라고 두려워하여 이상히 여기면서도 어떤 신인지를 몰랐습니다. 남달과 범지와 대중들은 머리를 땅에 댄 채로 엎드려 부처님께 절했습니다.

부처님께서는 그들이 공경하는 마음이 있음을 아시고, 곧 그들이 공손하고 엄숙해지자 시로써 말씀하셨습니다.

한 달에 천 번을 제사지내
죽을 때까지 계속 하여도
잠깐 동안 한결같은 마음으로
바른 법 생각함보다 못하다네.

일념一念동안 짓는 복이
죽을 때까지 제사지내는 것보다 낫네.

비록 백 년 동안
불의 신을 받들어 섬겨도
잠깐 동안 세 높은 이에게
공양올림만 못하네.

한 번 공양 올리는 복
백 년 동안 제사 지낸 것보다 낫네.

이어 부처님께서 남달에게 말씀하셨습니다.

"보시에 네 가지 종류가 있소. 네 가지는 무엇인가!

첫째, 보시하는 물건은 많으나 얻는 복의 갚음이 적은 것이오. 둘째, 보시하는 물건은 적으나 얻는 복의 갚음은 많은 것이오. 셋째, 보시하는 물건도 많고 얻는 복의 갚음도 많은 것이오. 넷째, 보시하는 물건도 적고 얻는 복의 갚음도 적은 것이오.

보시는 많으나 얻는 복은 갚음이 적은 것은 어떠한 것인가?

보시하는 사람이 미련하고 어리석어, 산 것을 죽여 제사지내고 술 마시고 노래하고 춤추면, 재물을 축내나니 복덕과 지혜가 없는 것이오.

보시도 적고 얻는 갚음도 적은 것은 어떠한 것인가?

인색하고 탐욕으로 집착하는 나쁜 뜻으로 평범한 도사에게 보시하는 것이니 둘이 다 어리석기 때문에 복이 없는 것이오.

보시는 적으나 얻는 갚음의 복은 많은 보시는 어떤 것인가?

인자한 마음으로 도인을 받들고 도인도 그것을 받고 부지런히 공부하면, 그 보시는 비록 적으나 얻는 복의 갚음은 더욱 많은 큰 것이오.

보시도 많고 얻는 복의 갚음도 많은 보시는 어떤 것인가?

만약 현명한 사람이 있다면 세상이 덧없음을 깨닫고, 좋은 마음으로써 재물을 내어 탑과 절과 공원을 만들고, 세 높은 분께 옷과 신과 평상과 음식을 바치나니, 이렇게 지은 복은 마치 다섯 강이 흘러 큰 바다로 들어가는 것 같다. 그 복의 흐름도 세 세상에 끊어지지 않소. 이것이 바로 보시도 많고 얻는 복의 갚음도 더욱 많아진다는 것이오. 이것은 마치 농사짓는 땅이 비옥하고 척박함에 따라 그 수확이 같지 않은 것과 같은 것이오."

그 때에 남달 장자와 그 자리에 모인 사람들은 부처님의 신통을 직접보고, 그 위에 설법까지 듣자 모두 기뻐하더니, 여러 신과 귀신들은 다 스로타판나가 되었고, 오천 명 범지들은 모두 스님이 되어 아라한의 도를 얻었으며, 남달은 식구들과 함께 다섯 가지 계율을 받았고, 또 도의 자취를 얻었으며, 국왕과 대신들은 모두 삼보에 귀의하여 우바새가 되어 법의 눈을 얻었습니다.

네 가지 복

어느 때 부처님께서 슈라바스티의 기타 숲 외로운 이 돕는 절에서 교화하고 계셨는데, 그 때에 라자그리하에 사람됨이 흉악하고 미련하여 부모에게 불효하고 선량한 사람을 업신여기며, 어른을 공경하지 않고, 살림을 잘못 살아 하는 일이 뜻대로 되는 것이 없었던 사람이 있었는데 그는 불의 신을 섬겨 복을 구하려 하였습니다.

불을 섬기는 방법은 해가 막 지려 할 때 불을 많이 피워 놓고 그 불무더기를 향하여 꿇어앉아 복을 빌되 밤중이 되어 불이 꺼질 때까지 계속하였습니다.

그는 삼 년 동안 불을 섬겼으나 복을 얻지 못하자, 다음에는 해와 달을 섬겼습니다.

해와 달을 섬기는 방법은 낮이 되어 해가 뜨고, 밤이 되어 달이 뜨면 그 해와 달을 향해 절하며 복을 빌되 해가 지고 달이 질 때까지 계속하는 것입니다. 이렇게 또 삼 년을 계속했으나 복을 얻지 못했습니다.

다음에는 하늘을 섬겼습니다. 하늘을 섬기는 방법은 향을 피우고 꿇어앉아 좋은 꽃과 맛난 술과 마른 고기와 돼지와 양과 송아지를 잡아 바치며, 절을 하고 복을 비는 것입니다. 그렇게 하여 빈곤해졌으나 역시 복을 얻지 못했고 애를 썼기 때문에 몸은 여위고 병까지 들어 편안할 날이 없었습니다. 그때에 슈라바스티에 부처님이 계시고 여러 신들이 받든다는 말을 듣고 생각하였습니다.

'나도 그곳에 가서 부처님을 섬기고 받들면 반드시 복을 얻을 것이다.'

곧 부처님께서 계신 곳으로 왔습니다. 절 문에 이르러 부처님을 바라보니, 빛나는 모습은 훤하시고 얼굴은 특별하여 마치 별들 가운데 달과 같았습니다. 그는 부처님을 뵈옵고 기쁨을 견디지 못하여 땅에 엎드려 절하고 합장한 채로 아뢰었습니다.

"어리석고 미련하게 성장하여 삼보를 모르고, 불과 해와 달과 또 하늘을 섬기며 구 년 동안 계속하며 애썼으나 조금도 복을 얻지 못했습니다. 그리고 얼굴은 초췌하고 기운이 쇠약하며 몸은 병이 들어 언제 죽을지 알 수 없게 되었습니다. 세존께서는 사람을 제도하시는 스승님이시라는 소문을 듣고 멀리서 와 귀의하오니 복을 내려주시기 원하옵니다."

부처님께서 말씀하셨습니다.

"네가 지금까지 섬긴 것은 모두 요사스런 귀신이 아니면 허깨비들이다. 그것들에게 복을 빌고 제사지낸 것이 산 만큼이니, 그 죄는 강과 바다와 같을 것이다. 산 것을 죽여 복을 구하면 복은 벌써 멀리 떠나버린다. 비록 백 겁 동안 애써서 온 세상의 돼지와 염소를 잡아 제물로 바치고 기도하고 제사를 지내도 복을 얻기는커녕 그 죄는 수메루산과 같고, 복은 겨자씨만큼도 없으니 부질없이 재산만 없앴다. 어찌 미련한 일이 아니겠는가? 또 너는 사람됨이 부모에게 불효하고, 선량한 사람을 업신여기며, 어른을 공경하지 않고, 잘난 체하고 뽐내면서 세 가지 독이 불꽃처럼 왕성하여, 죄악만 날마다 깊어 가거늘 무슨 인연으로써 복을 얻겠는가?

만일 스스로의 마음을 고쳐 어진 이에게 예배하고 공경하며, 몸가짐을 예절로써 하고 어른을 받들어 섬기며, 악한 마음을 버리고 착한 마음을 내고, 몸가짐을 조심스럽게 하고 어진 이를 높이 받들면, 네 가지 복이 날마다 늘어나 세세생생에 걱정이 없을 것이다. 첫째 얼굴이 단정하고, 둘째 기력이 왕성하며, 셋째 건강하여 병이 없고, 넷째 목숨이 늘어 일찍 죽는 일이 없을 것이다. 이렇게 하기를 계속하면 복은 말할 나위도 없고, 도를 얻을 수 있을 것이다."

이렇게 말씀하신 부처님께서는 다시 시로써 말씀하셨습니다.

귀신에게 제사지내고 복을 구하여
뒤에 올 갚음을 바라는 것보다
어진 이에게 예배하는 것이
네 배나 많은 복 받느니라.

만약 예절 바르게 행동하여
언제나 어른을 공경하고 섬기면
얼굴과 힘과 목숨은 안온하고
네 가지 복이 절로 늘어나느니라.

그 때 그 사람은 부처님의 시를 듣고 기뻐하며, 믿고 이해하더니 머리를 조아려 예배하며 다시 부처님께 사뢰었습니다.

"온갖 번뇌에 덮여 구 년 동안 죄를 쌓았습니다. 다행히 어질고 자비로운 가르침을 받자와 이제 마음이 열렸습니다. 세존께서는 저의 출가를 허락하여 주시기 바라옵니다."

"잘 왔구나, 비구야."

부처님께서 이렇게 말씀하시자, 그의 머리카락이 저절로 깎여 곧 스님이 되어 마음을 머무는 관법*을 닦더니 곧 아라한의 도를 얻었습니다.

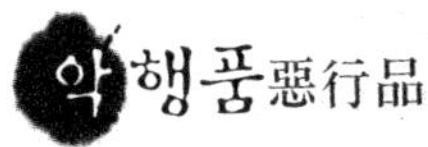

원숭이들의 설법

어느 때 부처님께서 라자그리하에 계시면서 수만이라는 아라한에게 부처님의 머리카락과 손톱을 주셔서 캐슈밀* 남쪽 어느 산에 가서 탑과 절을 세우게 하시고, 오백 아라한들이 그 절에 살면서 아침과 저녁에 향을 사르고 탑을 돌며 예배하게 하셨습니다. 그 때에 그 산에 오백 마리 원숭이들이 있었고, 이 원숭이들은 아라한들이 탑에 공양 올리는 것을 보고, 모두 냇가로 가서 돌들을 주워와 탑을 만들고 나무 기둥을 세우고, 그 위에 비단 기를 달고 아침과 저녁에 예배하되, 아라한들이 하는 것과 같이 했습니다. 어느 때 소나기가 와서 산골 물이 폭포처럼 쏟아져 내려 오백 마리의 원숭이들이 한꺼번에 물에 휩쓸려 죽었습니다. 그들은 곧 도리천에 태어나니, 일곱 가지 보배로 된 궁전이 있고, 옷과 음식이 저절로 생기자, 그들은 생각하며 말했습니다.

"우리들은 어디에 있다가 여기에 태어났는가?"

곧 하늘눈으로써 그들의 본래 몸을 찾다가 그들이 원숭이 몸으로 여러 아라한들을 흉내내어 탑을 쌓고 예배하며 공양을 올렸으므로 몸은 비록 물에 떠내려가 죽었으나 그 공덕으로써 하늘에 태어난 것을 알았습니다. 그들은 생각했습니다.

'지금 마땅히 저기에 내려가서 옛 몸뚱이가 지은 공덕에 은혜를 갚아야 하겠다.'

그들은 각각 악기와 꽃과 향을 들고 원숭이 시체에 와서 꽃을 뿌리고 향을 사르고 음악을 연주하며 그 시체들을 일곱 바퀴나 돌았습니다. 그 때 그 산에는 오백 명의 바라문이 있었지만 그들은 이교도의 삿된 소견을 갖고 있어 죄와 복을 믿지 않았습니다. 여러 천인들이 원숭이 시체 위에 꽃을 뿌리고 음악을 연주하며 향을 사르고 도는 것을 보고 괴상하게 여기며 물었습니다.

"여러 천인들은 광명이 그처럼 훌륭하거늘, 왜 여기에 와서 원숭이 시체에 공양을 바칩니까?"

"이 시체는 우리들의 전생 몸이오. 우리는 여기 살 때, 아라한들을 흉내내어 탑을 세우고 향 피우고 꽃을 뿌리며 놀았소. 그 때 큰 비가 와 산골 물에 휩쓸려 우리들 모두가 죽었소. 탑을 세워 공양 바친 그 조그마한 복으로써 하늘에 나게 되었소. 그래서 지금 옛 몸에 꽃을 뿌려 은혜를 갚는 중이오. 흉내로 탑을 쌓고 절을 지어 얻은 복이 이와 같거늘, 만약 지극한 마음으로써 부처님을 받든다면 그 복덕은 비유하기 어려울 것이오. 그대들은 삿된 견해로써 바르고 참된 부처님의 법을 믿지 않으니 백 겁을 애만 썼고 얻은 복덕은 하나도 없소. 지금이라도 그리드라쿠타에 가서 부처님께 예배드리고 공양을 올려 헤아릴 수 없는 복을 받으시오. 그게 지금보다 훨씬 낫소!

바라문들은 기뻐하며 하늘 사람들과 함께 부처님 처소에 와서 온몸을 땅에 대고 예배 드렸고, 하늘 사람들은 꽃을 뿌려 공양을 올리고 부처님께 여쭈었습니다.

"저희들은 전생에 원숭이였는데 부처님의 은혜를 입어 하늘에 태어났사오나, 부처님을 뵈옵지 못하여 한스러웠기에 지금 와서 스스로 귀의합니다."

그들은 다시 여쭈었습니다.

"저희들은 원숭이가 되기 전에 어떤 허물이 있어 원숭이가 되었으며, 또 비록 원숭이였지만 탑과 절을 지었는데 왜 물에 휩쓸려 죽었습니까?"

부처님께서 말씀하셨습니다.

"거기에는 인연이 있다. 이유도 없이 그렇게 된 것이 아니다. 내가 지금 그대들을 위하여 그 까닭을 설명해주겠다. 오랜 옛날 젊은 바라문 오백 명이 다 같이 산에 들어가 신선의 도를 구한 적이 있었다. 그 때 그 산 위에 어떤 스님이 있었다. 그는 산 위에 있는 절을 수리하려고 진흙을 이기기 위해 골짜기에 내려와 물을 길러 가는데, 그 몸놀림이 재빨라 나는 것과 같았다. 오백 명 바라문들은 장난기가 일어나 같이 소리를 지르며 웃었다.

'저 스님이 오르내리는데 빠르기가 마치 원숭이 같구나. 그러나 그것이 무엇이 대단한 것인가?'

그러나 스님은 아랑곳하지 않고 계속 물을 길러 갔다. 그 뒤 오래지 않아 산골 물이 쏟아져 내려 그 바라문들은 물에 휩쓸려 모두 죽었다."

부처님께서는 계속 말씀하셨습니다.

"그 때에 오르내리던 스님은 바로 지금 나의 전생이었고, 그 오백 명의 젊은 바라문들은 바로 지금의 그대들이었다. 실없는 말로 죄를 지어 원숭이 몸이 되어 그 갚음을 받았느니라."

부처님께서는 시로써 거듭 말씀하셨습니다.

실없는 말도 악이라 한다.
이미 그것을 몸으로 행했으면
울부짖으며 갚음을 받나니
그 행한 것을 따라 죄가 오느니라.

부처님께서는 다시 하늘 사람들에게 말씀하셨습니다.

"그대들은 전생에 짐승의 몸으로 살았으나 장난이지만 탑을 세웠기 때문에 지금 하늘에 태어났고, 죄는 사라지고 복이 일어난 것이다. 그리고 지금 스스로 와서 직접 바른 가르침을 받으니, 이 인연으로 온갖 괴로움을 아주 벗어날 것이다."

부처님께서 이렇게 말씀하시자 오백 명 하늘 사람들은 곧 도의 자취를 얻었고, 그들과 함께 온 오백 명의 바라문들은 죄와 복의 갚음에 대한 말씀을 듣고 스스로 탄식하였습니다.

'우리는 신선의 도를 배운 지 여러 해가 되었으나, 아직 그 과보를 얻지 못했다. 그리고 신선의 도를 배운 것은 저 원숭이들이 흉내로써 복을 지어 하늘에 태어난 것보다도 못하다. 부처님의 도덕은 진실하고 오묘함이 이와 같구나.'

곧 머리를 조아려 부처님 발에 예배한 뒤 제자가 되기를 애원했습니다.

"잘 왔구나, 비구들아!"

부처님께서 이렇게 말씀하시자, 그들은 곧 스님이 되더니, 날마다 부지런히 도를 닦아 아라한이 되었습니다.

결정된 업은 피하지 못한다

어느 때 부처님께서 슈라바스티의 기타 숲 외로운 이 돕는 절에서 여러 하늘 사람들을 위하여 설법하고 계실 때, 그 나라의 둘째 왕자 유리는 나이 약관으로 따르는 관리들을 지휘하여 아버지를 쫓아내고 태자인 형을 죽이고 제 마음대로 왕이 되었습니다.

야리라는 나쁜 신하가 왕인 유리에게 말했습니다.

"대왕께서 옛날 태자로 계실 적에 외가外家가 있는 카필라바스투*에 가셨습니다. 부처님이 계시는 절을 구경하는데 아무 이유도 없이 여러 석씨釋氏들에게 욕설과 꾸짖음을 당했습니다. 그 때에 저희들에게 '만약 내가 왕이 되거든 잊지 말고 지금의 이 사실을 내게 일깨워 다오.'라고 말씀하셨습니다.

지금 때가 되었고 군사들도 사기가 드높습니다. 원수를 갚으십시오."

유리왕은 곧 수레를 타고 군사를 이끌고 카필라바스투를 정벌하러 갔습니다.

부처님의 둘째 제자 마하마우드갈야야나는 유리왕이 군사를 이끌고 와서 카필라바스투를 정벌하여 원수를 갚으려는 것을 알고 '지금 저 곳의 네 무리들을 모두 죽일 것이다.'라고 생각하며, 그들을 가엾이 여겨 부처님께 나아가 사뢰었습니다.

"지금 유리왕이 카필라바스투를 정벌하러 옵니다. 많은 사람들이 큰 고통을 당할 것으로 생각되어, 저는 네 가지 방편으로 저 곳 사람들을 구원하려고 합니다. 첫째 모든 사람들 전부를 허공에 옮겨두는 것이며, 둘째 모든 사람들 전부를 큰 바다 가운데 옮겨 두는 것이며, 셋째 모든 사람들 전부를 철위산* 중간에 옮겨 두는 것이며, 넷째 모든 사람들 전부를 다른 큰 나라의 한복판에 옮겨 두려는 것입니다. 그렇게 하여 유리왕이 그들이 있는 곳을 모르게 하려합니다."

부처님께서 말씀하셨습니다.

"너에게 그러한 지혜와 힘이 있어 그 사람들을 편안히 있게 할 수 있는 줄을 나도 잘 안다. 그러나 모든 중생에게는 피할 수 없는 것이 일곱 가지가 있다. 첫째 태어나는 것이오. 둘째 늙는 것이오. 셋째 병나는 것이오. 넷째 죽는 것이오. 다섯째 죄이며, 여섯째 복이며, 일곱째 인연이다. 이 일곱 가지는 아무리 피하려 해도 마음대로 되지 않는 것이다. 너의 뛰어난 신통력으로써 네 가지 방법을 쓸 수는 있지만, 전생에 지은 죄의 갚음은 면하게 할 수 없느니라."

그는 예배하고 물러가 자기 마음대로 그 곳의 친구와 불제자 사오천 명을 바루에 담아 허공의 별들 사이에 가져다 두었습니다.

그 때 유리왕은 카필라바스투를 정벌하여 그 곳의 백성을 거의 다 죽이고 군사를 이끌고 본국으로 돌아갔습니다.

마우드갈야야나는 부처님께 나아가 예배하고, 스스로 잘한 척 뽐내며 사뢰었습니다.

"유리왕이 카필라바스투를 정벌할 때 제가 부처님의 신통력을 빌려, 그 곳 사람 사오천 명을 구원했습니다. 지금 저 허공에서 모두 그 재난을 벗어났습니다."

"너는 그 바루 안의 사람들을 지금 보았느냐?"

"아직 가서 보지는 않았습니다."

"너는 먼저 저 바루 안의 사람들을 살펴보아라."

그가 신통력으로써 바루를 내려오게 하여 바루 안을 보았을 때, 그 안에 있던 사람들은 모두 죽어 있었습니다. 그는 슬피 울면서 그들의 참변을 가엾이 여기며, 곧 부처님께 돌아가 사뢰었습니다.

"바루 안의 사람들이 모두 죽어 있습니다. 신통의 힘으로도 그들이 전생에 지은 죄를 면하게 할 수 없었습니다."

부처님께서 말씀하셨습니다.

"그러므로 일곱 가지 일은 부처나 여러 성인이나 신선이나 도인들이 몸을 숨기고 몸을 흩어버리는 재주로써도 면할 수 없느니라."

부처님께서는 이어 시로써 말씀하셨습니다.

허공도 안되고 바다도 안되며,
깊은 산 바위틈에 숨는 것도 안된다.
전생에 지은 악업의 재앙은
어디에서도 피할 수 없느니라.

중생에게는 온갖 고뇌가 있고

늙음과 죽음 면하지 못하느니라.

때문에 인자하고 지혜로운 이는

남의 잘못과 나쁜 점 생각하지 않느니라.

부처님께서 이렇게 말씀하실 때, 그 자리에 있던 수 없는 사람들은 부처님께서 말씀하신 떳떳함이 없는 법을 듣고 모두 슬퍼하면서, 제가 지은 업의 갚음을 면하지 못한다 생각하고, 기꺼이 도를 닦아 스로타판나를 증득하였습니다.

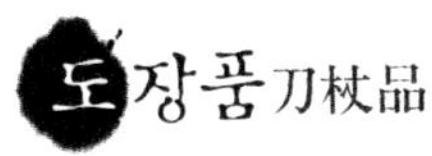

부처님의 보은

옛날에 현제賢提라는 나라가 있었습니다.

그 때에 그 나라에 어떤 상로 스님이 오랫동안 앓다가 위독하게 된 채로 현제의 어느 절에 누워 있었는데, 몸은 여위고 더러워 아무도 돌보는 사람이 없었습니다.

부처님께서는 오백 명의 스님들을 이끌고 그 곳에 가셔서, 여러 스님들을 시켜 차례대로 돌보고 죽을 끓여 먹이게 하셨으나, 그러나 스님들은 모두 지독한 냄새 때문에 그를 귀찮게 여겼습니다.

부처님께서는 제석천왕으로 하여금 더운 물을 가져오게 하시고, 몸소 갓난아기의 손처럼 부드러운 손으로써 앓는 스님의 몸을 씻어 주셨습니다. 그러자 땅이 진동하고 온 세상이 환하게 밝아져 사람들은 놀라 숙연해졌습니다.

국왕과 신하와 백성과 신들과 용들과 귀신과 헤아릴 수 없는 사람들이 부처님 앞에 나아가 예배하고 사뢰었습니다.

"부처님께서는 세상에서 가장 높은 분으로서 세 세계에서 견줄 이가 없고 도덕을 이미 구족하였사온데, 어떻게 몸을 낮추어 병들어 여위고 더러운 냄새가 나는 스님의 몸을 씻어 주시옵니까?"

"여래가 이 세상에 나온 까닭은, 바로 이와 같이 돌보아 주는 이 없고 곤궁하고 재앙을 만난 사람들을 위한 것이다. 병들고 약한 스님이나 도사나 또는 가난하고 고독한 노인에게 공양을 베풀면, 그 복은 한량이 없어 무엇이나 뜻대로 이루어지느니라. 마치 다섯 강물이 흐르는 것처럼, 복이 오는 것도 그와 같아서 공덕이 점점 원만해져야 마침내 도를 얻느니라."

왕이 부처님께 사뢰었습니다.

"지금 이 스님은 전생에 무슨 업을 지었기에 여러 해 동안 병으로 고생하며 낫지 않습니까?"

"옛날에 악행惡行이라는 왕이 매우 거칠고 사납게 나라를 다스리고 있었다. 힘이 매우 센 오백이라는 관리를 시켜 채찍을 가지고 사람들을 벌주게 하였다. 그 오백은 왕의 위엄과 노여움을 핑계하며, 남몰래 혹독하게 다루기도 하고 혹은 느슨하게 다루기도 했다. 사람들을 때릴 때 뇌물을 요구하여 뇌물을 받으면 채찍질은 형식적으로 했고 뇌물을 받지 못하면 채찍질에 힘을 주었다. 이러한 사실 때문에 백성들이 모두 근심하였다.

어떤 선량한 사람이 남에게 모함을 당하여 채찍질을 받게 되자 오백에게 말했다.

"나는 부처님의 제자로서 원래 죄가 없는데 남의 모함을 받은 것이니 선처해 주시기 바랍니다."

오백은 그가 부처님의 제사라는 말을 듣고, 손을 가볍게 놀려 채찍이 몸에 닿지 않게 채찍질을 했다. 그 뒤 오백은 목숨을 마치고 지옥에 떨어져 온갖 고문을 당하며 고통을 받다가, 죄가 끝나 지옥에서 나온 다음, 다시 축생으로 태어나 오백 생 동안 채찍을 맞았다. 축생에서 죄가 끝나고 사람이 되어서는 언제나 중병을 앓고 고통이 몸에서 떠나지 않았다.

그 때 그 국왕은 바로 저 제바닷타요, 그 때 오백은 지금 앓고 있는 이 스님이며, 그 때 선량한 부처님 제자는 지금의 나다.

내가 전생에 그에게 용서를 받아 채찍이 몸에 닿지 않았기 때문에, 그 은혜로 지금 내가 직접 그의 몸을 씻어 주는 것이다.

사람이 선이나 악을 지으면 재앙이나 복이 반드시 그 몸을 따르나니, 비록 나고 죽음을 반복하더라도 그것은 면하지 못하느니라."

부처님께서는 다시 시로써 말씀하셨습니다.

선량한 사람에게 채찍질하고
죄 없는 사람을 거짓으로 모함하면
그 재앙은 열 배가 더하여
재앙이 마칠 때까지 용서가 없네.

살아서 혹독한 고통을 받고
상처나 불구자 되고
저절로 고민하다 병들고
의욕 잃고 멍청해지고

다른 사람에게 무고 당하고
관청의 형벌 받으며
재산이 죄다 없어지며
친척과 이별하며

집이 있어도 화재 당하며

죽어서 지옥에 들어가나니
이와 같이 열 가지를 받느니라.

그 때에 병든 스님은 부처님께서 말씀하신 전생 이야기로 제가 본래 지은 죄를 알고, 시를 듣고 스스로를 꾸짖었습니다. 부처님 앞에서 곧 병이 나아 몸이 편안하고 마음이 고요해져 아라한의 도를 얻었으며, 그리고 현제국 왕은 기뻐하며 믿고 이해하여 바로 다섯 가지 계율을 받아 우바새가 되어 꼭 지키다가 목숨을 마칠 때를 즈음하여 스로타판나의 도를 얻었습니다.

팔관재의 위력

어느 때 부처님께서 슈라바스티의 기타 숲 외로운 이 돕는 절에서 하늘 사람과 용과 귀신들을 위하여 설법하고 계셨습니다.

동쪽에 우트라쿠라라*는 나라에 있던 오백 명의 바라문들이 서로 갠지스 강*으로 가려고 하였습니다. 그 강 언덕에는 신에게 제사 지내는 세 개의 못이 있었으며, 그들은 그 못에 들어가 더러운 때를 씻고 발가벗은 채로 신선의 도를 구하려 하였습니다. 그것은 마치 니르그란타*의 구도 법과 같았습니다. 그들은 큰 늪을 지나다가 길을 잃고 더 갈 수가 없었고, 양식마저 떨어졌습니다. 멀리 바라보니 큰 나무가 보였고 신령스러운 기운이 있는 것 같았습니다. 그들은 거기에 사람이 산다고 생각하고 나무 밑으로 죽을힘을 다해 갔으나 아무 것도 없었습니다. 그들은 큰 소리를 내어 울었으며, 굶주리고 목마르고 지쳐서 그 늪 안에서 죽는 것만 같았습니다. 그 때 나무 신이 나타나 그들에게 물었습니다.

"도사들은 어디서 왔으며, 어디로 가는 길인가?"

바라문들은 이구동성으로 말했습니다.

"신선의 도를 구하려고 저 신지神池로 목욕하러 가는 길인데, 지금 굶주리고 기갈이 심하니 구원해 주시기 바랍니다."

나무 신이 팔을 뻗자 온갖 음식이 신의 손에서 계속 나왔습니다. 그들은 그것을 받아먹고 모두 배가 불렀고, 남은 음식은 길양식에 넉넉하였습니다.

길을 떠나며 그들은 나무 신에게 물으셨습니다.

"선인께서는 본래 무슨 덕을 쌓았기에 이렇게 훌륭한 일을 성취하셨습니까?"

"나는 본래 슈라바스티에 살았었소. 그 때에 그 나라의 수닷타라는 대신이 부처님과 제자 스님들께 음식 공양을 올리려고 저자에 나가 타락을 샀으나 그것을 들고 갈 사람이 없어 좌우를 둘러보다가 나를 불러 그것을 들게 하였소. 그리고 절에 도착해서도 나에게 그것을 대중들에게 나누어 드리도록 하였소. 공양을 마치자 나는 손 씻을 물을 돌리고는 조용히 앉아 설법을 들었는데, 여러 사람들은 모두 나의 착함에 크게 기뻐하였소. 그 때에 나는 재齋를 받들고 저물어 집에 돌아갔으나 저녁을 먹지 않았소. 아내는 이상하게 여기고 나에게 물었소.

'왜 저녁을 드시지 않습니까? 무슨 불쾌한 일이라도 있었습니까?'

'불쾌한 일은 없었소. 나는 저자에 나갔다가 수닷타 장자가 기타 숲 외로운 이 돕는 절에서 부처님께 공양을 올리려는 것을 보고 거기 따라가 재 받드는 일을 도왔소. 그 재의 이름은 팔관재八關齋*라 하였소.'

아내는 벌컥 화를 내며 말했소.

'고타마는 세상을 어지럽히는데 무엇 때문에 재를 받아드립니까? 당신은 가문에 전해오는 법칙을 깨뜨리겠습니까? 지금부터 재앙이 닥칠 것입니다.'

하도 아내가 바가지를 긁어 할 수 없이 둘이서 같이 밥을 먹었소. 그런데, 나는 그날 밤에 수명이 다하여 죽었소. 내 영혼이 여기에 와서 태어난 것이지요. 그 어리석은 아내 때문에 나는 재법을 마치기 전에 깨뜨리고 이 늪에 와서 나무 신이 되었으나, 타락을 옮긴 복으로 손에서 음식이 나오는 것이오. 만일 내가 그 때 재법을 지켰더라면 반드시 하늘에 태어나 물건을 받아서 쓰는 것이 더욱 더 자연스러웠을 것이오."

그리고 그는 범지들을 위하여 다시 시로써 말했습니다.

신에게 제사지내는 것은 재앙의 뿌리를 심는 것이 되어
밤낮으로 재앙의 가지 자라게 하고,
부질없이 몸을 괴롭혀 못쓰게 하지만
재법은 세상의 신선까지 구제한다네.

범지들은 위의 시를 듣고 헷갈림이 정돈되어, 그 재법을 믿고 받들어 슈라바스티로 통하는 길을 향하여 가다가, 그들은 구람니*라는 나라를 지나게 되었습니다. 그 나라에는 미음美音이라는 장자가 있었는데, 사람됨이 인자하여 모든 사람들이 존경하고 우러러보았습니다. 범지들은 그 집에서 하룻밤을 머물게 되었습니다.

미음 장자가 범지들에게 물었습니다.

"도사님들은 어디서 오셨으며, 어디로 가시는 길입니까?"

범지들은 늪에 있는 나무 신의 공덕을 자세히 설명한 뒤 말했습니다.

"슈라바스티로 가서 수닷타 장자에게 재법을 배워 그로써 복을 얻을까하여 가는 길이오."

미음 장자는 매우 기뻐하면서, 다음 날 떠나려 할 때 사람들을 함께 보낼 뜻을 말하고, 그리고 친척들에게 말했습니다.

"우리 친척 중에 누가 이분들과 함께 가서 재법을 배워 오겠는가?"

이 말을 듣고 모두 오백 명이나 모였습니다. 그들은 서원의 힘에 이끌려 위의를 갖추고 집을 나와 슈라바스티를 향하여 출발했습니다.

아직 기타 숲 외로운 이 돕는 절에 이르기 전에 길에서 수닷타를 만났으나 서로 알지 못하고, 그 시종들을 돌아보고 물으셨습니다.

"저 대장부는 누구시냐?"

"수닷타 장자입니다."

범지들은 매우 기뻐하며 따라 가면서 말했습니다.

"우리는 소원을 이루었다. 찾던 분을 만났다."

곧장 달려가서 만나보고는 같은 소리로 찬탄했습니다.

"저 나무 신이 당신의 덕을 칭찬하고, 우러러 겸손한 마음으로써 그 내력을 이야기하면서 장자님을 찬탄했기 때문에 일부러 와서 간청하오니, 팔관재법을 가르쳐 주십시오."

장자는 수레를 멈추고 대답하였습니다.

"그대들이 구하는 것은 크게 좋은 법입니다. 나에게 존귀한 스승이 계시온데, 여래* 또는 중우衆祐*라는 분입니다. 모든 인류를 구제하시는데, 요즈음 기타 숲 외로운 이 돕는 절에 계시니, 여러분들이 직접 찾아뵈십시오."

공경스럽게 대답하고, 예의바르고 엄숙하게 앞으로 나아 가다가 멀리 계시는 부처님을 뵙고, 한량없이 기뻐하는 마음으로 온 몸을 땅에 대고 예배한 뒤 한 쪽에 물러나 앉았다가, 모두 무릎을 꿇고 부처님께 사뢰었습니다.

"처음 집을 떠날 때는 저 세 못에 가서 목욕하고 신선의 도를 구하려 하였사온데, 도중에 나무 신을 만났습니다. 그의 말은 이러이러했습니다. 때문에 부처님께 와서 귀의하오니, 지극한 법을 가르쳐 주십시오."

부처님께서는 그들이 수행하려던 것에 대하여 시로써 말씀하셨습니다.

비록 옷을 벗고 머리를 깎고
오랫동안 풀 옷을 입고
목욕하고 돌 위에 앉아도
맺힌 의심을 어이하는가?

매질하여 죽이고 불지르지 않고
또한 이기기를 구하지 않고
인자한 마음으로 온 세상 사랑하면
어딜 가든지 원망함 없느니라.

오백 명의 범지들은 위의 시를 듣고 기뻐하며 스님이 되어 모두 아라한 도를 얻었고, 미음의 친척들도 모두 법 눈을 얻었습니다.

다른 사람들이 부처님께 사뢰었습니다.

"저 오백 명 새로 된 스님들과 또 저 장자들은 본래 어떤 덕행을 쌓았기에 저렇게 빨리 도를 얻습니까?"

"오랜 옛날, 이 세상에 카샤파라는 부처님께서 제자들을 위해 설법하고 계셨는데 그 설법은 아래와 같았느니라.

'장차 다섯 가지가 흐린 세상*이 올 때 범지와 장자 천 명이 꼭 같이 이렇게 말할 것이다.' '우리들로 하여금 석가모니 부처님을 만날 수 있도록 해주십시오.'

그 때 범지들은 지금 새로 스님이 된 이들이고, 그때 그 장자들은 지금 미음 장자의 권속들이다. 이러한 인연이 있기 때문에 이들은 나를 만나서 바로 깨달은 것이니라."

비구들은 기뻐하며 절하고 받들어 실행했습니다.

3권

어리석은 사람은 탐욕으로써
스스로를 묶어
저 언덕으로 건너가지 못한다
탐욕으로써 재물을 사랑하는 까닭에
다른 사람 해치고 스스로를 해친다

노모품老耗品

낡은 수레를 버리듯

옛날 부처님께서 슈라바스티의 기타 숲 외로운 이 돕는 절에 계시던 어느 때, 공양을 마친 뒤에 하늘 사람과 임금과 벼슬아치와 백성과 네 부류의 제자*들을 위하여 감로법을 말씀하셨습니다.

그 때에 멀리서 바라문* 장로* 일곱 사람이 부처님께 와서 머리를 땅에 대어 예배하고 합장한 채로 사뢰었습니다.

"저희들은 멀리서 부처님의 거룩한 교화를 듣고, 벌써 귀의하려 하였사오나, 여러 가지 장애가 많아, 이제야 거룩한 모습을 뵈옵게 되었나이다. 제자가 되어 온갖 괴로움에서 벗어나기를 원하옵니다."

부처님께서는 곧 받아들여 모두 스님을 만드시고, 그들 전부를 한 방에 있게 하였습니다. 이 일곱 사람들이 부처님을 뵈옵고 이내 도를 얻었지만, 그러나 모든 것이 덧없음을 생각하지 않고, 다만 방안에 함께 앉아, 세상일을 생각하면서 수군대며 크게 웃기도 하고, 성공과 패배를 헤아리지 않았습니다. 목숨은 하루하루 줄어져, 사람과 함께 기약하지 못하는데, 다만 기뻐하고 웃기만 하니 뜻이 세 세상에 대해서 헷갈렸습니다.

부처님께서는 세 가지 밝은 지혜로써 그들의 수명이 다된 것을 보시고 가엾이 여겨 선정에서 일어나 그 방에 가셔서 그들에게 말씀하셨습니다.

"그대들은 도를 닦아 세상을 구제해야 하거늘, 왜 수군대고 웃기만 하느냐? 모든 중생들은 다섯 가지 일로써 스스로를 믿는다. 어떠한 것이 다섯 가지인가? 첫째는 젊음을 믿고, 둘째는 단정한 용모를 믿고, 셋째는 많은 힘을 믿고, 넷째는 재물을 믿고, 다섯째는 고귀한 성씨를 믿는다. 너희들 일곱 사람은 수군대기도 하고 웃기도 하는데 무엇을 믿는가?"

그 때에 부처님께서는 시로써 말씀하셨습니다.

무엇을 기뻐하고 무엇을 웃느냐?
생각은 언제나 잡다하게 일어나는 것,
깊은 어둠에 갇힌 너희들
정定을 구함과 같은 것 없느니라.

이 몸뚱이 보고 완전하다 하여
그것을 의지하여 편안하다 하느냐?
많은 생각은 병을 부르나니
어찌 진실이 아님을 알겠느냐.

늙으면 이 몸은 쇠약해지고
병들어 몸은 꺼칠꺼칠하고
피부는 늘어나고 살이 쭈글쭈글하면
죽음의 수명이 가까이서 재촉하느니라.

몸이 죽으면 정신이 떠나나니
마치 낡은 수레 버림과 같아서
살은 문드러지고 뼈는 흩어지나니
그 몸을 어떻게 믿을 것인가?

부처님께서 시를 끝내시자, 일곱 스님들은 마음으로 이해하고 욕망이 그쳐, 곧 부처님 앞에서 아라한의 도를 이루었습니다.

네 가지 일

옛날 부처님께서 슈라바스티의 기타 숲 외로운 이 돕는 절에 계시던 어느 때, 열 명의 하늘 사람과 임금을 위하여 설법하고 계셨습니다.

그 때에 바라문 마을에 오백 여 가구가 있었고, 오백 명 젊은 바라문이 바라문의 술법을 배워 익히고 있었습니다.

그들은 사람됨이 교만하여 어른을 공경하지 않고 잘난 체하며 스스로를 뽐내는 것이 예사였습니다. 오백 범지들은 모여 의논하였습니다.

"사문 고타마는 스스로 부처가 되었다 일컫고, 세 가지 방편의 지혜를 통달하여 감히 함께 토론할 사람이 없다니, 우리들이 함께 그를 초청하여 공양을 베풀고 오거든 토론하고 토의할 것을 요청하여, 사사건건 따지고 물으면 그가 어떠한가를 알 것이다."

그들은 곧 음식을 준비해 두고 가서 부처님을 초청했습니다.

부처님께서는 제자들과 함께 그 범지 마을에 가서 자리에 앉아 돌리는 물과 공양을 받아 공양을 마치고 손을 씻었습니다.

그 때에 어떤 장로 부부가 그 마을에 와서 구걸하며 다녔습니다. 부처님께서는 그들이 본래는 견줄 데 없는 큰 부자였고, 또 대신이었던 것을 아시고 젊은 범지들에게 물었습니다.

"너희들은 저 장로 바라문을 아느냐?"

"오래 전부터 압니다."

"본래에 어떠한 이들이었는가?"

"본래 대신이었고 헤아릴 수 없는 재산가였습니다."

"그런데 지금 왜 저렇게 구걸하고 다니는가?"

"재산을 제대로 관리하지 못했기 때문에 저렇게 가난하게 되었습니다."

부처님께서 바라문들에게 말씀하셨습니다.

"세상에 네 가지 일이 있는데, 사람들이 잘 실행하지 못하느니라. 만일 그대로 실행한다면 복을 얻어 저렇게 가난하지 아니할 것이다. 무엇이 네 가지인가? 첫째는 나이가 젊고 힘이 세면서도 행동을 조심하며 교만함이 없는 것이고, 둘째는 나이가 많으면서도 노력하고 음탕하지 아니함이고, 셋째는 재물이 있으면서 항상 보시하는 것이고, 넷째는 스승을 모시고 공부하면서 바른 말을 듣는 것이다. 저들과 같은 노인네들은 네 가지 일을 실행하지 않고, 모든 것을 '항상 있다.' 고 생각하며, 성공과 실패를 생각하지 않았기 때문에, 하루아침에

흩어지고 없어졌다. 마치 늙은 따오기가 고기가 없는 못을 아무리 지키고 있어도 끝까지 고기 한 마리 잡을 수 없는 것과 같으니라."

부처님께서는 다시 시로써 말씀하셨습니다.

밤낮으로 게으르고
늙어서도 여자를 밝히고
재물이 있어도 보시하지 않고
부처의 말 듣지 않는 등
이 네 가지 폐단이 있으면
스스로를 해치고 속이게 되느니라.

아아! 어느새 늙음이 와서
얼굴이 변하고 노망을 부리나니,
젊을 땐 뜻대로 되다가도
늙어서는 뒤쳐지느니라.

깨끗한 행실 익히지 않고
재물 또한 많지 못하면

마치 늙은 따오기가
빈 못을 지킴과 같으니라.

이미 계율을 지키지 않고
모아둔 재물도 없이
늙다리 되어 기운도 없다면
옛 일을 생각한들 어이 미치랴.

늙음은 가을의 나뭇잎 같고
행실은 더러워 누더기 같아
어느새 목숨을 놓친 뒤에
아무리 뉘우쳐도 용서가 없네.

부처님께서 범지들에게 말씀하셨습니다.

"세상에는 네 번의 시기가 있다. 시기에 맞게 도를 수행하면 복을 얻고 제도되어 온갖 괴로움을 면할 수 있다. 첫째는 젊어서 기운이 왕성할 때며, 둘째는 부유하고 고귀하며 재산이 있을 때며, 셋째는 삼존三尊의 좋은 복 밭을 만난 때며, 넷째는 만물을 생각하되 여의고 흩어짐을 근심하는 때다. 이 네 때에 도를 수행하면 소원을 이루어 반드시 도의 자취를 얻을 것이다."

그 때에 부처님께서 다시 시로써 말씀하셨습니다.

목숨은 밤낮으로 다하려 하니
때를 놓치지 말고 부지런히 힘써라.
세상은 진실로 항상 한 것 아니니
헷갈려 어둠 속에 떨어지지 말라.

공부함에 당하여 마음의 등불 밝히고
스스로 익히고 지혜를 구하여
번뇌를 여의고 물들거나 더럽혀지지 말라.
등불 잡고 도의 땅을 살펴라.

부처님께서 위의 시를 말씀하신 뒤 큰 광명을 놓아 온 천지를 다 비췄습니다. 오백 명 젊은 바라문들은 마음으로써 부처님의 설법 내용을 알자, 온 몸의 털이 곤두섰고, 모두 일어나 부처님께 예배하고 사뢰었습니다.

"부처님께 귀의하옵니다. 제자로 받아 주시기를 소원하옵니다."

"잘 왔구나, 비구들아."

부처님께서 이렇게 말씀하시자 그들은 곧 스님이 되었고 바로 아라한이 되었습니다. 또 마을 사람들도 노소가 다 도의 자취를 얻어 기뻐하지 아니한 사람이 없었습니다.

애신품愛身品

법을 아낀 과보

옛날에 다마라라는 나라의 성 칠 리 밖에 절이 있었고, 그 절에는 오백 명의 스님들이 수행하고 있었습니다. 그 가운데 마하로라는 늙은 스님은 매우 둔하여, 오백 스님들이 돌아가며 가르쳤지만 여러 해 동안에 시 한 수도 외우지 못했습니다. 여러 사람들은 그를 업신여겨 같이 어울리지도 않았고, 항상 절을 지키고 청소를 하도록 하였습니다. 어느 때 그 나라 국왕이 도인들을 초청하여 궁중에서 공양을 대접하였으나 마하로는 그 공양에 초청 받지 못하고 혼자 절을 지키며 중얼거렸습니다.

'나는 이처럼 우둔하게 태어나 한 수의 시도 외우지 못하여 다른 사람들에게 천대를 받으니 살아서 무엇을 하겠는가?'

그는 곧 노끈을 가지고 뒷산 큰 나무 밑에 가서, 목매어 자살하려고 했습니다. 그 때 부처님께서는 도의 눈으로 먼 곳에서 그것을 보시고, 나무 신으로 변화하되 상반신만 사람 몸을 나타내어 그를 나무라는 말씀을 하셨습니다.

"애달픕니다. 스님. 왜 그런 짓을 하십니까?"

마하로는 곧 자기 마음속의 괴로움을 하소연하였습니다.

나무 신은 다시 말하였습니다.

"하시려는 일을 멈추고 우선 제 말을 들으십시오. 과거 카아샤파 부처님 때, 스님은 삼장三藏* 스님이 되어 오백 명의 제자를 가르치고 있으면서, 스스로 지혜가 많다고 뽐내며 사람들을 업신여겼고, 여러 경전의 이치를 조금씩 아끼면서 완전히 가르치지 않았습니다. 그 업보로 세상에 날 때마다 모든 감각기관이 우둔하게 된 것이니, 과거의 자신을 나무랄 뿐. 왜 지금의 몸을 해치려 합니까?"

그 때에 세존께서 신령스런 광명의 모습을 나타내시고 시로써 말씀하셨습니다.

스스로 몸을 사랑하는 이
삼가 보호하고 지킬 것이니라.
탐욕에서 해방되기 바란다면
정법을 배워서 어두워지지 말라.

몸은 제일이 되나니
항상 스스로 힘써 배우고
사람 가르쳐 이롭게 하되
게으르지 않으면 지혜를 얻느니라.

먼저 스스로를 바르게 하는 것을 배우고
그런 뒤에 사람들을 바르게 하라.
몸을 조정하여 지혜에 들어가면
반드시 위의 과위에 옮아가느니라.

자기 몸을 이롭게 하지 못하고
어떻게 다른 사람 이롭게 하겠는가?
마음이 조정되고 몸이 바르게 되면
어떠한 소원인들 이루지 못할까?

본래 내가 지은 것은
뒤의 내가 스스로 받느니라.
나쁘다가 스스로를 고치면
금강석이 구슬을 뚫는 것 같으니라.

마하로는 부처님께서 몸소 광명을 나타내시는 모습을 보고, 슬픔 속에서 기쁨에 젖고 송구스러워, 머리를 땅에 대어 절하며, 시의 뜻을 생각하며 곧 선정에 들었다가, 바로 부처님 앞에서 아라한 도를 얻었습니다. 스스로 지난 세상에 지은 업을 아는 신통으로 헤아릴 수 없는 세상의 일과, 삼장의 모든 경전 내용도 곧 꿰뚫어 알았습니다.

부처님께서 마하로에게 말씀하셨습니다.

"가사를 입고 바루를 가시고 왕궁에 가서 공양을 반아라. 그 때 오백 명 도인보다 상좌에 앉아라. 그들은 모두 전생에 너의 오백 제자였다. 네가 설법하여 그들이 모두 도의 자취를 얻게 하고, 또 국왕이 죄와 복이 있다는 것을 확실히 믿게 하여라."

그는 부처님의 분부를 받들고, 곧 궁중에 들어가 상좌에 앉자, 여러 사람들은 마음속으로 성내고 그 이유를 괴이히 여겼으나 왕의 뜻을 생각하고 각기 감히 성내거나 꾸짖지 못하고, 그 어리석음이 시주의 뜻에 통하지 못할 것을 염려하여 마음이 괴로웠습니다.

왕은 음식을 차려 놓고 직접 음식을 돌려 대접하였습니다. 공양을 마치고 마하로는 곧 그들을 위해 설법하였습니다. 그 음성은 우레같이 울렸고 설법하는 말이 비처럼 쏟아졌습니다. 그 자리의 도인들은 모두 놀라며 스스로 뉘우쳐 아라한의 도를 얻었으며 그의 설법을 왕은 모두 이해하였고, 신하들과 관리들도 모두 스로타판나의 도를 얻었습니다.

익은 열매는 떨어진다

옛날 부처님께서 슈라바스티에 계실 때, 오백 명 바라문들은 항상 기회를 틈타 부처님을 비방하려 하였습니다.

부처님께서는 세 가지 밝은 지혜로 그들의 마음을 아시고 그들을 불쌍히 여겨 제도하려 하셨습니다.

'과보가 아직 익지 않고, 인연이 아직 이르지 아니해도 일체의 죄와 복이 이르려 할 때에는 스스로가 인연을 만들어 죄와 복을 맞이한다. 이 모든 범지들은 지난 세상에 작은 복이 있으니 반드시 제도될 것이다. 복덕이 그것을 이끌어 스스로가 방편을 만들 것이다.'

오백 범지들은 함께 의논하였습니다.

"도살업자를 시켜 짐승을 잡아 음식을 장만해 놓도록 하고 부처님과 모든 스님들을 초청하자. 부처님은 반드시 초청을 받을 것이고, 도살업자의 공덕을 찬탄할 것이다. 우리들이 문득 그 앞에서 함께 그를 헐뜯자."

그 때 도살업자가 그들을 위하여 부처님을 초청했습니다.

부처님께서는 곧 초청을 수락하시고 말씀하셨습니다.

"과일은 익으면 저절로 떨어지고, 복이 익으면 저절로 제도되느니라."

도살업자는 귀가하여 음식을 준비하였습니다.

부처님께서는 제자들을 이끌고 도살업자의 마을에 가셔서 시주의 집에 도착하시자, 범지들은 늙었거나 젊었거나 모두 기뻐하며 말했습니다.

"오늘에야 부처를 욕 뵐 짬을 얻었구나. 만일 부처가 시주의 복덕을 찬탄하면, 우리는 도살업자가 지금까지 살생하여 죄를 지었다는 것을 힐난하고, 만일 부처가 도살업자의 지금까지 살생한 죄를 말하면, 우리는 그가 오늘 지은 복을 들어 힐난하자! 이 두 가지 방법으로 오늘 부처를 욕보일 기회를 얻었다."

부처님께서 도착하셔서, 곧 자리에 앉으시고 물을 돌리고 음식이 나누어졌습니다. 이에 세존께서 여러 사람들의 마음을 관찰하시니, 반드시 제도될 사람이었기 때문에, 곧 혀로 얼굴을 덮고 귀를 핥았으며, 큰 광명을 놓아 한 성 안을 비추고, 곧 낭랑한 음성으로써 시를 말씀하시며, 축원하셨습니다.

거룩한 성인의 가르침은
도로써 몸을 살리는 것이네.
어리석은 이 그것을 질투하며
보고서도 악한 것이라 하네.

악을 행하면 악한 열매 얻나니
쓴 열매를 심은 것 같아
악하면 저절로 죄를 받고
착하면 저절로 복을 받네.

또 죄와 복은 반드시 익어
그 누구도 서로 대신할 수 없네.
착함을 익히면 좋은 것 얻나니
단 열매 심은 것과 같네.

부처님께서 위의 시를 끝내시자, 오백 범지들은 마음이 저절로 열려 이해하고, 곧 부처님 앞에 온 몸으로써 절하고 손을 맞잡은 채로 부처님께 사뢰었습니다.

"완악하고 어리석어 아직 성인의 가르침을 통달하지 못하고 미치지도 못했사오니, 가엾이 여기셔서 스님이 되도록 허락하여 주시기 원하옵니다."

부처님께서는 곧 그들을 제자로 받아 주셨고, 마을 사람들은 부처님의 신통을 보고 모두 기뻐하지 않는 이가 없었으며, 또 도의 자취를 얻었으니 이들을 어질고 거룩하다고 일컬으며, 이후부터 다시는 도살업자라는 이름이 없어졌습니다.

부처님께서는 공양을 마치시고 곧 정사로 돌아가셨습니다.

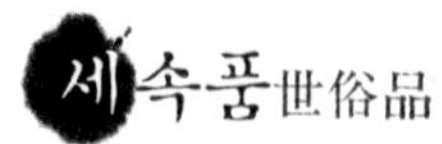

끝없는 탐욕

옛날 바라문의 나라가 있었는데, 왕의 이름은 다미사였고, 이 임금은 구십육 종류의 이교도*를 섬겼습니다.

하루는 갑자기 착한 마음을 내어, 크게 보시를 하려고 작정했습니다. 바라문의 법대로 일곱 가지 보배를 산처럼 쌓아놓고, 그것을 보시하되 구걸하려 오는 사람이 있으면 한 움큼씩 가져가게 하였습니다. 이렇게 여러 날을 보시하였지만 보물더미는 줄어들지 않았습니다.

부처님께서는 그 왕이 전생에 복을 지었기 때문에 제도하기에 알맞은 때임을 아시고 범지로 변화하여 그 나라에 가셨습니다. 왕이 나와서 서로 절한 뒤에 안부를 묻고 말하였습니다.

"무엇을 구하는지 스스로 의심하거나 어려워 마시오."

"저는 멀리서 왔는데, 보물을 얻어 집칸이나 지으려 합니다."

"매우 훌륭하십니다. 한 움큼 집어 가십시오."

범지는 한 움큼을 집어서 일곱 걸음쯤 가다가 돌아와 보물을 원래 있던 곳에 가져다 두었습니다.

왕은 물었습니다.

"왜 가지고 가지 않습니까?"

"이것으로는 겨우 집 정도를 지을 수 있을 뿐입니다. 장가갈 비용이 모자랍니다. 그래서 가지고 가지 않겠습니다."

"그러면 세 움큼 정도를 가지고 가십시오."

범지는 보물을 세 움큼 집어 일곱 걸음쯤 가다가 돌아와 원래 있던 곳에 두었습니다.

"왜 또 그렇게 하십니까?"

"이것으로써 장가는 갈 수 있어도, 논과 종과 소와 말을 살 수 없어, 다시 계산해 보니 모자랍니다. 그래서 그만 두려합니다."

"그러면 일곱 움큼 정도를 가져가십시오."

범지는 일곱 걸음쯤 가다가 다시 보물을 원래 있던 곳에 가져다 두었습니다.

"다시 무슨 뜻이 있습니까?"

"만일 아들이나 딸을 낳으면 그들을 시집장가 보내는 등, 길흉사에 쓸 비용이 모자랍니다. 그 때문에 가지고 가지 않겠습니다."

"그렇다면 이 보물을 다 가지고 가서 사용하십시오."

범지는 그 보물을 받았다가 도로 그 자리에 두고 갔습니다.

왕은 매우 괴상하게 여겨 그 뜻하는 까닭을 거듭 물었습니다.

범지는 이렇게 대답했습니다.

"원래 구걸을 온 목적은 생활하는데 쓰려고 한 것입니다. 그러나 사람의 목숨을 생각해보면 세상에 얼마나 삽니까? 만물은 덧없어 아침에서 저녁까지의 보존도 어렵습니다. 인연이 거듭됨에 따라 근심과 괴로움이 깊어 갑니다. 보물을 산처럼 쌓아 둔들 저의 몸에 무슨 이익이 있겠습니까? 탐욕으로 일을 꾀하면 부질없이 스스로 괴로울 뿐이니, 차라리 마음을 쉬고 다함없는 도를 구하는 것과 같지 못할 것입니다. 그러므로 가지고 가지 않습니다."

왕은 뜻이 열려 이해하고 말했습니다.

"밝은 가르침을 원합니다."

부처님께서는 바로 부처님 상호를 나타내시고 광명을 내비치며 허공으로 솟구쳐 시로써 말씀하셨습니다.

비록 쌓아 둔 보물

아스라이 하늘에 닿게
이와 같이 온 세상 채워도
도의 자취 보는 것만은 못하답니다.

착하지 못하면서 착한 체하고
애욕이 있으면서 없는 체하고
괴로움으로써 즐거운 체하는 것
미친놈도 싫어한답니다.

이 때 왕은 부처님의 광명과 상호가 하늘과 땅에 두루 비춤을 보고, 시를 듣고는 기쁨에 들떴더니, 왕과 신하들은 다섯 가지 계율을 받고 스로타판나의 도를 얻었습니다.

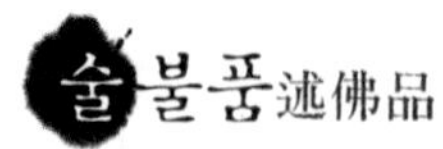

부처님의 첫 법어

옛날 부처님께서 마가다국*의 경계에 위치한 선승도량善勝道場*의 원길수元吉樹* 밑에 계시면서, 덕의 힘으로써 악마들을 항복 받고 앉아 스스로 생각하셨습니다.

'감로법의 북소리가 삼천대천세계*에 들린다. 옛날 부왕께서 다섯 사람을 보내어 깨와 쌀을 공급하고 시중을 들게 하셨으니, 그들의 수고가 많았다. 그 공을 갚는 것이 당연하다. 그 다섯 사람은 지금 바라나시에 있다.'

부처님께서는 나무 아래서 일어나시니 그 상호相好*가 장엄한 모습은 천지를 밝게 비췄고 그 신령스러운 위엄은 천지를 진동시켰습니다. 그것을 보는 사람은 모두 기뻐하고 즐거워하였습니다.

부처님께서 바라나시로 가시다가 길에서 우호憂呼라는 범지를 만났습니다. 그는 부모를 하직하고 집을 떠나 스승을 구하여 도를 배우려 했습니다. 그는 부처님의 거룩하고 오묘한 모습을 바라보고, 놀라움과 기쁨이 뒤섞여 길 한 쪽으로 피하며 듬직한 소리로 찬탄하였습니다.

"위엄과 신령스러움은 사람을 감동시키고, 거룩한 거동은 특별하게 뛰어나십니다. 본래 어떤 스승을 모셨기에 그러한 용모를 얻었습니까?"

부처님께서는 우호를 위하여 시로써 말씀하셨습니다.

여덟 가지 바른 길* 깨달아 스스로 얻었네.
여읨도 없고 물들 것도 없네.
애욕은 다하고 욕망의 그물 찢어 버렸네.
자연이 스승에게 배움을 받은 것 없네.

나의 수행에는 스승의 보호함 없었네.
뜻함이 독특하여 반려할 이 없었네.
한 가지를 쌓아 부처가 되었네.
이런 이를 따르면 거룩한 도를 통달한다네.

우호는 부처님의 시를 들었으나 멍청하여 이해하지 못하고,

곧 세존에게 물었습니다.

"고타마께서는 어디로 가십니까?"

"나는 바라나시로 가서 감로법의 북을 쳐서 위없는 법륜*을 펴려고 하노라. 이 세 세계의 어떤 성인도 나와 같이 사람들을 가르쳐 열반에 들어가게 할 이는 없다."

우호는 매우 기뻐하며 말했습니다.

"장하시고 훌륭하십니다. 부처님 말씀과 같이 감로법을 들리도록 설법하여 주시기 원하옵니다."

범지는 반절하고 곧 부처님을 지나쳐 가버렸습니다. 그는 스승의 처소에 이르기 전 길에서 노숙하다가 밤중에 갑자기 숨을 거두었습니다.

부처님께서는 도의 눈으로써 그의 주검을 보시고 불쌍히 여기시며, 말씀하셨습니다.

"세상에 미련한 이들은 생명이 항상한다고 말하며, 부처를 보고도 버리고 가더니 임종하는 이도 없이 객사했구나. 법북이 울렸으나 혼자 듣지 못했고, 감로법이 일체의 괴로움을 없애건만 저 혼자 보지 못했네. 이리저리 다섯 갈래의 나고 죽음이 더욱 길어질 테니 여러 겁을 지낸 들 어느 때 제도됨을 얻는단 말인가?"

부처님께서 자비로써 불쌍히 여기시고 시로써 말씀하셨습니다.

진리를 보고 마음이 깨끗하면 더러움 없네.
이미 다섯 갈래의 깊은 못 건너네.
부처가 탄생하여 세간을 비춤
중생의 근심과 괴로움 없애기 위함이네.

사람으로 태어나기 어렵고
난 사람 오래 살기 어렵고
세간에 부처 있기 어렵고
불법을 듣기는 더욱 어렵고.

부처님께서 위의 시를 말씀하셨을 때, 공중에 있던 오백 명의 하늘 사람들이 시를 듣고 모두 기뻐하더니 모두가 스로타판나의 도를 얻었습니다.

최상의 길상

옛날에 라자그리하 남쪽 사천 리쯤에 나라가 있었고, 범지를 받들고 섬기는 사람 몇 천 명이 있었습니다.

어느 때에 그 나라에 삼 년 동안 비가 오지 않는 극심한 가뭄이 닥쳐, 신神이라는 신에게는 모두 기우제를 지냈지만 효험이 없자, 왕이 범지에게 그 까닭을 물었습니다.

"저희들의 재계齋戒는 마쳤사오니, 반드시 사람을 범천에게 보내어 이 재앙의 이변을 물어 보아야 하겠습니다."

"대단히 좋은 생각입니다. 재계를 지내는데 필요한 물품을 말씀하십시오."

여러 범지들이 의논하더니 말했습니다.

"반드시 땔감 이십 수레 · 우유 · 꿀 · 기름 · 꽃 · 향 · 번(장엄구의 깃발) · 개(장엄구 일종인 지금의 파라솔 같은 것) · 금 · 은 · 제기 등이 필요합니다."

왕이 즉시 명령하여 준비하여 주었습니다.

범지들은 성 밖으로 나가 칠 리 쯤 되는 넓은 평지에 제단을 마련하고 섶과 제물을 차리니 산과 같았습니다.

그들은 서로 목숨을 아끼지 않는 이를 추천하되 삶을 마치고 범천에 날 일곱 사람을 뽑아, 반드시 불에 들어가 타면 범천에 태어난다고 권장하였습니다. 일곱 사람이 제물을 받고 주문과 소원을 끝내자 그들로 하여금 쌓은 섶 위에 올라가게 해놓고 밑에서 불을 지르니 이들은 타서 죽을 수밖에 없었습니다. 연기가 사방에 자욱하고 불길이 거세어 바로 일곱 사람에 닿자 일곱 사람은 당황하고 두려워했으나 구원해 줄 사람이 없었습니다. 그들은 소리 높여 외쳤습니다.

"세 세계에서 크게 중생을 사랑하시고 불쌍히 여기시고 액난에 있는 저희들을 생각해 주셔서 구원해 주실 분이 계시다면 저희들의 귀의를 받아 주소서."

부처님께서 멀리 계셨으나 이 처참한 상황을 아시고 소리가 난 곳을 찾아가 구원해 주셨습니다.

허공에서 서른두 가지 거룩한 모습을 드러내시니, 일곱 사람이 부처님을 뵙고 슬픔과 기쁨이 교차되는 가운데 기쁨에 넘쳐 뛰면서 말했습니다.

"저희들 스스로 귀의하오니, 오직 저희들을 이 뜨거움에서 구원해 주십시오."

부처님께서 시로써 말씀하셨다.

많은 이가 스스로 귀의하지만
산이나 물이나 나무신에 귀의하고,
동상이나 그림을 세우고 안치한 채
사당에 빌어 복을 구하네.

스스로 귀의함 이와 같으나
길하지 않고 최상도 아니다.
저들도 보지 못하면서
너희들 뭇 고통 건넌다 하는구나.

만일 스스로 귀의할 수만 있다면
부처와 법과 화합한 스님들과
도덕과 네 가지 진리에 하라.
반드시 바른 지혜 보느니라.

나고 죽음은 가장 큰 괴로움
네 가지 진리 따르면 제도됨 얻어
세상의 여덟 가지 어려움 건너나니
이렇게 해야 뭇 고통 없애느니라.

스스로 세 가지 높음에 귀의하라
가장 길하고 가장 위이니
오직 홀로 이것이 있어
일체의 괴로움 건너게 하느니라.

부처님께서 시를 마치시니 맹렬한 불길은 사그라들고, 일곱 사람이 편안함을 얻어 마음으로 기뻐함이 다함없었고, 범지들의 나라 사람들은 놀라고 두려워하며 우러르지 않는 사람이 없었습니다. 세존의 광명과 상호가 뚜렷이 빛나더니 몸을 나타내시고 그 몸을 흩으셔서 동쪽에서 자취를 감추셨다가 서쪽에 나타나 보이시다가 없어졌다 하시고, 몸에서 물과 불이 한꺼번에 뿜어지고, 다섯 가지 빛이 휘황찬란하셨습니다.

뭇 사람들이 이 광경을 보고 온 몸을 던져 절하더니, 스스로 귀의하였습니다.

이 때에 일곱 사람이 섶 더미에서 내려와 슬픔과 기쁨이 교차되는 감정을 시로써 말했습니다.

성인을 뵈오니 상쾌합니다.
의탁함을 얻었으니 상쾌합니다.

어리석은 사람과 헤어져 상쾌합니다.
착하게 되어 독립했으니 상쾌합니다.

바른 견해 지키니 상쾌합니다.
설법하심 들으니 상쾌합니다.
사람과 다툼 없어 상쾌합니다.
계율이 항상하니 상쾌합니다.
성인들과 함께 살게 해 주셔서 상쾌합니다.

새로운 모임을 친히 함과 같고
어질고 지혜로운 이 가까이하고
다문한 이들과 함께하니 도덕이 높고 큽니다.

이에 일곱 사람이 위의 시를 끝내고, 그리고 모든 범지들과 제자가 되기를 소원하자, 부처님께서 그들을 받아들여 모두 스님을 만드니, 그들은 모두 아라한이 되었으며 국왕과 신하와 백성들이 다 각각 도를 닦으니, 하늘에서 곧 바로 큰 비가 내리며 나라는 풍년들고 백성은 편안하며, 도덕으로써 교화함이 왕성하게 일어나니 즐거워하는 소리가 들리지 않는 곳이 없도록 행복했습니다.

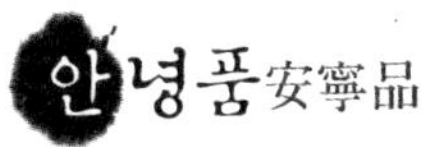

나의 삶은 편안하다

옛날 부처님께서 라자그리하 성에 계실 때, 그 성 동쪽 삼백 리 밖에 오백 여 가구가 사는 산골 마을이 있었습니다. 그 곳 사람들은 성격이 억세고 행동이 거칠었으므로, 이끌어 교화시키기가 어려웠으나 그러나 전생에 지은 복과 서원이 제도를 받을 만 하였습니다.

부처님께서는 스님으로 변신하여 그 마을에 가셔서 걸식하셨습니다. 걸식을 마치고 마을 밖으로 나와 어떤 나무 밑에 앉아 열반삼매涅槃三昧에 드셨습니다. 이레 동안 숨도 쉬지 않고 기침도 않고 움직이지도 않고 몸을 뒤척이지도 않으셨습니다.

마을 사람들은 그것을 보고 '숨을 거두었다.' 고 생각하고 함께 서로 상의했습니다.

"이 스님은 이미 숨을 거두었다. 우리는 장례를 치러야 한다."

그들은 각기 섶과 나무를 가지고 와서 쌓아 놓고 불을 질렀습니다. 섶과 나무가 다 타고 불이 꺼지자 부처님께서는 자리에서 일어나 신통변화를 나타 내셨습니다. 광명이 사방을 비춰 시방세계를 진동시켰습니다. 신통을 거두시고 다시 나무 밑에 앉아 계시는데 몸은 안정하고 기쁨을 머금은 얼굴이 본래의 모습과 같았습니다. 마을 사람들은 모두 놀라고 두려워하지 않는 사람이 없었더니, 머리 숙여 사죄하며 사뢰었습니다.

"산골 사람들이라 저희들은 완악하고 미련합니다. 신인神人을 몰라 뵙고 함부로 섶을 쌓아 불을 붙였사온데 타지 않으셨습니다. 저희들이 지은 죄가 태산보다 무거운 것으로 생각합니다. 오직 자비를 드리우셔서 용서하시고 허물하시지 않기를 바라옵니다. 참으로 의심스럽습니다. 신인께서는 혹 다치시거나, 장차 근심할 상처가 없습니까? 또 배고프거나 목마르거나 고통스럽지 않습니까?"

그 때 부처님께서는 부드러운 얼굴로 빙그레 웃으시며 시로써 말씀하셨습니다.

나의 삶은 이미 편안하여
원한도 성냄도 없네.

뭇 사람에겐 원망이 있지만
내 수행에는 원망함이 없노라.

나의 삶은 이미 편안하여
병이 있어도 병을 앓지 않는다네.
뭇 사람에게 병이 있지만
내 수행에는 병이 없노라.

나의 삶은 이미 편안하여
근심도 걱정도 하지 않는다네.
뭇 사람에게 근심이 있지만
내 수행에는 근심이란 없노라.

나의 삶은 이미 편안하여
청정하고 조작함이 없다네.
즐거움으로써 음식을 삼았으니
광음천光音天* 사람과 같노라.

나의 삶은 이미 편안하여

마음이 편안하고 일이 없다네.
온 나라가 불에 탄다 해도
내 몸은 결코 태울 수 없노라.

그 마을의 오백 사람들은 위의 시를 듣고, 모두 스님이 되어 다 아라한의 도를 얻었고, 마을 사람들은 남녀노소가 모두 삼보를 믿었습니다. 부처님께서는 오백 아라한들과 함께 날아서 기타 숲 외로운 이 돕는 절에 돌아오셨습니다.

현자 아난다는 부처님께서 도를 얻은 그들과 함께 오시는 것을 보고, 부처님 앞에 나아가 사뢰었습니다.

"저들은 어떤 특별한 공덕이 있었기에 부처님께서 직접 제도하셨습니까?"

"내가 아직 이 세상에 내려와 부처가 되기 전이었다. 이 세상에 프라데카 부처가 있었으며, 항상 산에 살고 있었다. 그는 마을에서 멀지 않은 어떤 나무 밑에서 열반에 들려고 하더니, 신통을 나타내고 갑자기 열반에 들었다. 마을 사람들은 섶을 준비하여 그를 화장하여 사리를 수습하고 보배병에 넣어 산꼭대기에 묻어두고 각각 발원하였다.

'저희들도 다음 세상에 도를 얻어 이 스님처럼 편안하게 열

반에 들어가기를 원하옵니다.'

이 서원과 복덕으로 인하여 반드시 도를 얻을 것이라 생각하고, 내가 친히 제도한 것이다."

부처님께서 이렇게 말씀하실 때 헤아릴 수 없는 하늘 사람들이 도의 자취를 얻었습니다.

고통의 그릇

옛날에 부처님께서 슈라바스티의 기타 숲 외로운 이 돕는 절에 계셨습니다.

그 때에 네 명의 스님이 나무 아래에 앉아서 함께 서로 말했습니다.

"일체 세상에서 무엇이 가장 괴로운가?"

한 스님이 말했습니다.

"세상에서 괴로움 가운데 성욕을 참는 것보다 더 큰 괴로운 것은 없다."

또 한 스님이 말했습니다.

"이 세상에서 괴로움 가운데 성냄을 참는 것보다 더 큰 괴로운 것은 없다."

또 다른 스님이 말했습니다.

"이 세상에서 괴로움 가운데 놀라거나 두려움보다 더 큰 괴로운 것은 없다."

이와 같이 괴로움의 뜻을 두고 갑론을박을 그치지 않았습니다.

부처님께서 그것을 아시고 그곳으로 가서 그 스님들께 물으셨습니다.

"무슨 일로 언쟁이냐?"

그들은 일어나 예배하고 지금까지 논쟁하던 것을 자세히 사뢰었습니다.

부처님께서 말씀하셨습니다.

"너희들은 아직도 괴로움의 뜻을 끝까지 모르는구나. 이 세상에서 몸보다 더 괴로운 존재는 없느니라. 배고프고 목마른 것과 추위와 더위, 미워하고 성내는 것, 놀라고 두려워하는 것, 성욕과 원한 등은 모두 몸이 있기 때문에 생기는 것이다. 대개 몸이란 것은 온갖 괴로움의 근본이며 모든 재앙의 근원이다. 마음을 괴롭히고 애태우며 근심하고 두려워하는 모든 것들과, 세 세계의 곤충들까지 서로 해치는 것과, 우리들을 결박함과 나고 죽음이 그치지 않는 것도 모두 이 몸 때문이니라. 그러므로 이 세상의 온갖 괴로움을 떠나 열반을 구해야 하느니라. 마음을 거두어 다잡고 바른 길을 지켜 경계에 대하여 아무런 생각도 없어야 열반을 얻나니, 이것이 가장 즐거운 것이다."

부처님께서 시로써 말씀하셨습니다.

뜨거움 중에 성욕을 지나는 것 없고
독한 것 중에 성냄을 지나는 것 없고
괴로움 가운데 몸을 지나는 것 없고
즐거움 가운데 열반을 지나는 것 없느니라.

작은 즐거움을 즐거워 할 것 없지만
작은 변재와 작은 지혜로써
큰 열반을 식별하고 구하라.
그제야 비로소 큰 안락 얻느니라.

나는 세상에서 제일 높은 이 되었고

영원히 벗어나 근심이 없다.
정확히 세 세계 중생을 제도하려고
나만이 악마들을 항복 받았느니라.

부처님께서는 위의 시를 끝내시고, 여러 비구들에게 말씀하셨습니다.

"지나간 옛날, 오래고 멀어 헤아릴 수 없는 세상에 다섯 가지 신통을 지닌 스님이 있었으니 이름이 정진력精進力이었다. 그는 어느 산 속의 나무 아래에서 고요하게 도를 닦았다. 그때 네 마리 짐승이 항상 곁에서 두려움 없이 편안히 살았다. 첫째는 비둘기요, 둘째는 까마귀요, 셋째는 독사요, 넷째는 사슴이었다. 이 네 마리 짐승은 낮에는 먹이를 구하려 돌아다니다가 저녁이면 스님 곁으로 돌아와 잠을 잤다. 어느 날 밤, 네 마리 짐승은 저희들끼리 서로 논쟁을 했다.

'이 세상에서 무엇이 제일 괴로운가?'

까마귀는 말했다.

'배고프고 목마른 것이 가장 괴롭다. 배고프고 목이 마르면, 몸이 피로하고 눈이 어둑어둑하여 정신이 어지럽고 편하지 못해, 몸을 그물에 던지고 작살이나 화살을 돌아보지 못한

다. 우리가 몸을 죽이는 것은 모두 그것 때문이다. 그러므로 배고프고 목마른 것이 가장 괴롭다.'

비둘기가 말했다.

'성욕이 가장 괴롭다. 성욕이 불꽃같이 일어날 때에는 돌아보아도 아무 것도 보이지 않는다. 그러므로 몸을 위태롭게 하고 목숨을 잃는 것이 모두 그것 때문이다.'

독사가 말했다.

'성내는 것이 가장 괴롭다. 독한 마음이 한 번 일어나면 친소親疎를 가리지 않고, 남을 죽이기도 하고 나 스스로를 죽이기도 한다.'

사슴이 말했다.

'놀람과 두려움이 가장 괴롭다. 나는 숲 속에 다니면서도 사냥꾼과 늑대와 호랑이 등을 무서워하고 두려워하는데, 어디서 이상한 소리가 나면 곧 내닫다가 구덩이에 빠지고 언덕에서 떨어지기도 하며, 어미와 새끼가 서로 헤어져 애태우고 슬퍼한다. 그러므로 놀람과 두려움이 제일 괴롭다.'

그 스님은 그들의 말을 다 듣고 그들에게 말했다.

'너희들의 논쟁은 끝 가운데 끝이다. 아직 괴로움의 근본을 모르는 말이다. 이 세상에서 괴로움 가운데 가장 큰 괴로움은 몸보다 더 괴로운 것이 없다. 이 몸은 괴로움을 담고 있는 그릇이니, 근심과 두려움은 헤아릴 수 없다. 그러므로 나는 세속을 버리고 도를 공부하되, 나쁜 마음을 없애고 생각을 끊어 이 몸에 탐닉하지 않고, 괴로움의 근본을 끊으려고 오직 열반에 뜻을 두는 것이다. 열반의 도는 아주 고요하고 사라져 형상이 없는 것이니, 근심과 걱정이 영원히 끝나야 비로소 큰 안락을 얻는 것이다.'

네 마리 짐승은 이 말을 듣고, 곧 마음이 열렸느니라."

부처님께서 비구들에게 말씀하셨습니다.

"그 때의 다섯 가지 신통을 가진 비구는 바로 나요, 그 때에 네 마리 짐승은 바로 지금의 너희들이다. 전생에 이미 괴로움의 근본 이치를 들었는데 왜 오늘 또 그런 말을 하느냐."

스님들은 이 말을 듣고 부끄러워하며 스스로 꾸짖더니, 부처님 앞에서 아라한의 도를 얻었습니다.나의 삶은 편안하다

옛날 부처님께서 라자그리하 성에 계실 때, 그 성 동쪽 삼백리 밖에 오백 여 가구가 사는 산골 마을이 있었습니다. 그 곳 사람들은 성격이 억세고 행동이 거칠었으므로, 이끌어 교화시키기가 어려웠으나 그러나 전생에 지은 복과 서원이 제도를 받을 만 하였습니다.

부처님께서는 스님으로 변신하여 그 마을에 가셔서 걸식하셨습니다. 걸식을 마치고 마을 밖으로 나와 어떤 나무 밑에 앉아 열반삼매涅槃三昧에 드셨습니다. 이레 동안 숨도 쉬지 않고 기침도 않고 움직이지도 않고 몸을 뒤척이지도 않으셨습니다.

마을 사람들은 그것을 보고 '숨을 거두었다.'고 생각하고 함께 서로 상의했습니다.

"이 스님은 이미 숨을 거두었다. 우리는 장례를 치러야 한다."

그들은 각기 섶과 나무를 가지고 와서 쌓아 놓고 불을 질렀습니다. 섶과 나무가 다 타고 불이 꺼지자 부처님께서는 자리에서 일어나 신통변화를 나타 내셨습니다. 광명이 사방을 비춰 시방세계를 진동시켰습니다. 신통을 거두시고 다시 나무 밑에 앉아 계시는데 몸은 안정하고 기쁨을 머금은 얼굴이 본래의 모습과 같았습니다. 마을 사람들은 모두 놀라고 두려워하지 않는 사람이 없었더니, 머리 숙여 사죄하며 사뢰었습니다.

"산골 사람들이라 저희들은 완악하고 미련합니다. 신인神人을 몰라 뵙고 함부로 섶을 쌓아 불을 붙였사온데 타지 않으셨습니다. 저희들이 지은 죄가 태산보다 무거운 것으로 생각합니다. 오직 자비를 드리우셔서 용서하시고 허물하시지 않기를 바라옵니다. 참으로 의심스럽습니다. 신인께서는 혹 다치시거나, 장차 근심할 상처가 없습니까? 또 배고프거나 목마르거나 고통스럽지 않습니까?"

그 때 부처님께서는 부드러운 얼굴로 빙그레 웃으시며 시로써 말씀하셨습니다.

나의 삶은 이미 편안하여
원한도 성냄도 없네.
뭇 사람에겐 원망이 있지만
내 수행에는 원망함이 없노라.

나의 삶은 이미 편안하여
병이 있어도 병을 앓지 않는다네.
뭇 사람에게 병이 있지만
내 수행에는 병이 없노라.

나의 삶은 이미 편안하여
근심도 걱정도 하지 않는다네.
뭇 사람에게 근심이 있지만

내 수행에는 근심이란 없노라.

나의 삶은 이미 편안하여
청정하고 조작함이 없다네.
즐거움으로써 음식을 삼았으니
광음천光音天* 사람과 같노라.

나의 삶은 이미 편안하여
마음이 편안하고 일이 없다네.
온 나라가 불에 탄다 해도
내 몸은 결코 태울 수 없노라.

그 마을의 오백 사람들은 위의 시를 듣고, 모두 스님이 되어 다 아라한의 도를 얻었고, 마을 사람들은 남녀노소가 모두 삼보를 믿었습니다. 부처님께서는 오백 아라한들과 함께 날아서 기타 숲 외로운 이 돕는 절에 돌아오셨습니다.

현자 아난다는 부처님께서 도를 얻은 그들과 함께 오시는 것을 보고, 부처님 앞에 나아가 사뢰었습니다.

"저들은 어떤 특별한 공덕이 있었기에 부처님께서 직접 제도하셨습니까?"

"내가 아직 이 세상에 내려와 부처가 되기 전이었다. 이 세상에 프라데카 부처가 있었으며, 항상 산에 살고 있었다. 그는 마을에서 멀지 않은 어떤 나무 밑에서 열반에 들려고 하더니, 신통을 나타내고 갑자기 열반에 들었다. 마을 사람들은 섶을 준비하여 그를 화장하여 사리를 수습하고 보배병에 넣어 산꼭대기에 묻어두고 각각 발원하였다.

'저희들도 다음 세상에 도를 얻어 이 스님처럼 편안하게 열반에 들어가기를 원하옵니다.'

이 서원과 복덕으로 인하여 반드시 도를 얻을 것이라 생각하고, 내가 친히 제도한 것이다."

부처님께서 이렇게 말씀하실 때 헤아릴 수 없는 하늘 사람들이 도의 자취를 얻었습니다.

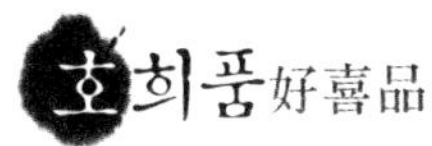

가장 좋은 것

옛날에 부처님께서 슈라바스티의 기타 숲 외로운 이 돕는 절에 계셨습니다.

그 때에 새로 된 스님 넷이 함께 나가, 벗나무 밑에 앉아 좌선하고 있었습니다. 마침 벗꽃이 한창 피어 빛깔도 곱고 또 향기도 좋자, 이것을 화제로 서로 말하였습니다.

"이 세상 만물가운데 사랑할 만한 것으로서 우리들을 가장 즐겁게 하는 것이 무엇일까?"

한 스님이 말했습니다.

"봄이 한창인 때 꽃피고 나뭇잎이 윤기 나는 공원에서 노니는 이것이 최고의 좋은 즐거움이다."

"종친들의 좋은 모임에서 술잔을 주고받으며, 노래 부르고 춤추는 그것이 최고의 즐거움이다."

"많은 재물을 쌓아 두고, 하고 싶은 일을 마음대로 하되 수레와 말과 옷이 남보다 뛰어나, 드나들 때 화려한 광경을 사람들이 모두 부러운 듯이 바라보면 그것이 가장 즐거운 일이다."

또 한 사람이 말했습니다.

"아름다운 아내와 첩들이 고운 옷을 입고 향긋한 향기를 피울 때, 그들과 마음껏 향락하는 것이 가장 즐거운 일이다."

그 때에 세존께서 네 명 스님을 제도할 수 있음을 아셨습니다. 그러나 여섯 가지 탐욕*에 마음이 끌려 세상이 덧없음을 생각하지 않자, 곧 네 스님을 불러 물으셨습니다.

"너희들은 나무 밑에 모여 앉아서, 무슨 일에 대하여 이야기했느냐?"

그들은 즐거워할 만한 일에 대하여 논의한 것을 사실대로 사뢰었습니다.

부처님께서 말씀하셨습니다.

"너희들이 '즐겁다' 고 하는 일들은 모두 근심스럽고 두려우며 위험하고 스스로를 망치는 길이다. 그것은 영원히 편안하고 가장 즐거운 법이 아니다. 천지 만물은 봄에는 무성했다가 가을과 겨울이 되면 시들어 떨어지고, 친척과의 즐거움도 반드시 헤어지는 것이며, 재물과 수레와 말 따위는 모두 다섯 집(관청의 몰수 · 도적의 약탈 · 물 · 불의 재앙 · 방탕한 자식들의 낭비)의

몫이고, 처첩들의 아름다움은 사랑과 얽매는 근본이다. 범부들이 세상에 살면서 원망과 재앙을 불러 일으켜 몸을 위태롭게 하고 집안을 망치는 따위와 근심과 두려움이 한량없으며, 세 가지 나쁜 갈래*와 여덟 가지 어려움* 등의 온갖 고통이 모두 거기서 생기는 것이다. 그러므로 비구들은 세상을 버리고 도를 구하되, 오로지 뜻을 함이 없는 데 두어, 부귀영화와 이익을 탐하지 않아야 스스로 열반을 성취하나니, 그것이 곧 가장 큰 즐거움이니라."

부처님께서 다시 시로써 말씀하셨습니다.

사랑하고 기뻐하면 근심이 생기고
사랑하고 기뻐하면 두려움 생기네,
사랑하고 기뻐할 것 없으면
무엇을 근심하고 무엇을 두려워하랴.

좋아하고 즐거워하면 근심이 생기고
좋아하고 즐거워하면 두려움 생기네.
좋아하고 즐거워할 것이 없으면
무엇을 근심하고 무엇을 두려워하랴.

탐욕에서 근심이 생기고
탐욕에서 두려움 생기네.
벗어나 탐욕이 없으면
무엇을 근심하고 무엇을 두려워하랴.

법을 탐하면 계율이 성취되고
지극한 정성으로 부끄러워할 줄 알면
몸을 수행하여 도에 가깝고
뭇 사람이 사랑하는 바가 되느니라.

탐욕을 내지 않을 수 있고
생각이 바르고 말이 바르다면
마음은 탐욕과 애착이 없고
반드시 흐름을 끊고 제도되느니라.

부처님께서 비구들에게 말씀하셨습니다.

"옛날에 보안普安이라는 임금이 있었다. 이웃 네 나라의 임금들과 친구여서 그들을 초청하여 며칠 동안 먹고 마시고 즐겼다. 헤어지던 때 보안 임금이 그들에게 물었다.

'사람이 세상에서 사는 데 무엇이 제일 즐거운 일인가?'

왕들은 각각 이렇게 말했다

'유희하는 것이 제일 즐거운 일이다.'

'좋은 일로 친척들이 한데 모여 음악을 즐기는 것이 제일 즐거운 일이다.'

'많은 재물을 쌓아두고 하고 싶은 일을 뜻대로 하는 것이 제일 즐거운 일이다.'

'애욕을 한껏 즐기는 것이 제일 즐거운 일이다.'

보안왕은 말하였다.

'대왕들이 말한 것은 모두 괴로움과 번민의 근본이며, 근심과 두려움의 근원으로써 먼저는 즐거우나 뒤에는 반드시 괴롭습니다. 온갖 걱정과 슬픔이 모두 다 그것 때문에 생기는 것입니다. 그러므로 아주 고요하여 구하는 것이 없고 깨끗하여 욕심 없이 도를 얻는 것이 가장 즐거운 일입니다.'

네 임금은 이 말을 듣고 믿고 기뻐하면서 깨달았느니라."

부처님께서 계속 말씀하셨습니다.

"그 때의 보안 왕은 지금의 나였고, 네 왕은 바로 너희들 네 사람이다. 전생에 이미 말한 것을 지금 와서도 여전히 모르니, 나고 죽음이 넝쿨처럼 뻗어 나가거늘 무엇으로써 그치게 하겠느냐?"

그 때에 네 스님은 거듭 부처님님의 가르침을 듣고, 부끄러워하고 뉘우치더니 마음으로 깨달아 함이 있는 뜻이 없어지고 탐욕이 끊어져 아라한 도를 얻었습니다.

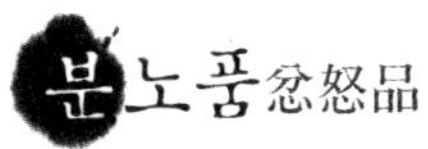

분노품 忿怒品

데바닷타의 반란

옛날에 부처님께서 라자그리하 성의 그리드라쿠타 산에 계셨습니다.

그 때에 데바닷타는 아자타사트루왕*과 의논하여 부처님과 그 제자들을 헐뜯었고, 국왕은 백성들에게 명령을 내려 부처님을 받들지 못하게 했고, 또 걸식하는 제자들에게 음식을 베풀지 못하게 했습니다.

그 때에 샤리푸트라*와 마우드갈야야나*와 카샤파와 수부티*와 파하제 비구니 등은 각기 그들의 제자를 거느리고 다른 나라로 떠났고, 오직 부처님만 오백 명 아라한들과 그리드라쿠타산에 머무셨습니다.

데바닷타는 아자타사트루 왕에게 가서 상의했다.

"지금 부처의 제자들은 다 흩어졌는데, 아직 오백 명 제자가 그의 좌우에 남았소. 대왕은 내일 부처를 초청하여 성안으로 들어오게 하시오. 나는 오백 마리 큰 코끼리에게 술을 먹여 취하게 하였다가, 부처가 성안으로 들어오면, 술 취한 코끼리를 그들께로 몰아내어 그들을 밟아 죽여 그 종자들을 없애버리도록 해야겠소. 그런 다음 내가 부처가 되어 세상을 교화하겠소."

아자타사트루 왕은 이 말을 듣고 매우 기뻐하더니, 곧 부처님께 가서 머리 숙여 절하고 사뢰었습니다.

"내일 변변찮으나 음식을 준비하겠습니다. 세존께서는 제자들과 함께 오셔서 궁중에서 공양을 드시옵소서!"

부처님께서는 그들이 세운 계획을 아시고 대답하셨습니다.

"매우 좋은 일이요. 내일 아침에 꼭 가겠소."

왕은 물러가 데바닷타에게 가서 말했습니다.

"부처는 나의 초청을 받았소. 전 날의 계획대로 코끼리를 취하도록 술을 먹이고 틈을 엿보고 기다리시오."

이튿날 밥 때가 되자 부처님께서는 오백 명 아라한과 함께 성안으로 들어가셨습니다. 술 취한 오백 마리 코끼리들은 큰 소리를 지르며 코를 치켜들고 앞으로 내달았습니다. 담은 말할 것도 없고 아름드리나무까지 짓밟아, 행인들은 모두 놀라고 두려워했으며, 온 성안의 백성들은 부들부들 떨었습니다.

오백 명의 아라한은 모두 공중으로 날아가고, 오직 아난다만 부처님을 모시고 옆에 서 있었습니다. 술 취한 코끼리들은 머리를 나란히 하고 곧장 부처님 앞으로 달려오자, 부처님께서 손을 드시니 다섯 손가락에서 때 맞게 오백 마리의 큰 사자가 나타나 한꺼번에 포효하니 소리가 천지를 진동시켰습니다.

그 때에 술 취한 코끼리들은 무릎을 꿇고 땅에 엎드려 감히 머리를 들지 못했고, 취했던 술이 즉시 깨어 눈물을 흘리면서 허물을 뉘우쳤습니다.

왕과 신하와 백성들은 놀라고 엄숙해지지 않는 이가 없었습니다.

부처님께서는 천천히 걸어 왕궁에 가셔서 여러 아라한들과 함께 공양을 마치시고, 축원하셨습니다.

왕은 부처님께 사뢰었습니다.

"저의 성품이 밝지 못하여 그의 참소를 믿고, 역적죄를 지어 부처님을 해치려 했습니다. 큰 자비를 베푸셔서 저의 헷갈렸던 어리석음을 용서하여 주십시오."

부처님께서 왕과 모든 대중에게 말씀하셨습니다.

"세상에 여덟 가지 일이 있어 비방을 받소. 모두 명예를 말미암은 것이오. 또 이익을 탐함으로써 큰 죄를 지어 여러 겁 동안 누적되어 그치지 않소. 어떠한 것이 여덟 가진가? 이익과 손해 · 헐뜯음과 칭찬 · 찬탄과 비방 · 괴로움과 즐거움인데, 옛날부터 지금까지 미혹하지 아니한 이가 적었소!"

세존께서 다시 시로써 말씀하셨습니다.

사람들이 서로 헐뜯고 비방함
옛날부터 지금까지네.
말이 많아도 헐뜯고
말이 적어도 헐뜯고
중간에서 화해시켜도 헐뜯고
세상에서 헐뜯지 않는 것 없네.

탐욕으로 성인을 비방해도
중간에서 꺾지 못하네.
한 번 헐뜯고 한 번 칭찬함
다만 명예와 이익을 위함이네.

밝은 지혜는 칭찬할 것이니
오직 정직하고 어진이라 말하네.

지혜로운 사람은 계율을 지켜
비방할 것이 없다네.

아라한과 같이 깨끗하면
무고나 비방함 없네.
모든 하늘 사람이 칭찬하고
범천왕과 제석천왕도 공경하느니라.

부처님께서는 시를 끝내시고 거듭 왕에게 말씀하셨습니다.

"옛날 어떤 국왕이 기러기 고기를 좋아하여 늘 사냥꾼을 시켜 그물로 기러기를 잡게 하였고, 사냥꾼은 날마다 기러기 한 마리씩을 보내어 왕의 밥상에 올리게 했소. 그 때에 기러기 왕이 오백 마리의 기러기를 거느리고 먹이를 구하러 내려 왔다가 그물에 걸려 사냥꾼에게 잡혔소. 그물에 걸리지 아니한 기러기들은 높이 날아 올라가 근처의 공중에서 배회하며 떠나지 않았소. 그 때에 기러기 한 마리는 잡혀가는 기러기 왕을 따라가면서 화살도 피하지 않고 피를 흘리며 그치지 않고 슬프게 울었소. 사냥꾼은 그것을 보고 그 의리에 감격하고 불쌍히 여겨, 기러기 왕을 놓아주어 함께 돌아가게 하였소. 기러기 떼들은 왕이 돌아오자 매우 기뻐하며 둘러싸고 날아갔소. 그리고 사냥꾼은 이러한 사실을 왕에게 아뢰었소. 왕도 그 기러기들의 의리에 감동되어 다시는 기러기를 잡지 못하게 하였소."

부처님께서는 왕에게 계속 말씀하셨습니다.

"그 때에 기러기 왕은 지금의 나며, 한 마리 기러기는 바로 아난다며, 오백 마리 기러기 떼는 바로 저 오백 아라한이요. 기러기 고기를 먹던 왕은 바로 지금의 대왕이며, 그 때의 사냥꾼은 저 데바닷타요. 그는 전생에서부터 항상 나를 해치려 했으나, 나는 큰 자비의 힘으로써 그를 구제하였소. 그리고 원한을 품지 않았고 스스로 부처가 되었소."

이 말씀을 하실 때 왕과 신하들은 모두 마음으로 도를 깨달았습니다.

진구품塵垢品

스님이 될 자격

옛날에 중산층 집안에 외동아들이 있었습니다.

어릴 적부터 부모가 애지중지하여, 간질한 마음으로써 훌륭하게 키우기 위해, 좋은 스승을 모시고 벗을 사귀며 공부할 것을 권유했습니다. 그러나 이 아이는 교만하고 귀찮게 여겨, 배움에는 전혀 마음을 쓰지 않았으니, 아침에 배운 것을 저녁이면 잊어버려 조금도 외우거나 익히지 않았습니다. 그러므로 여러 해가 되었지만 아무 것도 아는 것이 없자, 부모는 불러다 집안에서 살림을 살게 했습니다. 아이는 여전히 교만하고 허황하여 집안일에 힘쓰지 않았기 때문에 살림은 궁색하게 되었고, 하는 일마다 되는 일이 없었습니다. 그 위에 또 방탕하기까지 하여, 앞뒤 생각 없이 집의 물건을 내다 팔아 마음껏 즐겼습니다. 흐트러진 머리에 맨발로 더러운 옷을 입고 다녔으며, 또 인색하고 탐욕스러우며 당돌하고, 부끄러움이나 욕됨을 꺼리지 않고, 스스로 어리석은 짓을 하여 사람들이 모두 미워하고 천대했습니다. 주위의 모든 사람들이 모두 미워하고 '흉악한 사람'이라 생각했으므로 드나들 때 아무도 함께 말하려 하지 않았습니다. 그러나 그는 스스로의 허물은 모르고 도리어 사람들을 원망했습니다. 위로는 부모를 원망하고, 다음으로는 스승과 벗들은 책망했습니다. 하루는 혼자서 곰곰이 생각했습니다.

'조상의 신령이 나를 도와주지 않아 나를 부랑자로 만들어 이처럼 고생한다. 이제는 부처님을 섬겨 복을 받자 그것만한 것이 없겠다.'

그는 부처님을 찾아가 절하고 아뢰었습니다.

"부처님의 도는 너그럽고 넓어 용납하지 않음이 없다고 들었습니다. 제자가 되기를 소원하오니 허락하여 주시기 바랍니다."

부처님께서 그에게 말씀하셨습니다.

"대개 도를 구하고자 하면 먼저 그 행실이 깨끗해야 한다. 너는 세속의 때를 가지고 그대로 나의 도에 들어 오려하니, 마음대로 왔다 갔다 하면 무슨 이익이 있겠느냐? 차라리 집에 돌아가 부모를 효도로써 섬기고, 스승의 교훈을 외우고 익혀,

목숨이 끝날 때까지 잊어버리지 않는 것이 좋다. 부지런히 일하여 부자가 되어 근심이 없게 하고, 예의를 지켜 몸으로써 잘못을 저지르지 말고, 목욕하고 깨끗한 옷을 입고 말과 행동을 조심하고, 마음을 다잡고 한결같은 지조로써 일을 성취하고, 민첩하게 행동하고 세심하게 살펴 다른 사람이 칭찬하고 사랑하도록 하여라. 이렇게 실천하면 도를 닦을 수 있느니라."

부처님께서 다시 시로써 말씀하셨습니다.

외우지 않는 것을 공부의 때라 하고
부지런하지 않는 것을 집안의 때라 하고
엄격하지 않는 것을 몸의 때라 하고
방일함을 도덕의 때라 하느니라.

아끼는 것을 보시의 때라 하고
착하지 못한 것을 행동의 때라 하느니라.
이승에서나 저승에서나
나쁜 법은 언제나 때라고 하느니라.

때 가운데 때는

어리석음보다 심한 때가 없다.
부디 이것을 버리도록 배워라.
스님은 때가 없어야 되느니라.

그는 부처님의 말씀과 시를 듣고, 스스로가 교만하고 어리석었음을 깨닫고 부처님의 가르침을 생각하고 기뻐하면서 집으로 돌아갔습니다. 이후부터 항상 부처님의 말씀과 시의 이치를 생각하면서 잘못을 뉘우쳐 하나하나 고쳐나가 새 사람이 되어, 성의껏 부모에게 효도하고 스승과 어른을 존경하며, 경전을 외우고 익히며, 부지런하고 힘써 살림살이를 불렸으며, 계율을 받들고 자신의 마음을 잡도리해 도가 아닌 일은 실천하지 않았습니다. 이렇게 변하자, 친척들은 효도함을 칭찬하고 마을에서는 그를 공경하고 칭찬하니 좋은 이름이 널리 퍼져 온 나라 사람이 어진 사람이라 일컬었습니다.

삼 년이 지난 어느 날, 그는 다시 부처님을 찾아와 온몸을 땅에 대어 절하고 나서 간절히 하소연했습니다.

"부처님을 지극히 존경 하와, 저의 몸이 완전하옵니다. 악을 버리고 선을 행하여 위 · 아래 사람들에게 치하를 받습니다. 큰 자비를 드리우사 저를 받아들여 도를 닦도록 허락해 주시기 바랍니다."

"훌륭하구나!"

부처님께서 이렇게 말씀하시자, 그의 수염과 머리털은 이내 깎여 스님이 되었습니다. 그는 네 가지 진리와 바른 도에 대하여 고요히 생각하고 마음을 쉬어 한 곳에 집중하고 지혜로써 식별하더니 곧 아라한의 도를 얻었습니다.

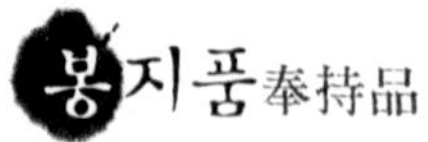

마음을 쉰 사람

어느 때 살차니건이라는 장로 바라문이 있었습니다.

그는 총명하고 지혜가 많기로 자기만한 사람이 없다고 뽐내며 언제나 무쇠로 복대를 하고 살았는데, 사람들이 그 이유를 물으면 그는 이렇게 대답했습니다.

"지혜가 터져 나갈까 두렵기 때문이다."

부처님께서 세상에 탄생하셔서, 밝고 지혜로우며, 바른 가르침으로써 교화한다는 소문을 듣고, 그는 언제나 질투하는 마음이 일어나 자나 깨나 마음이 편안하지 않았고, 제자들에게 이런 말을 했습니다.

"내가 들으니 스님 고타마는 스스로 '부처가 되었다.' 라고 일컫는다. 나는 지금 가서 깊고 묘한 이치를 물어 그가 겁에 질려 대답할 줄 모르게 하겠다."

그는 곧 제자들을 거느리고 기타 숲 외로운 이 돕는 절에 갔습니다. 문 밖에 서서, 빛이 맑고 밝아 마치 해가 처음 돋는 것처럼 빛나는 부처님의 위엄이 가득한 모습을 멀리서 바라보고, 다섯 가지 감정이 들끓고 기쁨과 두려움이 교차하여 부처님 앞에 이르러 부처님께 절하였습니다. 부처님께서 자리를 권하자 자리에 앉아 부처님께 말씀드렸습니다.

"어떤 이를 '도인'이라 하며, 어떤 이를 '지혜로운 이'라 하며, 어떤 이를 '장로'라 하며, 어떤 이를 '단정하다' 하며, 어떤 이를 '스님'이라 하며, 어떤 이를 '비구'라 하며, 어떤 이를 '인명仁明 · 적묵寂默'이라 하며, 어떤 이를 '도'가 있다 하며, 어떤 이를 '법'을 받든다 합니까? 만일 이런 것을 잘 설명해 주시면 저는 제자가 되겠습니다."

부처님께서는 그가 요구하는 데 알맞은 답을 식별하여 아시고, 시로써 대답하셨습니다.

항상 배우기 좋아하고
바른 마음으로 행동하며
보배로운 지혜를 지닌 이
이러한 이를 도인이라 하네.

지혜로운 이는
말 잘하는 이 아니고
두려움 없이
선행善行을 하는 이라네.

장로라는 이는
나이 많은 이 아니고
얼굴에 주름지고 머리 희어도
어리석은 이일뿐이네.

진실한 법과
조화로워 인자함 지니고
사리에 밝고 청결한 이
이런 이를 장로라 하느니라.

단정하다는 것은
얼굴이 꽃 같은 것 아니고
탐욕과 질투와 거짓으로 꾸밈이나
말과 행동이 어긋남이 있어도

이런 것들 버릴 수 있고
뿌리마저 끊어 버리고
지혜로워 성내는 마음 없는 이
이런 사람을 말하네.

스님이란 이는
반드시 머리를 깎은 것만은 아니다.
거짓말이나 탐욕스럽게 소유하려 하면
탐욕이 있어 범부와 같나니
악한 행실 하지 않으며
넓고 널리 도를 펴며
마음을 쉬고 나쁜 뜻이 없는 이
이런 사람을 말하네.

비구란 이는 바루 가지고 걸식하거나
삿된 수행으로 도를 구하거나
이름만 구하는 것 아니다.
죄 될 만한 업을 버리고
깨끗하게 할 행실 깨끗이 하고

지혜로 악업을 깨뜨리면
이런 이를 말하네.

인명과 적묵이란
입으로써 말하는 것만은 아니다.
마음 씀을 정밀하게 못하면
바깥으로 순종할 뿐이니,
마음이 흠이 없으면
안으로 행함이 깨끗하고 비나니
이저것 고요해 사라지면
이런 이를 말한다.

도가 있다는 것은
한 중생만을 구제함이 아니다.
널리 온 천하를 두루 제도하되
해롭힘 없으면 도랄 것도 없다네.

법을 받들어 유지하는 이는
말을 많이 하는 것 아니다.

비록 본디 들은 것이 적으나
몸소 법을 의지해 실행함이네.

도를 잘 지켜
잊지 아니하면
이러한 사람을
법을 받든다 이름하네.

살차니건과 그의 오백 제자들은 부처님의 시를 듣고 기뻐하면서, 마음이 열려 모든 교만을 버리고 스님이 되더니, 니건 한 사람은 부처님이 되겠다는 마음을 내었고, 오백 사람은 아라한의 도를 얻었습니다.

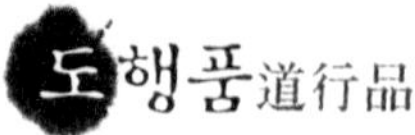

여관을 떠남 같이

옛날에 어떤 바라문이 있었는데, 어려서 출가하여 도를 공부했으나, 나이가 육십이 되도록 도를 얻지 못하자 집에 돌아가 아내를 맞이하여 가정을 이루더니, 생김새가 단정한 아들을 낳았으므로 사랑할 만 했습니다. 나이 일곱이 되자 공부를 시작했는데 매우 총명하고, 변재가 뛰어나 보통 사람보다 대단히 뛰어났습니다. 그런데 갑자기 앓더니 하룻밤을 견디지 못하고 숨을 거두었습니다. 범지는 불쌍하고 애석함을 견디지 못해 시체 위에 엎드려 기절했다가 소생하고, 기절했다가 소생했습니다. 보다 못한 친척들이 충고하고 깨우쳐 강제로 시체를 빼앗아 주검에 옷을 입히고 관에 넣어 성 바깥에 묻었습니다. 범지는 곰곰이 생각했습니다.

'내가 지금 울면서 아이를 생각해도 이익 될 것이 없다. 염라대왕의 처소에 가서 빌고 빌어 아이의 수명을 이어 보자.'

이에 범지는 몸을 깨끗이 하고 부정한 일을 피하고 마음을 가다듬고는 꽃과 향을 가지고 집을 떠나 만나는 사람들에게 물었습니다.

"염라대왕이 머무는 곳은 어디쯤에 있습니까?"

이렇게 돌아다니며 몇 천리를 가다가, 어느 깊은 산중에 이르렀을 때, 거기에서 도를 얻은 범지들을 만났습니다. 앞에서와 같이 묻자 여러 범지들이 되물었습니다.

"그대는 염라대왕을 만나면 무엇을 하려 합니까?"

"나에게 아들 한 놈이 있어 변재와 지혜가 남달랐는데, 근일에 갑자기 숨을 거두었습니다. 슬픔과 괴로움을 달랠 길이 없어, 염라대왕에게 빌어 아들의 목숨을 이어 집으로 데리고 가서 늙은 저를 돌보게 하려 합니다."

여러 범지들은 그의 어리석음을 가엾이 여기며 말했습니다.

"염라대왕이 다스리는 곳에는 산 사람은 가지 못하오. 우리가 당신에게 방법을 알려 주겠소. 여기서 서쪽으로 사백 리를 가면 큰 시내가 있고, 그 가운데 성이 있소. 거기는 여러 하늘의 신들이 인간 세상을 순찰하다가 묵는 곳이요. 염라대왕은 언제나 매달 팔 일이면 인간세상을 순찰하다가 그 성을 지나갈 것이오. 당신이 몸을 깨끗이 하고 마음으로 부정한 생각을 하지 않으면 반드시 만날 수 있을 것이오."

범지는 기뻐하며 가르침을 따라 그 시내 복판에 이르렀습니다. 좋은 성곽과 궁전과 집이 도리천과 같았습니다. 범지는 문에 나아가 향을 사르고 발돋움하여 염라대왕을 뵙도록 축원하였습니다. 염라대왕이 문지기에게 그 이유를 묻게 하니, 범지는 말했습니다.

"늦게 아들 하나를 낳아, 늙을 때를 준비하려고 키웠는데, 일곱 살이 된 근래에 숨을 멈췄습니다. 오직 대왕께서는 은혜를 드리우셔서 저의 아들 목숨을 저에게 보시하여 주시기 바랍니다."

"매우 좋소. 그대의 아이는 지금 동쪽 동산에서 놀고 있으니, 그대가 가서 데리고 가시오."

범지는 곧 가니 그의 아들이 여러 아이들과 같이 놀고 있는 것을 보고, 좇아가 안고 울며 말했습니다.

"나는 밤낮 네 생각에 잠도 못 자고, 음식을 먹어도 소화를 시키지 못했는데 너는 어찌 부모의 괴로움을 생각하지 않느냐?"

어린아이는 놀라서 외치며 되려 꾸짖었습니다.

"이 늙은이는 미련하고 어리석어, 아무 이치도 모르는구나. 잠깐 동안 머물렀더니, 나를 아들이라 하는구나. 요망스럽게

많은 말 말고 빨리 가는 것이 좋겠소. 나는 지금 여기의 부모가 따로 있소. 만나자 마자 왜 껴안고 야단이오."

범지는 실망하고 슬피 울면서 거기를 떠나, 깊이 생각해보았습니다. '내가 들으니, 사문 고타마는 '사람의 영혼이 변화하는 도리를 잘 아신다.' 하니 지금 가서 여쭤 보아야 하겠다.'

범지는 곧 부처님께서 계시는 곳에 도착하였습니다.

그 때 부처님께서는 슈라바스티의 기타 숲 외로운 이 돕는 절에서 대중을 위해 설법하고 계셨습니다. 그는 부처님을 뵈옵고 머리를 숙여 절한 뒤, 그 동안에 있었던 일을 자세히 아뢰었습니다.

"그 아이는 진실로 저의 아들이었으나, 저를 알아보지 못할 뿐만 아니라, 도리어 저를 '어리석은 늙은이'라고 불렀습니다. 그리고 '잠깐 동안 몸을 의지한 나를 아들이라 부른다.' 하며, 전혀 부자의 정이 없었습니다. 무슨 인연으로 그러하나이까?"

"그대는 참으로 어리석구나. 사람이 죽으면 영혼은 떠나 곧 다른 곳에서 몸을 받는다. 부모와 자식의 인연으로 모인 것은, 마치 여관에서 밤을 지낸 사람이 아침에 일어나 바로 떠나는 것과 같은 것이다. 어리석고 미혹하면 얽매여 집착한다.

그것을 자기 소유라 생각하고 근심하고 슬퍼하며 괴로워하고 번민에 휩싸이니 근본을 모를 수밖에. 그러므로 생사에 빠져 헤매기를 그치지 않는 것이다.

그러나 지혜로운 사람은 은혜와 애욕에 탐착하지 않고, 괴로움임을 깨달아 그 원인을 버리고 부지런히 법을 수행하고 계율을 지키며, 온갖 생각을 없애 버려서 나고 죽음을 벗어나느니라."

부처님께서 시로써 거듭 말씀하셨습니다.

사람이 아내와 자식에 얽매여
병들어 법을 관찰하지 못하면
죽음이 갑자기 닥쳐 올 때
마치 큰물이 덮치는 것 같으니라.

애비와 자식도 서로 구원 못하거니
다른 친척에게 무엇을 바라겠는가?
숨이 끊어질 때 다른 사람 믿는 것은
장님이 등불을 지키는 것과 같으니라.

지혜 있는 이, 이 뜻을 알고
법을 닦고 계율 지켜서
부지런히 실행하여
세상을 벗어나고
온갖 괴로움 떨쳐 버리느니라.

나고 죽는 근원을 멀리하여라.
바람이 구름을 쓸어버리듯이
이미 온갖 망상 없애 버리면
일과 이치 증득해 안다 하리라.

지혜는 세상에서 으뜸이니
함이 없음을 우러르고 즐기면
바른 가르침 받는 것 같이
나고 죽음이 다하게 되느니라.

범지는 이 시를 듣고 마음이 탁 트여, 목숨은 덧없고 처자는 손님과 같음을 알았습니다. 머리 숙여 큰절하고, 자세히 말씀드리고 스님이 되기를 소원했습니다.

"훌륭하구나."

부처님께서 이렇게 말씀하시자, 수염과 머리카락이 저절로 떨어지고, 가사가 몸에 입혀진 스님이 되었습니다. 그는 시의 이치를 깊이 생각하여 애욕을 없애더니, 잡념을 끊고 그 자리에서 아라한의 도를 얻었습니다.

적게 먹을 줄 알라

어느 때 부처님께서 슈라바스티에서 설법하시며 교화하고 계셨는데, 하늘 사람과 용과 귀신과 제왕과 사람들은 하루 세 번씩 와서 설법을 들었습니다.

그 때 국왕은 프라세나짓으로 그는 사람됨이 교만하고, 방사房事에 법도가 없었고, 눈은 색色에 현혹되고, 귀는 소리에 혼란되고, 코는 냄새에 집착되고, 입은 다섯 가지 맛에 맡겨졌고, 몸은 섬세하고 매끄러운 것만 좋아 했습니다. 음식이 매우 맛나면 처음부터 만족할 줄 몰랐고, 분량을 갈수록 늘렸으나 늘 허기증으로 괴로워했기 때문에 음식을 계속 만들어 끊지 않고 계속 먹는 것을 일로 삼았습니다.

몸은 살찌고 커서, 수레가 견디지 못했고, 눕고 일어 날 때 숨길을 헐떡거리며 괴로워했습니다. 기운이 막히고 숨이 끊어졌다가 한참 뒤에 다시 깨어났으며, 앉거나 눕거나 항상 앓았고, 무거운 몸을 언제나 괴로워 하다가 끝내는 몸을 추스르지 못해 큰 근심거리가 되었습니다.

어느 날 갑자기 시종들에게 수레를 대령하도록 명령하여 타고 부처님이 계신 곳에 이르러 시자의 부축을 받아 문안드리고 한쪽에 물러앉아 합장하고 아뢰었습니다.

"세존이시여, 오랫동안 뵙지 못하여 여쭈어 볼 길이 없었습니다. 무슨 죄업 때문인지 몸이 저절로 비대해져 가고 있으나 아직 그 까닭을 몰라 걱정합니다. 이러한 사정 때문에 자주 나와 뵈옵고 예배드리지 못하였나이다."

부처님께서 대왕에게 말씀하셨습니다.

"사람에게 다섯 가지 일이 있어 사람으로 하여금 비대해지게 합니다. 첫째는 자주 먹는 것이오. 둘째는 잠자는 것을 좋아하는 것이오. 셋째는 교만함을 좋아하는 것이오. 넷째는 근심이 없는 것이오. 다섯째는 일을 하지 않는 것이오. 이 다섯 가지 일은 사람을 비대하게 하는 것이오. 만일 비대해 지고 싶지 않으면, 음식을 좋아하는 마음을 끊으시오. 그렇게 한 뒤에는 반드시 가벼워 질 것이오."

부처님께서는 다시 시로써 말씀하셨습니다.

사람은 항시 생각하는 것이 있어야 하고,
먹을 때 항시 적게 먹을 줄 알면
그 때부터 고통은 엷어지고
절식하면 소화해서 목숨을 보존하지요.

왕은 이 시를 듣고 한량없이 기뻐하며 시신들에게 말했습니다.

"이 시를 잘 외웠다가 주방에 일하는 사람들이 음식을 내이오기 전에 먼저 나에게 이 시를 외워주고 내가 이 시를 외운 뒤에 음식을 내어 오게 하여라."

왕은 부처님을 하직하고 궁중으로 돌아갔습니다. 주방 식구들은 음식을 내 올 때마다 그 시를 외웠습니다.

왕은 그 시를 듣고 기뻐하면서 하루 한 숟갈씩 음식을 줄여 차츰차츰 적게 먹게 되었고, 몸도 점점 가벼워져 전과 같이 되었습니다. 이렇게 된 자신을 보고 왕은 매우 기뻐하며 부처님을 생각했습니다. 어느 날 집무를 마친 왕은 걸어서 부처님께 가서 절했습니다.

부처님께서는 자리를 권하고 왕에게 물었습니다.

"수레와 말과 시종은 어디에 두고, 어떻게 걸어서 왔소."

왕은 기뻐하면서 부처님께 사뢰었습니다.

"전 날 부처님의 가르침을 받자와 그 법대로 실행했더니 지금은 몸이 가벼워졌사옵니다. 이것은 다 부처님의 힘이옵니다. 걸어오면서 몸이 어떠한가를 알아보았사옵니다."

부처님께서 대왕에게 말씀하셨습니다.

"세상 사람이 사는 것이 이와 같거늘 항상 함이 없는 것을 모르고, 감정과 욕망을 붙잡느라고 복 짓는 일은 생각도 않소. 사람이 죽으면 정신은 가버리고 몸은 북망산천에 머무는 것이오. 지혜로운 이는 정신을 기르고 어리석은 사람은 몸을 기른다오. 만일 이러한 줄 알면 성스런 가르침을 받들고 익히십시오."

부처님께서는 다시 시로써 말씀하셨습니다.

사람이 많이 배운 것 없으면
늙어서 황소처럼 되고
다만 비대할 뿐
아무런 지혜도 없소.

나고 죽음은 흥미 없고 지루하며
가고 옴이 어렵기만 하고
마음이 몸을 의지해 탐욕을 부리면
다시 괴로움 끝이 없소.

지혜로운 사람이 괴로움을 보면
이것으로써 몸을 버리고
잡념이 없어지고 욕심이 끊어지면
애욕이 다하여 태어남이 없어지네.

왕은 다시 시를 듣고 기뻐하면서 마음이 열려, 곧 위없이 바르고 진실한 도에 뜻을 내었고, 함께 들었던 헤아릴 수 없는 이들도 법 눈을 얻었습니다.

지옥품地獄品

악업의 순환

옛날에 슈라바스티에 바라문의 스승이 있었는데 이름은 푸루나카샤파였습니다. 제자 오백 명이 따라 다녔고, 국왕과 백성들이 받들어 섬기지 않는 이가 없었습니다.

부처님께서 처음 도를 얻으시고 제자들과 함께 라자그리하성에서 슈라바스티로 가실 때 모습이 드러나게 빛났고, 정법으로써 가르치심이 넓고 훌륭하셨으므로 국왕과 궁중의 모든 사람과 그리고 온 나라의 백성들이 받들고 공경하지 않는 이가 없었습니다.

그 때에 푸루나카샤파는 질투하는 마음이 일어나 부처님을 헐뜯고 혼자 존경을 받으려 하였습니다. 곧 제자들을 거느리고 프라세나짓 왕에게 가서 하소연하였습니다.

"우리들 장로는 오래 전부터 공부한 이 나라의 옛 스승이고, 스님 고타마는 뒤에 출생하여 도를 구하여 진실로 신기하고 성스러운 것도 없으면서 스스로 부처가 되었다고 일컫습니다. 그래서 대왕께서는 저희를 버리고 전적으로 저들을 받드십니다. 그렇기 때문에 지금 부처와 더불어 도덕을 겨루어 누가 이기는가? 알아보고자 하오니, 대왕께서는 이기는 이를 종신토록 받드십시오."

"매우 좋습니다."

대왕은 수레를 타고 부처님께 나아가 예배하고 사뢰었습니다.

"푸루나카샤파가 부처님과 도력을 겨루어, 그의 신통변화를 보이려 합니다. 부처님께서는 허락하시겠사옵니까?"

"매우 좋은 일이요. 이레 뒤에 신통변화를 겨루도록 준비해 주십시오."

왕은 성 동쪽 넓고 좋은 평야에 높은 자리 두 개를 만들었습니다. 높이는 사십 발이고, 일곱 가지 보배로 꾸몄으며, 당기와 번기를 세우고 좌석을 정리하고 정돈했습니다. 두 자리 중간의 거리는 약 이 리쯤 떨어졌고, 양쪽 제자들은 높은 자리 아래에 앉도록 설치하였습니다. 국왕과 신하와 대중들은 부처님과 바라문이 신통변화를 겨루는 것을 보기 위하여 구름처럼 모여들었습니다. 그 때 카샤파는 제자들과 함께 먼저 그 장소에 와서 사다리를 밟고 자리에 올라가고 있었습니다.

반사라는 귀신의 왕이 카샤파 무리의 잘못된 질투를 보고 있다가, 큰 바람을 일으켜 그들의 높은 자리를 휩쓸어 버렸습니다. 좌구들은 넘어지고 깃발들은 꺾이고 모래와 자갈이 휘날려 눈을 뜰 수가 없었습니다. 그러나 부처님의 높은 자리는 조금도 흔들림이 없었습니다.

부처님께서 대중들을 거느리고 조용하게 오셔서 막 높은 자리로 향하시는 듯 했는데, 어느 사이에 오르셨고, 제자들도 모두 말없이 차례대로 자리에 앉았습니다. 왕과 신하들은 더욱 공경하며 머리를 숙여 절하고 부처님께 사뢰었습니다.

"원하옵니다. 신통변화를 보이셔서 저 삿된 소견을 가진 무리들을 억눌러 항복 받으시고, 또 이 나라 백성들이 바르고 진실한 법을 깊이 믿도록 해 주십시오."

그 때 부처님께서는 자리에서 갑자기 자취를 감추시고, 곧 허공에 올라 가셔서 큰 광명을 사방으로 펼쳐, 동쪽에서 없어졌다가 서쪽에 나타나는 등, 이와 같이 사방에서 사라지고 사방에 나타나셨습니다. 몸의 위에서 물을 뿜으시면 아래에서 불을 토하시고, 위에서 불을 뿜으시면 아래에서 물을 토하셨습니다. 공중에 앉고 누우시는 등 열두 가지로 변화하시다가, 공중에서 자취를 감추시더니 어느 새 자리에 돌아가 앉으셨습니다. 하늘 사람과 용과 귀신들은 꽃과 향으로써 공양을 올리고 찬양했는데, 그 소리가 천지를 진동시켰습니다.

카샤파는 스스로 도가 없는 것을 깨닫고 머리를 숙이고 부끄러워하며 감히 눈을 들지 못했습니다.

그 때에 금강력사金剛力士*는 꼭대기에 불이 붙은 금강저金剛杵*를 들고 카샤파를 겨누며 말했습니다.

"왜 그대는 신통을 나타내지 않는가?"

카샤파는 두렵고 당황하여 자리에서 후다닥 일어나 달아났습니다. 오백 제자들도 파도처럼 내달아 순식간에 사방으로 흩어졌습니다.

그러나 부처님의 거동과 얼굴에는 기뻐하거나 슬퍼하시는 기색도 없이 기타 숲 외로운 이 돕는 절로 돌아가셨고, 국왕과 신하들도 기뻐하면서 부처님께 인사드리고 물러났습니다.

곤욕을 당하고 도망가던 푸루나카샤파는 길에서 마니라는 우파시카를 만났다. 그는 대뜸 카샤파를 흉보았습니다.

"그대 무리는 어리석어 자기 재주도 생각하지 못하고, 부처님과 도력을 겨루려 하였는가? 어리석은 것들이 세상을 속이고도 부끄러움을 모르는 그러한 얼굴로 어떻게 세상에 나다니는가?"

카샤파는 제자들 보기가 민망했으나 그러나 어떤 강가에 이르러 제자들을 또 속였습니다.

"내가 지금 물에 몸을 던지면 반드시 범천梵天에 가서 태어날 것이다. 만약 내가 돌아오지 않거든 그곳에서 즐겁게 지내는 줄 알아라."

제자들은 기다렸으나 그가 돌아오지 않으므로 저희들끼리 의논했습니다.

"스승님은 틀림없이 천상에 가셨을 것이다. 우리들이 왜 여기에 있어야 하는가?"

모두 강물에 몸을 던져 스승의 뒤를 따라 범천에 태어나기를 바랐으나 지은 업에 끌려 지옥에 떨어질 줄 몰랐습니다. 그 뒤 이 소문을 들은 국왕은 괴이하게 여기며 부처님께 나아가 사뢰었습니다.

"푸루나카샤파의 무리들은 무슨 인연 때문에 그처럼 헷갈리고 어리석었습니까?"

"그들에게는 두 가지 무거운 죄가 있소. 첫째는 세 가지 독이 불꽃같이 훨훨 피어나는데도 저희들은 도를 얻었다고 일컫는 것이오. 둘째는 여래를 비방하고 헐뜯음으로써 사람들의 공경과 섬김을 받으려 한 것이니, 이 두 가지 죄로써 지옥에 떨어졌소. 재앙과 허물이 재촉하고 핍박하여 그들의 몸을 강물에 던지게 한 것인데 몸은 죽었으나 정신은 한량없는 고통을 받소. 그러므로 지혜로운 사람이 그 마음을 거두어 다잡아 안에서 악한 생각을 일으키지 않으면 밖에서 죄가 오지 않소. 마치 국경에 있는 성이 적국과 잇닿아 있을 때도 수비를 튼튼히 하면 아무 두려움이 없어 나라 안 백성들은 편안하고 밖에서 도적이 들어오지 못하는 것처럼 지혜로운 사람이 보호하는 것도 그와 같소."

부처님께서 시로써 말씀하셨습니다.

망령되이 증득했다 재물을 탐하고
행동은 아직 정직하지 못하고
선량한 사람을 원망해 모함하고
잘못된 법으로써 세상을 다스리면
죄가 이 사람을 이끌어
스스로를 구렁텅이에 던지느니라.

국경지역을 방비하는 성과 같으니
안팎을 튼튼히 하여라.

스스로 그 마음을 지키면
법이 아닌 것은 생기지 않느니라.
행동에 틈이 생기면 근심도 오고
지옥에 떨어지게 하느니라.

부처님께서는 위의 시를 끝내시고 계속하여 왕에게 말씀하셨습니다.

"먼 옛날 이 세상에 두 마리의 원숭이 왕이 각기 오백 마리의 원숭이를 거느리고 있었소. 한 왕이 질투하는 마음이 생겨, 다른 왕을 죽이고 혼자 모두를 다스리려고, 여러 번 가서 싸웠으나 늘 이기지 못하고 창피만 당하고 물러났소. 그는 넓은 바닷가로 갔소. 바다가 굽이치는 가운데 물거품이 모여 쌓였는데 높이가 수백 미터나 되었소. 그 어리석은 원숭이 왕은 흰 거품을 설산雪山이라 생각하고, 무리들에게 말했소.

'나는 오래 전에 '바다 가운데 설산이 있는데 그곳은 아주 즐겁고 맛난 과실이 있는 곳이다.' 라고 들었다. 오늘 비로소 발견했으니, 내가 지금 먼저 살펴보고 과연 즐거운 곳이면 다시 돌아오지 아니할 것이고, 만일 그렇지 않은 곳이면 다시 와서 너희들에게 설명해주겠다.'

그는 나무 위에 올라가 힘껏 뛰어 거품 속으로 들어가 바다에 빠져 죽었소. 남은 무리들은 그가 돌아오지 않으므로 그곳이 크게 즐거운 곳이라 생각하고 모두 몸을 던져 빠져 죽자 그들의 씨가 끊겼소."

부처님께서 계속 말씀하셨습니다.

그 때 질투한 원숭이가 지금 푸루나카샤파며, 그 무리들은 바로 카샤파의 오백 제자들이오. 그리고 다른 원숭이 왕은 바로 나의 몸이었소. 푸루나카샤파는 전생에도 나를 질투하다가 죄에 끌려, 물거품 무더기에 몸을 던져 그 씨가 끊겼는데, 지금 또 나를 비방하다가 모두 강물에 몸을 던진 것이오. 그들은 다 죄의 갚음으로써 헤아릴 수 없는 겁을 지옥에서 지낼 것이오."

왕은 부처님의 말씀을 듣고, 믿고 이해하며 예배하고 물러갔습니다.

마약을 먹다

옛날에 일곱 명의 스님들이 산에 들어가 도를 배웠는데, 십이 년이 되었으나 도를 얻지 못하자, 그들은 모여서 의논하였습니다.

"도를 배우기는 매우 어렵구나. 모습을 바꾸고 지조를 지켜 추위의 괴로움도 피하지 않고 죽을 때까지 걸식하면서 곤욕을 당하는 것은 견디기 어렵다. 도는 갑자기 얻기 어렵고, 죄도 떨쳐 버리기 어려우니, 부질없이 애쓰다가 이 산중에서 목숨을 마치겠구나. 차라리 집에 돌아가 아내를 맞이해 가정을 꾸미고 자식을 낳아 키우면서 좋은 사업을 일으켜, 마음껏 즐기는 것만 못하다. 그 뒤에 올 일이야 어찌 알겠는가?"

의논을 끝낸 그들은 곧 산을 내려갔습니다.

부처님께서 혜안으로써 그들을 제도할 수 있음을 아시고 생각하셨습니다. 조그마한 괴로움을 참지 못하여 결국에는 지옥에 떨어질 것을 가엾이 여기셨습니다. 부처님께서 곧 한 분의 스님으로 변신하여, 그 산골짜기 어구로 가서 그들을 만나, 그들에게 말했습니다.

"오래 전에 도를 배운다는 말을 들었는데, 왜 산에서 나오시는가?"

"부지런히 힘써 도를 공부했으나, 그러나 죄의 뿌리는 뽑기 어려웠고, 걸식하면서 당하는 곤욕은 참으로 견디기 어려웠소. 또 이 산중에는 공양을 베푸는 사람이 없으므로 쓸쓸했으며 여러 해 동안을 언제나 검소하고 절약할 수밖에 없었소. 부질없이 스스로만을 괴롭혔을 뿐, 도를 얻지 못했소. 우선 집으로 돌아가 좋은 사업을 잘 경영하여, 큰 부자가 된 뒤에 늙어서 도를 구할까 하오."

"그런 말씀 마시고 우선 저의 말을 들으시오. 사람의 목숨은 덧없는 것이어서, 아침에서 저녁까지도 보존하기가 어렵소. 도는 배우기가 어렵지만 처음에는 괴롭다가 뒤에는 즐거운 것이오. 가정생활은 어렵고 험하여, 억겁을 지내도 고통은 그칠 줄 모르는 것이오. 처자와 같이 살면서 안락과 이익을 같이 하기 원하고, 즐거움이 영원하여 환란을 당하지 않기를 바라지만, 그것은 마치 병을 고치려고 마약을 먹고 병이 더하기만 하고 나아지지 않는 것과 같소. 이 세 세계의 중생들은 모두 근심과 번민이 있소. 오직 믿음과 계율을 지켜 방종하지 않고 꾸준히 공부하여 도를 얻으면, 모든 괴로움은 아주 끝나고 말 것이오."

이 때에 스님으로 변신한 부처님께서 원래 모습으로 변화하시니 빛나는 상이 대단히 거룩하셨습니다. 그리고 곧 시로써 말씀하셨습니다.

도는 배우기 어렵고 죄도 버리기 어렵지,
세속에서 살아가기도 어렵지,
모여서 같은 이익 도모하기도 어렵지,
더욱 어려운 것 이 몸보다 더한 것 없지.

비구가 걸식 어렵다지만
어찌하여 힘쓰지 않는가?
꾸준히 노력하면 저절로 얻을 것을,
남한테 구할 것이 없다네.

믿음이 있으면 계율이 성취되고
계율을 따르면 많은 보배를 얻지.
또 계율을 따르면 많은 벗 생기고
가는 곳 어디서나 공양을 받게 되네.

한 번 앉거나 눕는 것
한 가지 행실도 함부로 하지 말라
하나를 지키되 바른 마음으로써 하면
숲 속에 살아도 마음은 즐겁다네.

일곱 스님은 부처님을 직접 뵙고, 설법을 듣고 시까지 듣자, 부끄럽고 두려워 몸을 떨면서 온 몸을 땅에 던져 예배드렸습니다. 그리고 마음을 다잡고 허물을 뉘우치며, 그들은 산으로 다시 들어가 목숨을 걸고 공부하며 시의 이치를 생각하되, 하나를 지켜 마음을 바르게 하며 고요히 살면서 번뇌를 없애더니 이내 아라한의 도를 얻었습니다.

코끼리가 코를 보호하듯 입을 조심하라

나홀라가 출가는 했으나 도를 얻기 전에는 심성이 거칠고 사나웠으며, 그 말에는 진실함이 없었습니다.

부처님께서 나홀라에게 분부하셨습니다.

"너는 현제사賢提寺에 가서 살아라. 입을 조심하고 뜻을 다잡아 경전을 외우고 계율을 익히고 잘 지켜라."

나홀라는 가르침을 받자 예배하고 현제사로 떠났습니다. 그는 그곳에서 구십 일 동안 머물면서, 스스로 부끄러워하고 뉘우치며 밤낮으로 열심히 공부했습니다. 부처님께서 나홀라의 수행하는 상태를 보시려고 그곳에 가시자 나홀라는 반가워 앞으로 나가 예배한 뒤, 노끈 평상을 펴고 옷을 받아 걸었습니다. 부처님께서는 평상에 걸터앉아 나홀라에게 말씀하셨습니다.

"대야에 물을 떠 와서 내 발을 씻어다오."

나홀라는 분부를 받고 부처님 발을 씻어 드렸습니다. 발을 씻으신 부처님께서 나훌라에게 말씀하셨습니다.

"너는 발씻은 대야 물을 보아라."

"네, 보고 있습니다."

"그 물을 먹거나 양치질 할 수 있겠느냐?"

"다시 쓸 수 없나이다. 왜냐하면 이 물은 본래 깨끗하였으나 지금은 발을 씻어 더러워졌나이다. 그러므로 다시 쓸 수 없나이다."

"너도 저 물과 같다. 비록 나의 아들이고 국왕의 손자였으나, 세상의 영화를 버리고 스님이 되었으니, 공부하여 몸을 다잡고 입 조심할 것을 생각하지 않고, 더러운 세 가지 독이 네 가슴에 가득 차서, 이 물과 같기 때문에 다시 쓸 수 없느니라."

부처님께서 계속 말씀하셨습니다.

"그 물을 버려라."

"그 대야가 비었으니 거기에 음식을 담아 먹을 수 있겠구나."

"음식은 담을 수 없습니다. 왜냐하면 발을 씻은 대야라 더럽다는 생각이 그릇에 붙어 있기 때문입니다."

"너도 그와 같다. 비록 스님이 되었으나 입으로 하는 말에는 진실함이 없고, 심성은 거칠며, 정진을 제대로 하지 않아서, 일찍부터 나쁜 평판을 받았기 때문에 저 대야에 음식을 담을 수 없는 것과 같이 되어있느니라."

부처님께서 발로 대야를 차버리자 대야는 몇 번을 구르다가 멈추었습니다.

부처님께서 또 말씀하셨습니다.

"너는 혹시 저 대야가 깨어지거나 우그러질까 마음 졸였느냐?"

"발 씻은 그릇이며, 또한 헐값의 물건이라 다소 아깝기는 했지만 그렇게 애태우지는 아니했습니다."

"너도 그와 같다. 몸으로 행동을 조심하지 않고, 입으로 거친 말과 나쁜 욕설로 다른 사람을 중상했던 일이 많았기 때문에, 사람들이 너를 사랑하지 않고 지혜로운 사람이 너를 아끼지 않았다. 몸이 호흡을 거두면 정신이 몸을 떠나 세 갈래 나쁜 데를 윤회할 때, 스스로 나고 죽는 고통은 헤아릴 수 없다. 또 여러 부처님과 성현들이 너를 아까워하지 않는 것은, 네가 말한 것처럼 발 씻은 대야는 아까워 할 것이 없다는 것과 같으니라."

나훌라는 이 말씀을 듣고 부끄러움과 두려움 때문에 어떻게 할 바를 모르고 쩔쩔맸습니다.

부처님께서 다시 말씀하셨습니다.

"내가 비유를 들어 설명할 테니 잘 들어보아라.

옛날 어떤 국왕이 코끼리 한 마리를 키웠는데, 매우 영리하고 용맹하여 싸움을 잘하고 보통 코끼리 오백 마리보다 더 힘이 세었다. 왕은 군사를 일으켜 적군을 정벌하려고 코끼리에 갑옷을 입히고 조련사가 몰게 하였다. 또 코끼리의 두 어금니에는 두 개의 창을 붙여 매었고, 두 귀에는 두 개의 칼을 붙여 매고, 또 네 발에는 굽은 칼을 하나씩 붙여 매었고, 또 꼬리에는 쇠몽둥이 한 개를 붙여 매었다. 코끼리에 매단 아홉 개의 병기는 매우 날카롭다. 그러나 코는 감추어 두고 전투에 사용하지 않는다. 조련사는 그것을 보고 코끼리가 목숨을 보호할 것을 알고 기뻐한다. 왜냐하면, 코끼리의 코는 연하여 위험하다. 화살을 맞으면 즉사하기 때문에 코를 내놓고 전투하지 않는다. 그런데 코끼리는 싸움이 오래 계속되자 코를 내어 칼을 찾았다. 조련사는 칼을 주지 않았으니, 이 용맹한 코끼리가 몸을 아끼지 않는다는 것을 알기 때문이다. 코끼리가 코를 내어 칼을 찾는 것은 코끝에 매달고 싶어 하는 것이다. 그러나 왕과 신하들은 큰 코끼리를 매우 아끼기 때문에 코에 칼을 매달고 싸우게 하지 않았다."

부처님께서 나훌라에게 계속 말씀하셨습니다.

"사람이 아홉 가지 악은 저지르더라도 오직 입만은 단속하여야 한다. 그것은 큰 코끼리의 코에 칼을 매달고 싸우지 못하도록 하는 것과 같다. 그렇게 하는 이유는 코에 화살이 적중되어 죽는 것을 두려워하기 때문이다. 사람도 또한 이와 같아서 입 조심을 해야 하나니, 그 이유는 세 갈래 가운데, 지옥에 떨어져 고통을 받는 것이 두렵기 때문이다. 열 가지 악을 다 저지르는 사람은 입까지 단속하지 않는 사람이니, 이것은 큰 코끼리가 화살을 맞아 죽을 것을 생각하지 않고 코를 드러내 싸우려는 것과 같다. 사람도 또한 이와 같이 열 가지 악을 저지르는 것은 오직 세 갈래 길에서 지독한 고통을 생각하지 않는 것이다. 그러므로 몸과 입과 뜻을 잘 단속하여 열 가지 선善을 실행하고 어떤 악도 저지르지 않으면 그는 도를 얻어 세 가지 길을 아주 떠나 나고 죽음에 대한 근심이 없게 되느니라."

부처님께서는 다시 시로써 말씀하셨습니다.

나는 코끼리가 전투하면서
화살에 맞는 것을 겁내지 않듯,
항상 성실한 믿음으로
계율을 지키지 못한 사람 제도하느니라.

잘 조련된 코끼리는
왕이 타기에 적당하듯,
스스로를 다스리면 훌륭한 사람 되고
비로소 다른 사람이 신용하느니라.

나훌라는 부처님의 간곡한 교훈을 듣고, 감격하여 스스로 힘쓰고, 뼈에 새겨 잊지 않고 정진하여 욕됨을 참고, 순종하는 것이 땅과 같아졌습니다. 온갖 생각이 사라지고 마음이 고요하여, 바로 아라한의 도를 이루었습니다.

자기를 다스려라

부처님께서 슈라바스티의 기타 숲 외로운 이 돕는 절에서 사부 제자와 하늘 사람과 용과 귀신과 제왕과 백성들을 위하여 설법하고 계시던 어느 때, 아제담이라는 장로 거사가 부처님 앞에 나아가 절하고 한 쪽에 물러나 앉아서 합장하고 꿇어앉아 사뢰었습니다.

"오래 전부터 널리 교화하신다는 말씀을 듣고 우러러 흠모하여 진작 와서 뵈려 하였사오나 개인적인 일로 인하여 뜻을 이루지 못하였나이다. 원컨대 사랑하시는 마음으로 용서하여 주시기 바랍니다."

"어디서 왔으며, 이름은 무엇인가?"

"원래 거사의 종족으로 이름은 아제담이라 하오며, 선왕 시절에는 코끼리를 조련했습니다."

"코끼리를 조련하는 방법은 몇 가지가 있는가?"

"늘 세 가지 방법으로 코끼리를 조련합니다. 첫째는 든든한 갈고리를 입에 걸어 고삐를 매는 것이며, 둘째는 먹이를 적게 주어 굶주려 여위게 하는 것이며, 셋째는 몽둥이로 때려 고통을 주는 것입니다. 이 세 가지 방법을 사용하면 잘 길들일 수 있습니다."

"그 세 가지 방법을 사용하여 어떤 점을 다스리는가?"

"쇠갈고리로써 입에 거는 것은 거센 성질을 제어하려는 것이며, 먹이를 적게 주는 것은 함부로 날뛰는 몸을 제어하려는 것이며, 몽둥이로 때리는 것은 마음을 항복 받으려는 것이니, 그렇게 하면 잘 길듭니다."

"그렇게 훈련시켜 무엇에 사용하려는 것이오?"

"그렇게 훈련시켜야 왕이 타시기에 알맞고, 또 싸울 때에 앞으로 나아가고 뒤로 물러가는데 걸리적 거리지 않습니다."

"그 방법 외에는 다른 방법이 없는가?"

"코끼리를 다루는 방법은 이것뿐이옵니다."

부처님께서 말씀하셨습니다.

"다만 코끼리를 잘 다룰 뿐만 아니라 자기 자신도 잘 다루어야 하느니라."

"아직 저는 잘 모르겠습니다. 자기를 다룬다는 그 이치는 어떠하옵니까? 원컨대 세존께서 아직 제가 듣지 못한 그 법을 말씀해 주십시오."

"나도 세 가지 방법으로 모든 사람들을 다루고 또 내 자신도 다루어 함 없음에 이르게 되었다. 즉 첫째는 진실한 말로 입의 업을 제어하고, 둘째는 인자하고 진실하고 솔직함으로써 거센 몸을 항복 받으며, 셋째는 지혜로써 마음의 어리석은 번뇌를 없앤다. 이 세 가지 방법으로써 모든 중생을 제도하여 세 갈래 나쁜 길을 떠나게 하고, 또 나 자신이 나고 죽음이 없음에 이르러 생사와 근심과 슬픔과 고통과 번민을 받지 않는다."

부처님께서는 다시 시로써 말씀하셨습니다.

호재護財라 부르는 코끼리
용맹하고 사나워 제어하기 어렵다.
고삐로써 매어놓고 밥을 주지 않아도
오히려 사나운 코끼리라네.

본래부터 마음으로 순수하게 실행하고
항상 편안한 대로 행하면
마치 갈고리로써 코끼리를 다루듯 하며
온갖 번뇌를 항복 받는다네.

도를 즐기되 방일하지 않고
언제나 스스로 마음을 지키면
그러면 내 몸의 고통 없어지니
코끼리가 함정에서 나오는 것과 같네.

비록 항상 조련을 해도
새로 길들이는 것과 같네.
가장 좋은 코끼리라도
스스로를 길들임만은 못하네.

저것이 나아갈 수 없는 곳엔
사람도 이르지 못하는 곳이네.
오직 자기를 길들인 사람
능히 길들인 방법에 도통한다네.

거사는 위의 시를 듣고 한량없이 기뻐하고 마음이 열려, 곧 법의 눈을 얻었고, 그리고 설법을 들은 무수한 사람들도 모두 도의 자취를 얻었습니다.

애욕은 움처럼

옛날에 부처님께서 라자그리하의 그리드라쿠타산 절 안에서 하늘 사람과 세상 사람과 용과 귀신들을 위하여 큰 법을 펴고 계셨습니다.

그 때에 어떤 사람이 집과 처자를 버리고 부처님 앞에 와서 스님이 되기를 소원하였습니다. 부처님은 곧 받아들여, 스님을 만들고 나무 밑에 앉아 도덕을 생각하라고 가르쳤습니다. 그 스님은 가르침에 따라 절에서 백 여리쯤 떨어진 어느 깊은 산에 들어가 숲 속에 홀로 앉아 삼 년 동안 도덕을 생각했으나 마음이 견고하지 못하여 마음속으로 환속하고 싶어 했습니다.

'집을 버리고 도를 구함이 힘들고 괴로우니 빨리 집으로 돌아가 나의 아내와 자식을 만나는 것이 좋겠다.'

이렇게 생각하고 산을 나왔습니다. 부처님께서 거룩한 지혜로써, 그 스님이 장차 도를 얻을 수 있는 데도 어리석기 때문에 집으로 돌아가고 있는 것을 아시고, 곧 신통으로써 스님이 되어 길을 거슬러 가시다가 도중에서 그를 만나 그에게 물으셨습니다.

"어디서 오십니까? 여기는 땅이 평탄하니 앉아서 이야기나 좀 합시다."

스님이 부처님께 말했습니다.

"저는 집과 처자를 버리고 출가하여 스님이 되어 이 깊은 산에 살았으나 도를 얻지 못했소. 아내와 자식을 이별한 뒤, 본래의 소원도 이루지 못하고, 부질없이 괴롭게 살며 아무 것도 얻지 못한 채 목숨만 잃을 것 같소. 그래서 지금 후회하고 집으로 돌아가 아내와 자식들을 만나 즐겁게 살다가 뒤에 다시 계획을 세우려 하오."

어느 사이엔가 늙은 원숭이 한 마리가 나타났습니다. 그 원숭이는 오래 전부터 숲을 멀리 떠나 숲이 없는 곳에서 혼자 살고 있었습니다.

부처님께서 그 스님께 물으셨습니다.

"저 늙은 원숭이는 왜 이러한 평지에 홀로 살면서, 나무도 없는 이곳에서 무엇을 하며 즐기는 것일까요?"

"저는 오래 전부터 저 원숭이를 보아 왔는데, 두 가지 일 때문에 여기에 와서 사는 것을 알았소. 첫째는 숲 속에 살면 암놈과 새끼 등 권속이 많아 입에 맞는 음식인 과일을 마음껏 먹지 못하기 때문이며, 둘째는 숲 속에 있으면 손바닥 발바닥이 찢어지도록 밤낮 나무에 오르내리느라고 편히 쉴 수 없었소. 이 두 가지 일로 하여 숲을 버리고 여기에 와서 삽니다."

두 사람이 이야기하고 있는 동안에 원숭이가 다시 나무위로 올라갔습니다. 부처님께서 말씀하셨습니다.

"스님은 저 원숭이가 다시 숲 속으로 들어가 나무 타는 것을 보십니까?"

"보이는군요. 저 짐승은 어리석소. 숲에서 무리들이 시끄럽게 떠들던 것을 벗어났다가 수고로움과 번거로움을 싫어하지 않고 도로 숲 속으로 들어갔소."

부처님께서 말씀하셨습니다.

"스님도 그와 같소. 저 원숭이와 무엇이 다르오. 스님도 본래 두 가지 일 때문에 이 산중으로 들어왔소. 두 가지란 첫째 아내와 집이 감옥 같고, 둘째 자식과 권속들이 수갑桎梏같았기 때문에 스님은 여기 와서 도를 닦아 나고 죽는 괴로움을 끊으려 한 것이오. 그런데 지금 집에 돌아감으로써 다시 수갑에 묶이고 감옥에 들어가 애정과 애욕과 사모함을 말미암아 지옥으로 들어가려 하는 것이오."

부처님께서 원래 상호를 나타내시니 열여섯 자의 몸에서 금빛 광명이 나와 두루 비추고 온 산을 에워쌌습니다. 모든 짐승들도 그 광명을 따라와 모두 스스로의 전생 일을 알고 마음속으로 그 죄를 뉘우쳤습니다.

부처님께서는 다시 시로써 말씀하셨습니다.

저 나무뿌리가 깊으면 든든하고
비록 베어도 새움 나는 것처럼,
애욕을 완전히 버리지 않으면
반드시 다시 괴로움 받느니라.

마치 저 원숭이가 숲을 떠남으로써
괴로움 벗어났다가 다시 돌아가는 것처럼,
사람들도 또한 그와 같아서
지옥에서 나왔다가 다시 지옥으로 들어가느니라.

탐욕은 언제나 계속되고
습관과 교만이 나란히 일어나고,
야릇한 음욕을 생각하면,

스스로를 덮어 자기 견해가 없느니라.

온갖 잡생각 흘러넘침이
애욕으로 뒤얽힌 칡넝쿨 같네.
오직 지혜로서 분별해 보아야
탐욕의 근원을 끊을 수 있느니라.

대개 애욕이 번짐을 따라
생각의 넝쿨은 뻗어 가느니라.
애욕은 깊고 깊어 끝이 없으니
늙음과 죽음의 반복 더해 가느니라.

그 스님은 부처님의 상호를 보고 또 위의 시를 듣고, 두려워 벌벌 떨다가 온 몸을 땅에 대고 참회하며 사과드리고 속으로 자신을 꾸짖고 참회하여 잘못을 고쳤습니다. 그리고 물러나 수식관*을 실행하더니 지관止觀을 따라 부처님 앞에서 바로 아라한이 되었습니다.

여러 하늘 사람들이 듣고 다 기뻐하며, 꽃을 흩어 공양 올리고 헤아릴 수 없이 찬탄했습니다.

4권

자기 자신을 이롭게 하지 못하고
어찌 다른 사람을 이롭게 하겠는가?
마음을 길들이고 몸을 건강하게 하면
무슨 소원을 이루지 못하랴

애욕품愛欲品 둘

애욕은 감옥

부처님께서 슈라바스티에서 하늘 사람들을 위해 설법하고 계시던 어느 때, 그 성안에 헤아릴 수 없는 재물을 소유했으나 사람됨이 인색하고 탐욕이 많아 보시하기 싫어하는 바라문 장자가 있었습니다. 식사 때에는 항상 문을 닫아걸었고, 사람이 오는 것을 꺼려 밥을 먹을 때에는 수위에게 명령하여 어떤 사람도 문안으로 들어오지 못하게 했으니 걸식을 하러 오는 스님이나 범지들도 그를 만날 수 없었습니다.

어느 날 장자는 갑자기 맛난 음식이 먹고 싶어, 그 아내에게 살진 닭을 잡아 후추와 생강즙을 발라 요리하도록 했습니다. 수위에게 명령하여 바깥문을 잠그고, 부부는 아이를 곁에 앉히고 닭고기를 뜯어 아이에게 먹여주며 맛있게 먹었습니다.

부처님께서는 장자에게 전생의 복이 있어 제도할 수 있음을 아시고, 스님으로 변신하셔서, 장자의 가족이 식사하는 자리에 나타나셔서 축원하셨습니다.

"나에게 조금만 보시하면 더 큰 부자가 될 것이오."

장자는 고개를 들어 스님을 보고 꾸짖었습니다.

"그대는 스님으로서 부끄러움이 없소! 가족끼리 앉아 식사를 하는데 왜 이렇게 실례되는 짓을 하는가?"

"그대야말로 어리석어 부끄러움을 모르는구려. 지금 나는 걸식하는 스님인데, 왜 부끄러움을 모른다고 하는가?"

"나는 가족끼리 서로 즐기고 있는데 무슨 이유로 부끄럽겠는가?"

"그대는 아버지를 잡았고, 어머니를 아내로 삼았으며, 원수에게 아버지의 살을 먹이면서도 부끄러워 할 줄 모르고 도리어 걸식하는 스님을 보고 '왜 부끄러워하지 않는가?' 라고 말하였소."

스님은 다시 시로써 말씀하셨습니다.

생긴 가지는 끊지 못하고
다만 음식으로써 탐욕을 부리는구나.
원수를 키워 무덤만 늘리니
어리석은 사람은 언제나 급급하네.

비록 감옥 문에 자물쇠를 채워도
지혜로운 이는 감옥이라 말하지 않네.
어리석은 이 아내와 자식이 꾸민 것보고
깊이 집착하니 애욕은 튼튼한 감옥이네.

지혜로운 이는 애욕을 감옥이라 하고
매우 단단하여 벗어나기 어렵다 말하네.
이런 이유로 반드시 끊고 버리면
탐욕과 친근하지 않고 편안해 진다네.

장자는 시를 듣고 깜짝 놀라며 물었습니다.

"도인께서는 왜 그러한 말씀을 하십니까?"

"저 식탁 위의 닭은 돌아가신 당신의 아버지요. 그는 항상 인색했고 탐했기 때문에 늘 집의 닭으로 태어나 그대에게 먹혔소. 저 아이는 전생에 나찰이네. 그대는 상인으로 배를 타고 바다로 나갔다가 풍랑을 만나 나찰 나라로 떠내려가 나찰에게 잡혀 먹혔소. 그로 인하여 나찰은 오백 세를 살다가 죽은 뒤 와서 그대의 아들이 되었소. 그대와의 관계에 남은 죄업이 아직 끝나지 못했기 때문에 지금 그대를 해치려고 온 것이오. 그리고 지금의 아내는 바로 전생에 그대 어머니로써 은혜와 애정이 깊고 굳었기 때문에 금생에 돌아와 그대의 아내가 되었소. 지금 그대는 어리석고 미욱하여 전생 일을 모르기 때문에 아버지를 죽여 원수에게 먹이고, 어머니를 아내로 삼았으니, 다섯 갈래에서 나고 죽으며 끝없이 헤매고 돌아다니는 것을 누가 알겠는가? 오직 이 도사만이 그런 것을 알 수 있고, 그대는 어리석어 알지 못하니 어찌 부끄럽지 않겠는가?"

이와 같은 말을 들은 장자는 두려움으로 온 몸의 털이 곤두섰습니다. 부처님께서 신통력을 빌려주어 전생 일을 알게 하시자, 장자는 부처님께 참회하고 감사하며, 다섯 가지 계율을 받았습니다. 부처님께서 그를 위해 설법하시니 그는 곧 스로타판나의 도를 얻었습니다.

영원할 수 없는 美

부처님께서 슈라바스티의 기타 숲 외로운 이 돕는 절에서 설법하고 계시던 어느 때, 어떤 젊은 스님이 성안에 들어가 걸식하다가, 비교할 데 없이 아름다운 어느 젊은 여자를 보고, 마음에 욕정이 생겨 거기에 홀려 풀려나지 못하고 드디어 상사병이 되었습니다. 잠도 자지 못하고, 음식을 소화하지도 못했습니다. 몸은 마르고 얼굴은 수척하여 자리에 누워 일어날 수 없었습니다. 같이 공부하던 스님이 그에게 물었습니다.

"어디가 아프신가?"

그 젊은 스님은 자신이 병든 사유를 자세히 말하고, 덧붙여 지금의 심정을 토로하였습니다.

"도 닦기를 그만두고 애욕에 뛰어들고 싶은데, 그렇게 하지 못해 한이 맺혀 병이 되었습니다."

아무리 타이르고 충고하여도 듣지 않자, 억지로 그를 이끌고 부처님 앞에 나아가 그 사정을 자세히 말씀드렸습니다.

부처님께서는 병든 스님께 말씀하셨습니다.

"네 소원은 이루기 어렵지 않으니 괴로워 할 이유가 없다. 내가 너를 위하여 방편으로 그 소원을 풀어줄 테니, 우선 일어나 음식이나 먹어라."

젊은 스님은 이 말씀을 듣자 매우 기뻐하며 맺혔던 기운이 풀렸습니다. 부처님께서는 그 비구와 대중들을 데리고 슈라바스티 성안으로 들어가 예쁜 여자가 있다는 집으로 가셨습니다. 그러나 그 예쁜 여자는 이미 죽은 지 사흘이나 되었고, 집안은 온통 비탄에 빠져 주검을 차마 묻지 못했습니다. 주검은 팅팅 불어 터져 더러운 물이 흐르고 있었습니다. 부처님께서는 젊은 스님께 말씀하셨습니다.

"네가 탐착하고 홀렸던 예쁜 여자는 지금 이렇게 되었다. 이 세상 모든 물질은 덧없어 호흡하는 사이에도 변하고 있다. 그런데 어리석은 사람은 그 겉만 보고 알맹이를 보지 못하여, 죄악의 그물에 휩싸여 있기 때문에 그것을 즐거운 것이라 하느니라."

부처님께서는 다시 시로써 말씀하셨습니다.

여자를 보고 마음이 현혹되어
덧없음을 생각하거나 식별하지 않고
어리석은 이는 고와서 좋다하니
어찌 그것이 진실이 아님을 알 수 있으랴.

음욕의 즐거움은 스스로를 얽어 매나니
누에가 고치 만드는 것 같다네.
지혜로운 이는 끊고 버려서

돌아보지 않으므로 괴로움이 없네.

마음으로 방일함을 생각하는 사람은
음행을 보고도 깨끗하다 생각하네.
은혜와 사랑의 마음이 불어만 가서
스스로의 감옥을 만들어 가네.

그런 줄 깨닫고 음욕을 없앤 사람은
언제나 애욕은 더럽다고 생각하네.
이 때부터 삿된 감옥 벗어나
나고 죽음의 근심을 끊을 수 있다네.

젊은 스님이 그 여자를 보니, 죽은 지 사흘이 지났으므로 그 예뻤던 얼굴은 부어터지고, 악취 때문에 가까이 갈 수조차 없었습니다. 그리고 또 부처님의 청정한 가르침과 시를 듣고, 슬퍼하더니 마음의 문이 열리고 홀렸던 스스로를 깨달았습니다. 그는 부처님께 큰절하고 허물을 뉘우쳤습니다. 부처님께서는 다시 그의 귀의를 받아 주시고, 절로 데리고 가셨습니다. 그는 목숨을 걸고 정진하더니 아라한의 도를 얻었고, 부처님을 따라 그 곳에 갔던 헤아릴 수 없는 대중들도, 색욕의 더러움을 보고 덧없음을 믿어 애욕을 탐하고 희망하던 것을 그치고 도의 자취를 얻었습니다.

어리석음은 근심의 문

어느 때 부처님께서 슈라바스티의 기타 숲 외로운 이 돕는 절에서 하늘 사람들과 용들과 귀신들을 위하여 설법하고 계셨습니다.

그 곳에 큰 장자로서 재산이 헤아릴 수 없었으나, 슬하에 열두서너 살 되는 아들 하나를 두고 내외가 갑자기 숨을 거두었습니다. 아이는 나이가 어렸기 때문에 집안을 다스리거나 아버지의 사업을 경영하지 못해 몇 해가 되지 않아 재물은 다 없어지고, 구걸하는 신세가 되어 스스로를 추스를 형편이 되지 않았습니다.

아버지의 친한 친구로서 재산이 많은 어떤 큰 장자가 그가 걸식하는 것을 보고 그 곡절을 물었습니다. 장자는 그를 매우 가엾이 여겨 집으로 데려가 살아가는 방법을 가르쳤고, 또 딸로 아내를 삼게 하였으며, 종과 수레와 말과 수없는 가재도구와 많은 재물을 주고, 집을 지어 가정을 꾸려 주었습니다. 그러나 그는 사람됨이 게으르고 아무 계획이 없고 생활 능력이 없어서, 앉은 채로 재산을 탕진해 다시 가난해졌습니다. 장자는 딸이 불쌍해서 다시 살아갈 만큼의 재산을 주었으나, 그는 여전히 또 살림살이를 잘못하여 가난하게 되었습니다. 장자는 여러 번 살림을 차려 주었으나 살림 사는 능력이 부족하여, 끝까지 가정을 경영하지 못할 것으로 생각하고, 장자는 딸을 데려다 다른 남자와 혼인시키려고 식구와 친지들과 상의하였습니다. 여자가 논의하던 말을 우연히 엿듣고 남편에게 가서 말했습니다.

"나의 친정집 사람들은 세력이 강대하여 저를 당신에게 떼어 낼 것입니다. 그것은 모두 당신이 생활해 나갈 능력이 없기 때문이니, 당신은 어떻게 하겠습니까?"

이 말을 들은 남편은 부끄러워하면서 곰곰이 생각하였습니다.

'나는 박복하여 어릴 때 부모를 잃고 살림 사는 방법을 배우지 못했다. 지금 아내를 빼앗기고 옛날처럼 거지가 되겠구나. 아내와 정이 들었는데 어떻게 살아서 이별할 수 있겠는가?'

이렇게 되풀이하여 생각하다가 모진 마음을 먹고 아내를 데리고 방에 들어가 말했습니다.

"나는 당신을 빼앗기고 살 수 없소. 차라리 그대와 같이 죽고 싶소."

그는 준비했던 칼로 아내를 찔러 죽이고 자신도 죽었습니다. 이들의 주검을 발견한 종들이 장자에게 달려가 알렸습니다. 장자의 가족들은 달려와 처참한 그들의 주검을 보고 놀랐으나 법에 따라 장례를 치렀습니다. 그리고 그들은 시름에 빠져 차마 다비 장소를 떠나지 못하고 배회하였습니다. 조금 뒤에 '부처님께서 세상에 계셔서 교화하시고 설법하시는데 뵙는 이들은 누구나 근심과 걱정을 잊는다.' 고 하던 말을 기억했습니다. 그는 가족들을 이끌고 부처님께 나아가 예배하고 한쪽에 물러나 앉았습니다.

부처님께서 장자에게 물으셨습니다.

"어디서 오는가? 얼굴에 왜 근심스런 기색이 가득한가?"

"제가 덕이 없어, 딸을 시집보냈는데, 사위가 어리석어 생업을 영위하지 못했기 때문에 딸을 도로 데리고 오려 하였습니다. 그것을 안 사위는 내 딸을 죽이고 저도 죽었습니다. 그들을 장사지내고 돌아오다가 부처님을 뵈옵게 되었습니다."

부처님께서 그들에게 말씀하셨습니다.

"탐욕과 분노는 세상에 언제나 있는 병이고, 어리석음과 무지는 근심으로 들어가는 문이다. 이것을 말미암아 세 세계 다섯 갈래의 깊은 못에 떨어져 사람들이 수없는 겁 동안 나고 죽음에 헤매면서 갖가지 괴로움을 받는다. 그러면서도 오히려 후회할 줄 모르거든 하물며 어리석은 사람이 어찌 그것을 알겠는가? 탐욕의 독은 자기의 몸을 망치고 친족을 죽이니 그 해를 입힘이 모든 중생들에게 다 미치거늘 그 부부뿐이겠소?"

부처님께서는 다시 시로써 말씀하셨습니다.

어리석은 사람은 탐욕으로써 스스로를 묶어
저 언덕으로 건너가려 하지 않는다.
탐욕으로써 재물을 사랑하는 까닭에
다른 사람 해치고 스스로를 해친다.

애욕으로써 마음의 밭을 삼고
음욕과 분노와 어리석음으로써 종자를 삼는다.
억지로라도 세상을 구하는 이에게 보시하면
얻는 복 헤아릴 수 없다네.

동행이 적고 재물이 많으면
보따리 상인은 두려워한다.
탐욕이란 도적은 목숨을 해치므로
지혜로운 사람은 탐욕스럽지 않느니라.

장자는 부처님의 시를 듣고 기뻐하며 즐거운 마음이 생겨 근심을 잊고 걱정이 없어졌습니다. 그리고 그 자리에서 설법을 들은 사람들은 이십 억 겁의 악을 깨뜨리고, 스로타판나의 도를 얻었습니다.

분노 주머니

부처님께서 슈라바스티의 기타 숲 외로운 이 돕는 절에서 하늘 사람과 용과 귀신과 제왕과 벼슬아치와 백성들을 위하여 설법하고 계시던 어느 때, 방탕한 두 사나이가 있었습니다. 그들은 친구가 되어 늘 서로 붙어 다녀 한 몸이나 다름이 없었습니다. 그들은 서로 의논하고 스님이 되려고 부처님께 나아가 예배한 뒤 꿇어앉아 합장하고 사뢰었습니다.

"저희들은 출가하려고 합니다. 허락하여 주십시오."

부처님께서는 곧 그들을 받아 스님을 만들고, 그들을 한 방에 살게 하였습니다. 그들은 한 방에서 세상의 은혜와 애정과 영화와 쾌락만을 생각하였습니다. 또 섹스와 육체의 아름다움을 찬탄하고, 아름다운 모습을 말하며, 집착에 빠져서 그 생각을 버리지 못했습니다. 그리하여 덧없음과 오로汚露가 더러움을 생각하지 않았습니다. 그렇게 함으로써 마음이 답답한 속병이 생겼습니다. 부처님께서 지혜의 눈으로 그들의 생각이 어지럽고 뜻이 밖으로 내닫고 마음을 탐욕에 내맡겨 잡도리하지 않기 때문에, 그대로는 구제되지 못할 것을 아셨습니다. 두 스님 가운데 한 스님을 다른 곳으로 보내시고 다른 스님의 모습이 되셔서 그 방으로 가셔서 물으셨습니다.

"우리가 생각한 것이 마음에서 떠나지 않으니, 우리는 함께 가서 여자의 몸뚱이를 살펴보고 어떠한 것인가를 알아보자. 공연스레 생각만하다 보니 피로하기만 할 뿐 아무런 이익이 없다."

두 사람은 짝을 지어 사창가에 이르렀습니다. 부처님께서는 사창가 안에 신통 변화로 창녀 한 사람을 만들어 놓고 그 집으로 들어가 창녀에게 말씀하셨습니다.

"우리들은 도인으로서 여자와의 관계를 금지하는 계율을 받았으니, 몸으로 직접 관계하지 않고 여자의 벗은 몸을 보려는 마음에서 여기에 왔네. 보기만 하고 정해진 화대를 지불하겠네."

창녀는 곧 목걸이와 향내 나는 옷을 벗고 나체로 섰습니다. 몸에서 나는 냄새로 가까이 하기 어려웠습니다. 두 사람은 이것을 자세히 보고 또 음부에서 나는 오로까지 보았습니다. 부처님께서 스님에게 말씀하셨습니다.

"여자들이 좋아 보였던 것은 다만 화장품과 향수와 꽃으로 꾸미고, 목욕하여 향을 발랐으며, 형형색색의 옷으로써 오로를 가렸기 때문이며, 향수를 많이 뿌려 사람이 맡아주기를 바랐던 것이었다. 비유하면 가죽주머니에 분뇨를 가득 담은 것과 같은데 어찌하여 탐착했는지 모르겠구나."

부처님께서는 다시 시로써 말씀하셨습니다.

탐욕아. 나는 너의 근본을 안다.
뜻함은 생각에서 생기는 것이구나.
내가 너를 생각하지 않는다.

그러면 너는 있을 수 없다.

마음으로 좋아하면 탐욕이 되나니
어찌하여 다섯 가지 욕심뿐인가?
재빨리 다섯 가지 욕심을 끊을 수 있다면
그런 사람 용맹한 이라 하느니라.

욕심 없으면 두려워 할 것 없고
욕심이 없으면 근심도 없네.
탐욕이 제외되면 번뇌에서 풀리고
영원히 생사의 못에서 벗어나느니라.

시를 끝내신 부처님께서 밝고 빛나는 원래 모습을 나타내시자, 스님은 부처님을 뵙고 부끄러워하며 허물을 뉘우치고 몸을 땅에 던져 큰절하였습니다. 부처님께서는 그를 위해 거듭 설법하시니 그는 기뻐했고, 마음이 열려 아라한이 되었습니다.

다른 스님이 돌아와 친구를 보니 얼굴빛이 평상시보다 부드럽고 즐거워 보였습니다.

그는 사실대로 설명하였습니다.

"부처님께서 대자대비를 드리워서 나를 가엾이 여겨 가르쳐 주셨기 때문에 이렇게 되었다. 나는 부처님의 은혜를 입고 모든 괴로움을 벗어났다네."

다시 시로써 말하였습니다.

밤낮으로 쾌락을 생각하면서
마음과 뜻이 쉼 없이 헤매다가
여자의 생식기에서 오로를 보고
생각이 없어지고 근심이 없어졌네.

그 친구 스님도 시를 듣고 그 이치를 사유하더니, 바로 욕심을 끊고 탐욕에 대한 생각이 사라져 법눈을 얻었습니다.

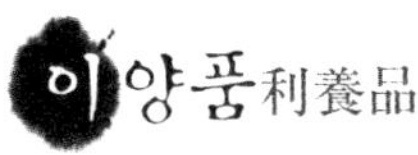

진실한 아름다움

어느 때 부처님께서 코삼비의 미음정사美音精舍에 가셔서 하늘 사람과 사람들과 귀신과 용들을 위하여 설법하고 계시던 때, 그 나라 우다나왕의 왕비는 어질고 남을 사랑하여 이름이 널리 알려졌고, 언제나 맑고 깨끗하였습니다. 왕도 그의 지조를 보배로 여기고 항상 사랑하며 공경했습니다. 왕은 부처님께서 오셔서 교화하신다는 말을 듣고, 수레를 꾸며 왕후와 함께 타고 부처님 계신 곳에 나아가 큰절하고 한 쪽에 물러나 보통 자리에 앉았습니다. 부처님께서는 국왕과 왕비와 궁녀들을 위하여 '모든 것은 무상하고 괴로움이고 공한 것이며, 사람이 무엇 때문에 태어나며, 만나면 헤어져야 하는 괴로움과, 미운 사람을 만나는 괴로움과, 복을 지으면 하늘에 태어나며, 악을 지으면 지옥에 태어난다.'는 설법을 하셨습니다.

국왕과 왕후는 기뻐하며 믿고 이해하더니, 각각 다섯 가지 계율을 받고, 청신사淸信士와 청신녀淸信女가 된 뒤, 부처님을 하직하고 궁중으로 돌아갔습니다.

그 나라에 길성吉星이라는 바라문이 세상에 비교할 수 없이 아름다운 딸을 두었습니다. 나이 십육 세가 되자 조금도 흠잡을 수 없을 만큼 아름다웠습니다. 그는 현상금으로 금화 천 냥을 쌓아놓고 구십 일 동안 지혜로운 이의 응모를 기다렸습니다.

"만일 누구든지 내 딸을 아름답지 않다고 흠잡는 사람이 있으면 이 금화를 주겠다."

아무도 나서는 사람이 없었습니다.

그 딸이 장성하자 사위 삼을 사람을 찾았습니다.

'누구에게 시집보낼까? 만일 내 딸만큼 잘난 남자가 있으면 그에게 시집보내겠다. 소문에 의하면, 석가족인 스님 고타마는 얼굴이 황금빛이며, 세상에 드문 사람이라 하니 내 딸을 그에게 시집보내어 짝을 짓게 하겠다.'

그는 딸을 데리고 부처님께 찾아가 인사드리고 말했습니다.

"나의 딸은 아름답고 깨끗하기가 세상에 둘도 없소. 이미 장성하여 시집을 보내려 하지만, 이 세상에는 딸과 짝이 될 만한 사람이 없소. 오직 고타마만 단정하여 짝이 되겠기에, 일부러 딸을 데리고 멀리서와 짝으로 주려하오."

부처님께서 말씀하셨습니다.

"그대의 딸이 아름다운 것은 그대의 집에서 좋아하는 것이고, 내가 좋아하는 것은 여러 부처님이 좋아하시는 것이다. 그러므로 내가 좋아하는 것과는 그 성질이 다르다. 그대가 그대 딸의 단정함과 아름다움을 자랑하지만, 그것은 마치 아름다운 병을 만들어 놓고 병 안에 똥오줌을 담은 것과 같은데, 무엇이 기이하고 특별하며 좋은 것이 있겠는가? 눈과 귀와 코와 입은 몸의 큰 도적이며, 아름다운 얼굴은 커다란 근심거리다. 집안을 망치고 친족을 해치고 부모를 근심스럽게 하고 자식을 번민하게 하는 것이 모두 여색女色 때문이다. 나는 스님이니 그대는 딸을 데리고 가거라. 나는 딸을 받지 않겠다."

바라문은 성을 내면서 즉시에 떠났습니다. 그는 그 길로 우다나 왕에게 가서 딸을 보이고, 아름다운 자태를 자랑하고 왕에게 아뢰었습니다.

"대왕이시여, 저의 딸은 왕비가 될 만합니다. 이제 장성하였으니 대왕께서 받아주소서."

왕은 그의 딸을 보고, 매우 기뻐하며 곧 둘째 왕후를 삼고,

그 아버지에게 임명장과 금과 은 등의 보물을 주고 정승을 삼았습니다. 그 여자는 둘째 왕후의 지위를 얻은 뒤, 늘 첫째 왕후를 질투하는 마음을 품고 아리따운 자태로 왕을 호려 모함하는 것이 한두 번이 아니었다. 듣다 못한 왕은 오히려 그녀를 나무랐습니다.

"너는 얼굴이 아름다운 것과는 반대로 겸손하지 못하구나. 왕후의 품행은 높이 받들만한데, 너는 도리어 그를 모함하는구나."

그러나 그 여자가 시기하고 질투하는 마음을 조금도 버리지 않고 해치려고만 했습니다. 또 끊임없이 모함하므로 왕의 마음도 흔들렸습니다.

"앞뒤의 일을 잘 계획하여 그가 재계齋戒할 때를 기회로 삼자."

"오늘 즐거운 연회를 베풀고 왕후를 부르십시오."

왕은 '궁중에 있는 모든 사람은 모이라.'라는 명령을 내렸습니다. 그러나 왕후는 재계를 이행하기 때문에 명령에 따르지 않았습니다. 두 서너 번이나 사람을 보내어 불렀으나 움직이지 않았습니다. 왕은 잔뜩 화를 내어 왕후를 끌어다 궁전 앞에 묶어 놓고 활을 쏘아 죽이려 했습니다. 그러나 왕후는 조금도 두려워하지 않고 한결 같은 마음으로 부처님께 귀의하였습니다.

왕이 직접 활을 쏘았습니다. 그러나 왕후를 향하여 쏜 화살이 왕후 가까이에 갔다가 왕에게로 돌아갔습니다. 몇 번을 쏘았으나 쏠 때마다 화살이 돌아갔습니다. 왕은 매우 두려워하며 직접 결박을 풀고 물었습니다.

"그대는 무슨 술법을 썼기에 그러한가?"

"저는 오직 부처님을 섬기고 삼존께 귀의하였으며, 아침부터 부처님께서 가르쳐주신 재계를 지키고 오후에는 먹지 않으며, 또 여덟 가지 계율을 실행하고 몸에 화장하지 않았습니다. 필시 부처님께서 가엾이 여기셨기 때문에 그러한 일이 일어 난 줄로 압니다."

"대단하십니다. 왜 진작 말하지 않았소."

곧 길성바라문의 딸을 그 부모에게 돌려보내고, 왕후로 하여금 궁중을 바로 다스리게 하였습니다. 왕은 내외와 태자와 궁녀들과 함께 수레를 타고 신하들에게 둘러싸여 부처님께 나아가 예배한 뒤 한쪽에 물러앉아 합장하고 설법을 들었습니다.

왕은 부처님의 설법이 끝나자, 부처님께 근래에 있었던 사실을 자세히 말씀드렸습니다.

왕의 말을 다 들으신 부처님께서 말씀하셨습니다.

"남을 호릴 정도로 요염한 여자는 여든 네 가지 태도가 있고, 큰 태도 여덟 가지가 있는데, 지혜로운 사람은 싫어하는 것입니다. 첫째는 질투요, 둘째는 제멋대로 성냄이요, 셋째는 남을 꾸짖음이요, 넷째는 저주하는 것이요, 다섯째는 우격다짐이요, 여섯째는 인색하고 탐냄이요, 일곱째는 꾸미기를 좋아함이요, 여덟째는 독을 품는 것이니 이것을 여덟 가지 큰 태도라 하느니라."

부처님께서는 다시 시로써 말씀하셨습니다.

하늘이 칠보를 비처럼 쏟아 주어도
욕심 많은 자는 만족하지 못한다.
즐거움은 적고 괴로움 많으니
이것을 깨달은 이 '어질다'하네.
비록 하늘에 태어날 욕심이라도
지혜로운 이는 버리고 탐하지 않네.
은혜와 애욕에서 떠남을 즐기면
비로소 부처의 제자가 되느니라.

부처님께서 다시 대왕에게 말씀하셨습니다.

"사람이 실행한 죄와 복은 제각기 본성이 있고, 받는 것은 그림자처럼 같아도 만 배나 다르오. 만약 여섯 가지 덕*을 행하고, 재계를 지키면 복이 많아 모든 부처님께서 칭찬하실 것이고, 죽어서는 하늘에 나서 복과 즐거움이 자연스레 생길 것이오."

부처님께 이 말씀을 하셨을 때 왕 내외와 궁녀와 신하들은 모두 마음이 열려 도의자취를 얻었습니다.

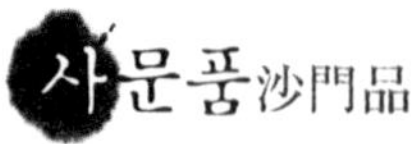

다섯 감관을 다잡아라

부처님께서 슈라바스티의 기타 숲 외로운 이 돕는 절에서 하늘 사람과 용과 귀신과 국왕과 백성들을 위하여 설법하고 계시던 어느 때, 어떤 젊은 비구는 이른 아침에 가사를 입고 바루를 들고 석장을 들고 큰 마을에 들러 걸식했습니다. 큰 길 가에 관청의 채소밭이 있었는데 그 가장자리에는 기장을 심었고, 바깥 풀 속에는 건드리기만 하면 곧 발사되는 화살을 장치해 두었습니다. 만약 짐승이나 도적이 와서 장치를 건드리면 화살에 맞아 즉사하게 되어 있었습니다. 단정하게 생긴 앳된 소녀가 혼자 이 채소밭을 지키고 있었습니다. 사람이 만약 들어가려고 하면 멀리서 소녀를 불러 길을 안내 받아야 겨우 채소밭에 들어가고, 길을 모르는 이는 반드시 쏘아지는 화살에 죽음을 당했습니다. 그리고 이 소녀는 혼자 지키며, 아름답게 노래하는데 그 노랫소리는 아름답고 맑아 듣는 사람은 모두 길을 가다가도 수레나 말을 세우는 것은 말할 것 없고 보행자까지 걸음을 멈추고 주위를 배회하거나 앉아서 듣고 있었습니다. 걸식을 갔던 젊은 비구스님도 돌아오다가 귀를 기울여 노랫소리를 듣고, 다섯 감관 중에 귀가 노래에 팔려 마음이 헷갈리고 뜻이 혼란하여 탐착하는 마음을 버리지 못했습니다.

'이 노래를 부르는 여자는 매우 아름답겠지.' 라고 생각하며, 음탕한 마음이 생겨 보고 싶어 앉았다가 일어섰다가 중얼중얼하다가 배회하더니, 문득 발길을 돌려 노랫소리가 나는 곳으로 향했습니다. 길을 반쯤 가기도 전에 마음이 황홀해졌는지 손에 쥐었던 지팡이가 손에서 떨어지고 어깨에 걸쳤던 가사가 벗겨지고, 바루를 놓친 것도 의식하지 못했습니다.

부처님께서는 세 가지를 통달하신 지혜로써 이 비구가 앞으로 조금만 더 가면 화살에 맞아 죽을 상황인 것과, 전생의 복으로 도를 얻을 수 있지만 어리석기 때문에 헷갈렸으며, 욕심에 찌들어 있는 것을 아시고, 그를 가엾이 여겨 구제하시려고, 속인으로 변화하여 그의 곁에 가서 시로써 꾸짖었습니다.

사문아. 어디를 가는가?

만약 뜻을 다잡지 못하고
걸음걸음에 달라붙어
다만 생각을 따라 달려만 가느냐?

비록 가사를 입었어도
나쁜 짓 하여 버리지 못하면
나쁜 행실 하는 사람
이런 이는 나쁜 갈래에 떨어지느니라.

번뇌를 끊고 스스로를 단속하여
마음을 꺾고 색욕을 물리쳐라.
사람이 색욕을 끊지 못하면
그 마음 외곬으로 달리느니라.

이것을 하겠다, 이것을 하겠다 하라.
반드시 억지로라도 스스로를 자제하라.
집을 떠나와서 그러고서도 게으르면
그 마음 다시금 물들게 되느니라.

게으르고 느리게 실행하는 사람은
유혹되는 마음이 제거되지 않는다.
깨끗한 행실하지 않고
어떻게 큰 보배에 이를 것인가?

조복하지 못하면 경계하기 어려우니
바람이 나무를 말리는 것 같으니라.
스스로 짓는 것은 자기를 위함인데
어찌하여 부지런히 공부하지 않는가?

부처님께서 시를 마치시고, 본래의 모습을 나타내시니, 상호는 환하시고 광명은 온 천지를 두루 비췄습니다. 만약 보는 이가 있다면 누구나 헷갈림에서 풀려나고, 혼란함이 그치고 모두가 본래대로 됩니다. 비구는 부처님을 뵈옵자, 마음이 탁 열려, 마치 어두운 곳에서 광명을 보는 것과 같았습니다. 온 몸을 땅에 던져 부처님께 예배한 뒤, 머리를 두드려 허물을 뉘우치고 참회하며 사죄드렸습니다. 마음속으로 마음을 한 곳에 집중하더니, 곧 아라한의 도를 얻고, 부처님을 따라 절로 돌아왔습니다. 이 설법을 들은 무수한 사람들이 다 법의 눈을 얻었습니다.

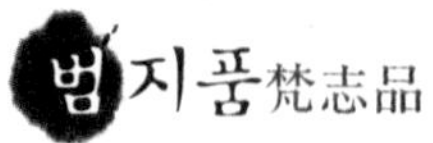

어리석음을 태우다

사하첩이라는 나라에 사후차타라는 큰 산이 있는데, 그 산에는 오백 명의 범지가 모두 신통을 얻었고 저희끼리 말했습니다.

“우리가 얻은 것이 바로 열반이다.”

부처님께서 처음으로 세상에 출현하셔서 법 북을 울리시고 감로 문을 여셨으나, 그들은 듣고도 나아오지 않았습니다.

부처님께서는 그들이 전생의 복으로써 구제될 수 있음을 아시고, 혼자 그들이 있는 곳으로 가셨습니다. 그 산으로 들어가는 어귀에서 어느 나무 밑에 앉아 삼매에 드셨습니다. 몸으로써 광명을 내셔서 큰 산을 온통 다 비추시니, 산에 불이 나서 온 산이 다 불에 타는 모양과 같았습니다. 범지들은 산에 불이 난 것을 보고, 매우 두려워하며 비를 내리게 하는 주문을 외워 불을 끄려고, 힘을 다해 신통을 부렸으나 끌 수가 없었습

니다. 괴상하게 여기고 살던 곳을 버리고 길을 따라 산에서 나오다가, 멀리 나무 밑에 앉아 선정에 드신 부처님을 바라보았습니다. 마치 해가 황금산 곁에서 뜨는 것 같고 상호는 환하시니 다가가서 부처님을 살펴보았습니다. 부처님께서 앉기를 권하고 말씀하셨습니다.

"어디서 오는가?"

"오래 전부터 이 산에서 도를 닦았는데, 오늘 아침에 갑자기 산불이 일어나 온 산의 나무를 다 태우기에 두려워, 불을 피해 달려 나오는 중입니다."

"그 불은 복불福火이라 사람을 태우지 않고, 그대들의 어리석음의 번뇌를 태우는 불이니라."

스승과 제자들은 서로 돌아보며 말했습니다.

"이 분은 어떤 도사이신가? 아흔여섯 가지 교파에서 아직 이러한 스승은 없었다. 일찍이 소문을 들었는데, 백정왕白淨王의 아들인 싯다르타라는 왕자는 왕위를 즐거워하지 않고 집을 떠나 부처가 되려고 한다 하더니, 그분이 아니고는 이런 분은 없을 것이다."

무리들이 스승에게 말했습니다.

"같이 가서 부처님께 범지들이 실행하는 공부가 법다운지의 여부를 여쭈어 봅시다."

스승과 제자들이 나아가 부처님께 여쭈었습니다.

"범지의 경법經法에 네 가지 걸림 없는 법이 있습니다. 즉 천문과 지리와 왕이 나라를 다스리고 백성들을 거느리는 법과 아흔여섯 가지의 도술로써 적당하게 실행하는 법이 있습니다. 이 경에서 이렇게 한 것이 과연 열반의 법입니까? 아닙니까? 소원이오니, 부처님께서 해설하셔서 저희들이 아직 듣지 못한 것을 가르쳐 주십시오."

"잘 듣고, 잘 생각하시오. 나는 전생에 수 없는 겁 동안 항상 그 법을 익혀, 다섯 가지 신통을 얻어 산을 옮겨놓고, 흐르는 물을 그치게 하였으나, 그런데도 그 뒤에 다시 수없이 나고 죽는 동안에 열반을 얻지도 못하였고, 또 도를 얻은 사람이 있다는 말도 듣지 못했다. 그러므로 그대들의 수행과 같은 것은 참다운 범지의 행이라 할 수 없느니라."

부처님께서는 다시 시로써 말씀하셨습니다.

애욕의 흐름을 끊으면 저 언덕에 이른 듯하고
탐욕이 없으면 브라흐마*와 같다.
실행해야 할 공부 이미 다 한 줄 알면

이러한 이를 범지라 하네.

둘이 없는 법으로써
청정하면 나고 죽음 벗어나네.
모든 탐욕의 결박이 풀린 이
이러한 이를 범지라 하네.

머리를 한데 모아 묶었다 하여
그를 범지라 이름하지 않네.
진실한 행과 법다운 행이
맑고 깨끗하면 '어질다' 하리라.

머리 묶고도 지혜 없으면
풀 옷 입고 무엇을 베풀 것인가.
안으로 집착을 여의지 못하면
겉으로 버린들 무슨 이익 있겠는가?

음욕과 분노와 어리석음과
교만과 그 밖의 모든 악을 버려라.

뱀이 허물을 벗듯이 한 사람
이러한 이를 범지라 하느니라.

세상일들 죄다 끊으면
입은 거친 말이 없네.
여덟 가지 바른 길 자세히 알면
이러한 이를 범지라 하느니라.

은혜와 사랑을 끊어버리면
집을 나와 어떤 욕심도 없네.
욕망과 집착이 없어진 사람
이러한 이를 범지라 하느니라.

사람 갈래 이미 여의고
하늘에도 가지 않으며
아무데도 태어나지 않는 사람
이러한 이를 범지라 하느니라.

스스로 숙명통宿命通*알아

본래 온 곳에 다시 가서
나고 죽음 다함을 얻으면
밝게 통달한 도는 현묘하네.
분명하기 부처와 같으면
이러한 이를 범지라 하느니라.

부처님께서 시를 끝내시고 다시 그 범지들에게 말씀하셨습니다.

"그대들이 닦은 것으로써 스스로 이미 열반을 통달했다 말하나, 그것은 마치 옹달샘의 고기와 같거늘 어떻게 영원히 즐거울 수 있겠느냐? 근본적으로 없는 것을 모은 것이니라."

범지들은 이 설법을 듣고 내적으로 다섯 가지 감각으로 기뻐하더니 꿇어앉아 부처님께 사뢰었습니다.

"원하옵나니, 제자로 거두어 주십시오."

머리카락이 저절로 깎여 스님이 되었고, 본래의 행이 깨끗했던 관계로 바로 도를 얻어 아라한이 되었고, 하늘 사람과 용과 귀신들도 모두 도의 자취를 얻었습니다.

니원품 泥洹品

제왕학 하나

부처님께서 라자그리하 성의 그리드라쿠타산에서 천이백 오십 명 제자들과 함께 계시던 어느 때, 마가다의 아자타사트루 임금은 오백 나라를 거느리고 있었습니다. 성에서 가까운데 있는 월기국이 왕의 명령을 따르지 않자, 왕은 그 나라를 정벌하기 위해 모든 신하를 불러 강당에서 회의하였습니다.

"월기국은 백성이 많고 물산이 풍족하여 즐거우며, 온갖 보물이 많이 나는데, 나에게 복종하지 않는다. 군대를 출정시켜 정벌할 수 있겠는가?"

어진 재상 우사가 대답했습니다.

"네 할 수 있습니다."

왕은 우사에게 말했습니다.

"부처님께서 멀지 않은 곳에 계신다. 그 분은 거룩하시고 명철하시며 세 세상을 통달하셔서, 세상의 일에 대해서도 꿰뚫지 못하신 것이 없으시다. 그대는 내 말을 가지고 부처님께서 계신 곳에 이르러 그대의 지혜로써 '월기국을 정벌하려고 하는데 승리할 수 있는가 없는가'를 자세히 여쭈어 보시오."

우사는 분부를 받고 즉시 마차를 준비하여 절에 도착하여 부처님 처소에 나아가 땅에 엎드려 예배드렸습니다. 부처님께서 자리를 권하셨고, 그가 자리에 앉으니, 부처님께서 말씀하셨습니다.

"승상은 어디서 오셨는가?"

"왕의 사신으로서 왔습니다. 왕은 '부처님 발에 절하고, 기거하시고 공양하심이 여전하시옵니까?' 라고 문안드리라고 하였습니다."

부처님께서 그에게 인사하셨습니다.

"국왕과 온 나라 백성들과 대신들도 다 평상시와 같이 안녕하신가?"

"국왕과 모든 백성들이 부처님의 은혜를 입었습니다."

그는 계속해서 말씀드렸습니다.

"국왕은 저 월기국과 사이가 좋지 못해 정벌하려고 하나이다. 부처님의 거룩하신 뜻에는 어떠하시옵니까? 전쟁하면 이길 수 있겠나이까?"

"저 월기국 사람들은 일곱 가지 법을 정성껏 실행하기 때문에 그 나라를 이길 수 없소. 그러한 이유로 심사숙고하여 함부로 왕이 움직이지 않게 하시오."

"일곱 가지 법은 어떠한 것이옵니까?"

"첫째 월기국 사람들은 자주 모여 바른 법을 체계적으로 설명하고 토의하며, 복을 짓고 스스로의 분수를 지키는 것으로써 평상시의 일로 삼소. 둘째 그 나라 사람들과 벼슬아치들과 임금은 언제나 화목하오. 신하는 맡은 일에 충성을 다하고, 왕의 잘못을 간하며 명령을 어기지 않소. 셋째 법을 지켜 서로를 이끌어 주되 순종하지 않는 사람이 없고, 감히 잘못을 저지르는 사람이 없으며, 위아래 사람들이 언제나 따르오. 넷째 예의가 바르고 사양할 줄 알며, 서로가 조심하고 공경하며, 남녀의 구별이 있고, 어른과 아이는 서로가 받들며, 예의 규범을 잃지 않소. 다섯째 효도로써 부모를 봉양하고, 스승과 어른에게 공손하며, 훈계하여 가르치는 것으로써 나라의 법칙을 삼소. 여섯째 하늘을 받들고 땅으로써 모범을 삼으며, 토지신과 곡식신을 공경하고 두려워하며, 네 계절에 맞추어 부지런히 농사짓소. 일곱 째 도가 있는 이를 존중하고 덕이 있는 이를 공경하며, 나라에 스님들과 도를 얻은 아라한이나 멀리서 오는 이가 있으면 공양을 이바지함은 물론, 옷과 침대와 약까지 이바지하오.

대개 국왕이 되어 이 일곱 가지 법을 실행하도록 하면 아무리 어려운 일이 있어도 나라가 위태롭지 않소. 따라서 이 세상 모든 병사들을 동원하여 정벌한다 해도 그들을 이길 수 없소."

부처님께서는 계속하여 말씀하셨습니다.

"월기국 백성들이 이 일곱 가지 법 가운데 한 가지만 제대로 실행해도 정벌할 수 없거늘. 하물며 이 일곱 가지 법을 다 지키는데 어찌 정벌하겠는가?"

부처님께서는 다시 시로써 말씀하셨습니다.

이익을 보려고 싸워 이기는 것 믿을 것이 못된다.
비록 이겼다한들 괴로움뿐이니라.
반드시 스스로를 이기는 법을 구하여라.
이미 이겼으면 싸움이 일어날 곳 없느니라.

그 때에 우사는 위의 시를 듣고 도의 자취를 얻고, 모인 대중들은 모두 스로타판나의 도를 얻었습니다.

우사는 자리에서 일어나 부처님께 사뢰었습니다.

"나라 일이 많아서 물러가려 하옵니다."

"마땅히 때를 알아서 하시오."

그는 자리에서 일어나 부처님께 큰절하고 돌아갔습니다.

우사는 부처님께 받은 가르침을 자세히 설명했습니다. 왕은 계획한 정벌을 그만 두고, 부처님의 가르침대로 나라를 다스리니, 월기국 사람들도 와서 명령에 순종하였고, 위아래 사람들이 서로 받들어 나라가 부유하고 안락하였습니다.

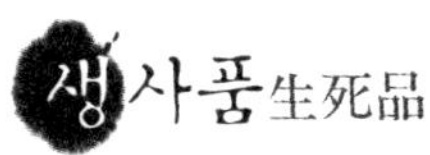

살생을 부추긴 업보

어느 때에 부처님께서 슈라바스티의 기타 숲 외로운 이 돕는 설에서 하늘 사람과 국왕과 높은 신하들을 위하여 미묘한 법을 자세히 설명하고 계셨습니다.

어떤 범지 장자가 큰 길 가에 살았는데, 재산이 헤아릴 수 없이 많았습니다. 단정하게 잘 생긴 아들이 하나 있었고, 나이 약관에 결혼을 시켰는데, 부부간에 서로 공경하고 서로 존중하였습니다. 결혼한 지 아직 이레가 되기 전, 어느 날 아내가 남편에게 말했습니다.

"후원에 가서 봄을 즐기고 싶은데 그렇게 해 주시겠습니까?"

이른 봄 삼월, 그들 부부는 다정히 손잡고 후원으로 갔습니다. 거기에는 여러 가지 좋은 풀과 꽃이 있었지만 특히 큰 벗나무에 꽃이 활짝 피어 아름다웠습니다. 아내가 꽃을 꺾어 가지고 싶었으나 꺾어 줄 사람이 없었습니다. 남편은 아내의 뜻을 알고 나무에 올라가 꽃 한 가지를 꺾고 다시 한 가지를 더 꺾으려고 가느다란 가지를 잘못 디디는 바람에 가지가 부러지자 땅에 떨어져 곧 숨을 거두었습니다. 온 집안사람은 어른 아이 할 것 없이 파도처럼 주검이 있는 곳으로 몰려가서 하늘을 부르고 슬피 울며 까무러쳤다가 깨어났습니다. 안팎 친척들이 수 없이 모여 슬프게 통곡하였습니다. 울음을 듣는 사람도 모두 마음 아파하지 않는 이가 없었고, 보는 이들도 애통해하지 않는 사람이 없었습니다. 부모와 아내는 '하늘과 땅이 도와주지 않는구나.' 라고 원망했습니다. 수의를 입히고 염하여 관에 넣어 법에 따라 장례를 치르고 집에 돌아가 슬피 우는 것을 그치지 않았습니다.

그 때에 부처님께서 그들의 어리석음을 가엾이 여겨 위문하러 가셨습니다. 장자 집안의 남녀노소 가족들은 부처님을 뵈옵자 더욱 슬픔이 북받쳐 통곡하며 괴로움을 하소연하였습니다.

"이제 그만 울고 나의 설법을 들으시오. 만물은 무상하여 오랫동안 보존되지 못하며, 태어난 것은 죽음이 있고 죄와 복을 따르오. 이 아이는 세 곳에서 부모와 가족과 친척들을 울리고 마음 아프게 하여 슬픔을 견디지 못하게 하였소. 그러니 누구의 아들이며, 누구를 어버이라 하겠는가?"

부처님께서는 다시 시로써 말씀하셨습니다.

목숨은 핀 꽃에 열매가 익은 것 같거니
떨어짐을 당할까 두려워하네.
이미 태어나면 괴로움은 있기 마련이니
어느 누가 죽지 않겠는가?

처음부터 애욕을 좋아하여
음행으로써 태에 들어
태어난 생명 번개 같아서
밤낮으로 흐르고 흘러 멈추지 않네.

이 몸은 언젠가 죽어야 할 물체
정신의 형태를 말할 방법이 없네.
가령 죽었다가 다시 태어나도
죄업과 복업은 그대로라네.

끝나고 시작됨 한 세상만 아닌데
애욕과 어리석음 따라 오래오래라네.

스스로 지어 괴로움과 즐거움 받고
몸은 죽어도 정신은 그대로네.

장자는 위의 시를 듣고 마음이 열려 근심을 잊고 꿇어앉아, 부처님께 사뢰었습니다.

"이 아이는 전생에 무슨 죄업을 지어 가장 좋은 나이에 일찍 죽었습니까? 그가 전생에 지은 죄를 말씀해 주시옵소서."

"아주 옛날 한 어린아이가 활과 화살로 숲 속에서 사냥놀이를 하고 있었소. 어른 세 사람이 그 곁에 있다가 아이가 나무 위에 앉은 새를 겨누고 쏘려는 것을 보고, '만일 네가 저 새를 맞추면 활 잘 쏘는 아이라고 할 수 있을 것이다.' 라고 말했소. 아이는 신명이 나서 활을 쏘았고, 새는 화살에 맞아 땅에 떨어졌소. 세 어른은 아이를 칭찬하고 흥을 돋우어 주고 집으로 돌아갔소. 그 뒤에 그들은 헤아릴 수 없는 겁 동안 나고 죽음을 되풀이하되, 태어나는 곳마다 서로 만나 그 죄의 갚음을 받았소. 그 세 어른 가운데 한 사람은 복을 많이 지어 지금 하늘에 있고, 한 사람은 용왕이 되어 지금 바다 속에 있으며, 마지막 한 사람은 바로 지금의 장자 그대요. 그 아이는 장자의 아들로 태어나기 전에 하늘 사람의 아들이었고, 장자의 아들로서, 죽은 지금은 바다에 들어가 용의 아들로 바뀌어 태어났는데, 나자마자 그 날을 넘기지 못하고 금시조*에게 잡혀 먹혔소. 지금 세 곳의 부모와 친지들이 괴로워하고 슬피 우는 것을 어찌 말로 다할 수 있겠는가? 세 곳의 부모는 전생에 그 아이의 흥을 돋우어 주었기 때문에 그 업보로써 눈물을 흘리는 것이오."

부처님께서 다시 시로써 말씀하셨습니다.

식신識神*은 세 세계 만들고
착하고 나쁜 다섯 곳을 만드네.
남모르게 실행해도 말없이 오나니
가는 곳마다 메아리 같이 붙어 다니네.

색욕이 색에만 있지 않고
일체는 옛날의 실행이 인연이라네.
씨는 본디 종자의 모양을 따르나니
저절로 갚아짐 그림자와 같네.

부처님께서 위의 시를 마치시고 그 장자의 마음이 풀어지게 하시기 위하여, 도의 힘으로써 아이의 전생 일을 보게 하셨습니다. 장자는 하늘과 용왕의 일을 모두 보고 뜻이 풀어지자 일어나 꿇어앉아 합장하고 부처님께 사뢰었습니다.

"저의 가족들 모두가 부처님의 제자가 되어 다섯 가지 계율을 받고 재가 불자가 되게 하여 주시기를 원하옵니다."

부처님께서는 곧 계율을 말씀해 주시고, 또 그들을 위하여 덧없음의 이치를 말씀하시자 그들은 모두 기뻐하더니, 다 스로타판나의 도를 얻었습니다.

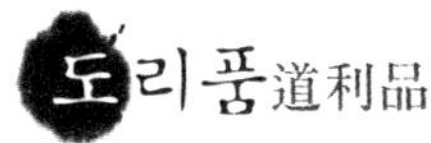

도리품道利品

제왕학 둘

옛날에 어떤 국왕이 바른 법으로써 나라를 다스리고 실행하니 백성늘이 그 교화를 흠모하였으나 그러나 왕은 태자가 없어 우수에 젖어 있었습니다.

부처님께서 그 나라에 들어가시니 국왕이 영접하여 부처님을 뵈옵고, 경을 듣더니 기뻐하고 흠모하여 오계를 받았습니다. 한결같은 마음으로 받들고 공경하며, 오직 태자 얻기를 소원하며, 밤낮으로 열심히 노력하되 세 때에 게으름을 피우지 않았습니다.

왕의 곁에서 언제나 혀처럼 잘 시중을 드는 십일 세의 사환 아이가 있었습니다. 항상 시종하되, 우직하게 부처님 법을 받들고 믿어 행동거지가 위엄을 잃지 않았습니다. 겸하여 자기를 낮추어 인욕하며 열심히 노력하여 한결같은 마음으로 배우고 경과 시를 외우며, 때를 알아 먼저 일어나 향을 사르고 촛불을 밝혀, 몇 년 동안 열심히 노력함이 이와 같았으나 '수고롭다' 고 생각하지 않았습니다. 그런 그가 심하게 앓더니 갑자기 숨을 거두었습니다. 그 마음이 돌아와 왕의 아들이 되어 씩씩하게 자라 십오 세가 되자, 왕이 태자로 삼았습니다. 왕이 돌아가시고 대를 이어 왕이 되었는데, 교만하여 제멋대로 행동하고, 음탕하여 색욕에 정신을 빼앗겨, 밤낮이 없고, 나랏일을 돌보지 않고 대신들의 조회조차 폐지하니, 백성들이 도탄에 빠졌습니다.

부처님께서 그의 행실이 전생의 일을 모르는 데서 생긴 것을 아시고, 제자들을 거느리고 그 나라에 가셨습니다. 왕은 부처님께서 오신다는 기별을 듣고, 선왕의 법도를 따라 백성들을 거느리고 성 밖에 나아가 부처님을 영접하되, 머리를 땅에 대어 절하고 물러나 왕의 자리에 앉았습니다.

"나라의 백성들과 문무백관은 모두 편안하신가?"

"제가 아직 어려서 편안하도록 교화시키지 못했사오나, 부처님의 은혜를 받자와 나라에 큰 탈은 없사옵니다."

"왕은 지금 전생에 무엇이었다가 여기에 왔으며, 어떠한 공덕을 지어 이 왕의 자리를 얻었는가를 아시오?"

"너무나 어리석어 지난 생에 어디서 무엇을 했는지 어디서 왔는지 모르옵니다."

"본래 쌓은 다섯 가지 공덕으로 지금 임금이 되었소. 첫째 보시를 실행했기 때문에 임금의 자리에 올랐소. 그리하여 모든 백성이 궁전과 재물을 바치는 것이오. 둘째 절을 세우고, 삼보에게 침대와 커튼 등을 이바지했기 때문에 임금이 되었소. 셋째 직접 몸으로 삼보와 장로들에게 절하고 공경하였기 때문에 임금이 되었소. 넷째 인욕하고 몸으로써 짓는 세 가지 업과, 입으로 짓는 네 가지 업과, 마음으로 짓는 세 가지 업에 잘못이 없었기 때문에 임금이 되었소. 다섯째 배우고 묻되 항상 지혜를 구했기 때문에 임금이 되었소. 이 다섯 가지 공덕으로써 나랏일을 결정할 때 임금의 명령을 받들지 않는 사람이 없고, 날 때마다 임금이 되었소."

부처님께서는 다시 시로써 말씀하셨습니다.

사람이라면 윗분을 받들 줄 알아야 한다.
임금과 어버이와 스승과 도사니라.
계율과 보시와 지혜로운 법을 듣고 믿으면
성불할 때까지 태어나는 곳마다 편안하느니라.

전생에 지은 복이 있으면
세상에 날 적마다 사람들이 높이 받드느니라.
도리를 따라 세상을 편하게 하고
불법을 받들면 복종하지 않는 사람이 없느니라.

국왕은 백관과 백성의 어버이니
항상 자비로써 아랫사람을 사랑하라.
몸은 계율과 법으로써 다스려
그것을 보여야 잘못이 없느니라.

편할 때 위태로울 것 생각하라.
염려하면 분명히 복이 더욱 많아지느니라.
복과 공덕의 되갚음은
높은 이 낮은 이를 묻지 않는다.

부처님께서 계속하여 말씀하셨습니다.

"왕은 선왕先王의 사환이었소. 부처님을 받들고 믿었으며, 법을 받들고 청정했으며, 스님들을 받들고 공경했으며, 어버이를 효도로써 받들었으며, 임금을 충성으로써 섬겼으며, 항상 한결 같은 마음으로 열심히 도를 닦고 보시하되 몸이 피로하고 괴로워도 처음부터 끝까지 조금도 게으르지 않았소. 그 복이 지금의 몸에 따라와서 왕자가 되었고, 왕이 되는 영광을 차지하게 해주었소. 지금은 부귀하여 반대로 게을러졌소.

대개 임금이 되면 반드시 다섯 가지 일을 실행해야 하오. 첫째 모든 백성을 영솔하되 도리에 어긋나거나 예법에 어긋남이 없어야 하고, 둘째 높고 낮은 공무원을 먹여 살리되 때를 맞추어 보수를 주어야 하고, 셋째 근본이 되는 업을 생각하고 닦되 복과 공덕이 끊어짐이 없어야 하고, 넷째 반드시 충신들의 정직한 간언諫言을 믿고 아첨하는 말을 듣고 정직함에 손상됨이 없어야 하고, 다섯째 탐욕으로 즐기는 것을 자제하여 마음이 방탕하지 않게 해야 하오. 이 다섯 가지만 실행하면 이름이 온 천하에 퍼지고 복록이 저절로 오며, 이 다섯 가지를 버리면 어떠한 기강紀綱도 서지 않고, 백성이 곤궁하면 반란을 일으킬 일을 생각하고, 선비가 피로하면 나라를 다스릴 세력이 모이지 않소. 이렇게 되면 복이 없어 귀신이 돕지 않고 스스로를 다스리되 큰 이치를 잃게 되고, 충신이 감히 간하지 않고, 마음이 임금을 떠나면 나라는 다스려지지 않고, 공직자들은 걱정하고 백성들은 원망하오. 만일 이와 같으면 현재는 나뻔 이름이 온 세상에 퍼지고, 뒤에는 복이 없소."

부처님께서는 다시 시로써 말씀하셨습니다.

세상에 임금이 되었거든
정직함 익히고 아첨하거나 도리에 어긋남 못하게 하라.
마음을 다잡으면 모든 악을 이기나니
이와 같은 분을 법왕이라 하느니라.

정법正法을 보고 은혜를 베풀 수 있어야 한다.
어진 이는 다른 이 이익되게 하는 것 좋아하네.
남에게 이익을 주되 평등하게 하라.
이와 같이 하면 많은 사람 따르고 친하고자 하느니라.

부처님께서 시를 마치시니, 왕은 크게 기뻐하고 일어나 부처님 앞에서 온 몸을 땅에 대어 참회하고 사죄하고 다섯 가지 계율을 받았고, 부처님께서 거듭 설법하시니, 스로타판나의 도를 얻었습니다.

분수 밖의 것을 탐내지 말라

어느 때 부처님께서 슈라바스티의 기타 숲 외로운 이 돕는 절에서 하늘 사람과 국왕과 대신들과 사부대중을 위하여 위없는 큰 법을 말씀하고 계셨습니다.

그 나라 남쪽 깊은 산중에 들코끼리 서식지가 있었고, 흰 빛깔의 코끼리 · 푸른 빛깔의 코끼리 · 검은 빛깔의 코끼리가 출몰했습니다. 임금은 이름을 떨칠 만큼 싸움 잘하는 큰 코끼리를 얻으려 하였습니다. 사람들을 파견하여 코끼리를 잡아와서 코끼리 조련사에게 맡겨 길들이게 했습니다. 삼 년이 지나서야 탈 수 있고 전투를 할 수 있게 길들였습니다. 그 때 돌연변이한 신령스런 코끼리가 있었는데, 몸은 눈처럼 희었고, 꼬리는 붉어 단사丹砂와 같고, 두 이빨은 황금빛과 같았습니다. 어떤 사냥꾼이 어느 때나 있는 것이 아닌 이 좋은 코끼리를 보고 왕궁에 와서 왕에게 말했습니다.

"큰 코끼리가 있는데 모양이 이러이러하니 대왕께서 타시기에 알맞겠습니다."

왕은 즉시 코끼리 사냥꾼 삼십 명을 모집하여 '그 코끼리를 생포해 오라.' 고 명령하였습니다. 사냥꾼들은 그 코끼리가 있는 곳에 도착하여, 그물을 쳐놓고 사로잡으려 했습니다. 신령스런 코끼리는 사냥꾼들이 의도하는 것을 알고, 곧 와서 그물에 스스로 걸렸습니다. 사냥꾼들이 우루루 몰려가 그를 붙잡으려 하자 코끼리는 성을 내어 발을 들어차고 밟아 곁에 있던 사람들은 즉사하고 좀 떨어져 있었던 사람들은 줄행랑을 놓았으나 코끼리는 가만두지 않고 계속 뒤쫓았습니다. 그 때 산기슭에 힘이 세고 용감한 젊은 스님들이 오랫동안 공부하고 있었는데 아직 선정에 들지 못했습니다. 멀리 코끼리가 사람을 뒤쫓아 죽이려는 것을 보고 불쌍히 여겼기 때문에, 자기들의 용맹과 건장함만 믿고 가서 그들을 구원하려고 했습니다. 부처님께서 멀리 계시다가 이 스님들이 신령스런 코끼리한테 죽임을 당할까 걱정되어, 즉시 그 곁에 이르러 큰 광명을 비추셨습니다. 코끼리가 부처님의 광명을 받으니, 곧 성내던 기색이 사라져, 더는 사람을 따라다니며 죽이려 하지 않았습니다. 스님들은 부처님을 뵙자 영접하고 큰절을 했습니다.

부처님께서 시로써 말씀하셨습니다.

분수도 모르고 신령스런 코끼리 번거롭게 하지 말라.

고통과 근심을 부르게 되느니라.

나쁜 마음은 스스로를 죽이게 되나니
끝끝내 좋은 곳에 이르지 못하느니라.

비구 스님들은 시를 듣고 머리 숙여 참회하고 사죄한 뒤, 마음속으로 자기들을 매우 꾸짖고 깊이 생각하며 잘못이라 하더니, 부처님 앞에서 아라한이 되었습니다. 코끼리를 생포하려다가 죽은 사람과 다친 사람들은 모두 원래대로 건강해져 도의 사쉬를 얻고 돌아갔습니다.

계율을 지키는 공덕

부처님께서 라자그리하의 그리드라쿠타산에 계시던 어느 때, 그 나라 대신 가운데 한 사람이 법을 어기니, 빔바사라 임금이 천 리 밖에 있는 산으로 유배를 보냈습니다. 그 곳은 지금까지 사람이 살지 않았던 허허 벌판으로 태고적부터 한 번도 오곡을 심지 아니했던 곳이었습니다. 그곳에 유배 간 뒤 샘물을 파고 곡식을 심자 소출이 매우 많았습니다. 이 소문을 들은 사방의 여러 나라에서 굶주리고 가난한 사람들이 몰려가, 몇 해만에 사오 천 가구가 되었습니다. 누가 오든지 농사할 땅이 있어 사는데 모자람이 없었습니다. 그 가운데 지혜로운 세 노인이 서로 의논하였습니다.

"원래 아무도 살지 않던 이곳에 저 대신이 와서 이렇게 많은 사람이 모였고, 물화도 풍부하니 나라를 하나 새로 세울만하오. 나라를 세운다면, 나라에 임금이 없는 것은 마치 사람 몸에 머리가 없는 것과 같으니, 저 대신을 왕으로 모십시다."

이렇게 합의한 세 노인은 함께 대신에게 가서, 그를 왕으로 추대하여 나라를 세우기로 상의한 내용을 설명하였습니다.

"만약 나라를 세우고 나를 왕으로 추대하려면 여러 나라의 왕법과 같이 해야 하오. 주위에 대신과 문무백관이 있어 아침마다 조회해야 하고, 궁녀를 뽑아 왕궁의 모습을 갖추고, 세금을 거두어 나라의 재정을 넉넉히 하되, 백성들은 법을 지키며 살아가야 하오.

"네, 명령하시는 대로 한결같이 왕의 법을 따르겠습니다."

곧 그 대신을 왕으로 모시고, 문무백관 등 상하를 신하로 임명하였고, 백성들을 징발하여 성을 쌓고, 궁전과 관청을 지었습니다. 이렇게 큰 공사를 벌려 일을 하다보니, 그 고통은 모든 백성이 떠맡을 수밖에 없었습니다. 철 따라 농사짓고 배불리 먹으며 한가하게 살던 백성들이 부역에 매달리다 보니, 불평이 쏟아지기 시작했고, 급기야는 나쁜 마음을 먹고 왕을 시해할 모의를 하기까지에 이르렀습니다. 간교한 신하들이 왕을 꾀어 사냥을 나가, 왕궁에서 삼사 십리 떨어진 산록까지 도착하자 왕을 죽이려 했습니다.

왕은 같이 간 신하들에게 물었습니다.

"무슨 이유로 나를 죽이려 하느냐?"

"백성들은 풍족하고 즐겁기를 바라고 예의로써 왕을 받들었소. 그러나 지금 백성들이 부역에 시달려 농사를 제대로 짓지 못해 곤궁하다보니 나라를 뒤엎어 새 나라를 세우려고 생각하였소."

"그대들이 스스로 한 일이지 내가 하려고 했던 것이 아니네. 아무 잘못도 없는 나를 죽이면 천지신명이 그것을 알 것이오. 나는 한 가지 서원을 세울 터이니 허락하게. 그렇게 하면 나는 죽어도 한이 없겠네."

그는 서원을 세웠습니다.

'나는 처음으로 황무지를 개척하여 곡식을 생산하자 백성들이 모였고, 그들이 모여 농사지어 풍요로운 생활로 즐거운 삶이 한이 없었소. 그러자 모두 나를 왕으로 추대하고 나라를 세웠소. 나라를 세우자 왕의 법을 따라 모든 제도를 제정하다 보니 백성들에게 피해를 준 것 뿐이오. 지금 와서 도리어 나를 죽이려 하지만, 나는 진실로 잘못이 없소.

이 나라의 백성들아! 만약 내가 죽는다면 나는 나찰이 되어, 이 죽은 몸속에 들어와 지금 죽는 원한을 반드시 갚으리라.'

간교한 신하들은 왕을 목매어 죽이고, 그 주검을 그냥 내팽개친 채로 돌아가 버렸습니다.

사흘이 지난 뒤 왕의 혼은 나찰이 되어 죽었던 몸에 들어가 아라바라는 귀신이 되어 궁중으로 들어가 새로 등극한 왕을 목 졸라 죽이고, 또 궁녀들과 시녀들과 주위의 간사한 신하들을 모두 죽였습니다. 그리고도 분함을 참지 못하고 궁중에서 나와 백성들 모두를 죽이려 했습니다. 그 때 그를 임금으로 추대했던 세 노인들은 질긴 끈으로 스스로를 묶고 나찰에게 자진하여 나타나 말했습니다.

"대왕을 시해한 일은 모두 간교한 이들이 저지른 것이며, 백성들과는 아무 관계도 없고 아는 이 조차 없습니다. 백성들을 옛날처럼 사랑하셔서 용서해 주시기 바랍니다."

"나는 나찰인데 어떻게 사람들과 함께 일할 수 있겠는가?

또 내가 먹는 음식은 사람의 살이며, 나찰은 성질이 사나와 화가 나면, 뒤에 어려움이 올 것을 생각하지 못하고 행동하오."

"이 나라는 왕의 나라입니다. 그러므로 옛날처럼 하시면 됩니다. 필요하신 음식은 저희들이 공급하겠습니다."

그들은 함께 궁전을 나라 온 백성들에게 산가지를 뽑게 하여, 나찰에게 먹힐 차례를 정하고 그 차례가 되면 그 집에서 어린이를 궁중으로 보내어 산채로 나찰의 밥이 되게 하였습니다. 사오 천 가구 가운데 오직 한 가구만 부처님을 섬기는 불제자였습니다. 온 집안 사람들이 모두 힘써 불법을 공부하며, 다섯 가지 계율을 잘 지켰습니다. 이 집에서 백성들과 같이 산가지를 뽑았는데 제일 첫 번째 산가지를 뽑았습니다. 따라서 그 집에서 어린아이 하나를 나찰왕에게 보내어야 할 절박한 상황이었습니다. 어진 불자들이었으나 온 가족은 모두 걱정하고 슬피 울면서, 멀리 부처님께서 계시는 그리드라쿠타산을 향해 부처님께 예배드리며 전생의 죄업을 참회하고 자책하였습니다.

부처님께서는 도의 눈으로 그 가족들이 괴로워하는 것을 보시고 말씀하셨습니다.

"저 집의 어린이로 인하여 많은 사람들을 구제하여 어린이의 수명을 늘려야 하겠다."

부처님께서는 곧 날아서 나찰이 있는 문 앞에 도착하여 빛이 나는 상호로 변화하셔서 빛으로써 궁중 안을 훤하게 비추시니, 나찰이 광명을 보고 이것은 좀 색다른 사람이라 여기면서도 문 앞에 나와 부처님을 보고 문득 독한 마음을 일으켜 내달아 부처님을 잡아 삼키려 했습니다. 그러나 광명으로써 눈을 찌르며, 그 광명 속에서 손에 산을 들고 와서 불을 토하니 산이 산산조각이 나서 티끌이 되어버렸습니다. 나찰이 오랫동안 보고 있더니 매우 피로하여, 다른 생각없이 항복한 뒤에 부처님께 들어오셔서 교화해 주실 것을 간청하며 큰절을 했습니다.

부처님께서는 그를 위하여 설법하셨고, 그는 한결같은 마음으로 듣더니, 곧 다섯 가지 계율을 받아 우파사카가 되었습니다.

그 때에 마을 관리인은 나찰의 먹이인 아이를 빼앗아 안고 나찰에게 오려하니, 아이의 부모 형제와 이웃 사람들이 모두 분통을 터뜨리며 울부짖었습니다. 관리인이 아이를 안고 가니 집안 사람들이 통곡하며 길을 따라왔고, 보는 사람들 모두가 걱정하며 길을 메웠습니다. 관리가 아이를 나찰에게 주니 나찰은 그 아이를 받아 안고 부처님 앞에 나아가 꿇어앉아 말씀 드렸습니다.

"백성들이 이 아이를 저의 먹이로 저에게 주었습니다. 하오나 저는 지금 부처님께 다섯 가지 계율을 받았으므로 이 아이를 먹을 수 없습니다. 이 아이를 부처님께 바치오니 곁에 두시고 심부름이나 시키십시오."

부처님께서 아이를 받아 안으시고, 다시 축원하시자 나찰은 기뻐하더니 스로다판나의 도를 얻었습니다. 부처님께서 그 아이를 바루 안에 넣은 다음 궁문을 나오셔서, 부모에게 돌려주며 말씀하셨습니다.

"다시는 걱정하지 말고 이 아이를 잘 키워라."

사람들은 부처님을 뵙고 모두 깜짝 놀라면서 말했습니다.

"이상한 일이다. 저분은 어떤 신神이신가? 저 아이는 무슨 복으로 나찰에게 먹힐 뻔한 상황에서 홀로 구출되어 부모에게 돌아왔는가?"

그 때 부처님께서는 대중들을 위하여 시로써 말씀하셨습니다.

계율의 공덕은 믿을 만 한 것이다.

계율 지킨 복의 갚음은 항시 자기를 따른다.

법을 보면 사람 가운데 어른이 되고
끝내 세 가지 나쁜 길에 들어가지 않는다.

계율을 지니고 행동을 조심하면
괴로움과 두려움 없어지느니라.
복과 덕은 세상에서
제일로 존귀하느니라.
귀신이나 악룡들의
사특한 독이나 해침도
계율을 지키는 이에게는
조금도 가까이 오지 못하느니라.

부처님께서 이 시를 끝내시자, 수 없는 사람들이 부처님께서 나타내시는 광명의 모습을 뵙고 비로소 지극히 거룩하며 세 세계에서 비할 데 없이 거룩한 분임을 알았습니다. 그들은 모두 부처님의 제자가 되었고, 시를 해독하여 기뻐하더니 도의 자취를 얻었습니다.

세 가지 일

부처님께서 바라나시의 녹야원에서 하늘 사람과 용과 귀신과 국왕과 신하와 백성 등 헤아릴 수 없는 대중을 위하여 설법하고 계시던 어느 때, 그 나라의 태자가 작은 나라의 세자 오백 명을 데리고 부처님께 와서 예배하고 물러나 한쪽에 앉아서 설법을 듣다가 부처님께 사뢰었습니다.

"부처님의 도는 깨끗하고 오묘하며 불가사의하고 아득하여 미치기 어렵습니다. 옛날부터 지금까지 국왕이나 태자나 대신인 장자나 장자의 아들이나 지위 낮은 부하들이 백성들의 은혜와 사랑과 영화와 쾌락을 버리고 스님이 되신 분이 있사온지요."

부처님께서 여러 태자들에게 말씀하셨습니다.

"세상의 국토와 영화와 즐거움과 은혜와 사랑은 요술과 같고 허깨비와 같으며, 꿈과 같고 메아리와 같아서 갑자기 왔다가 갑자기 가나니, 영원히 보존하기란 어렵느니라.

국왕과 태자는 세 가지 일 때문에 도를 얻지 못한다.

첫째 교만하고 방자하여 불경의 묘한 뜻을 배우는 것이 정신을 제도하는 근본임을 생각하지 않기 때문이다.

둘째 탐욕으로써 취하고도 가난으로 고통 받는 하류층에 보시할 것은 생각하지 아니하며, 문무백관도 재산을 소유하되 백성과 함께 하지 않고, 재산 모으는 것을 근본으로 여기기 때문이다.

셋째 색욕과 사랑스럽고 좋아하는 일을 멀리 벗어나고, 감옥 같은 근심과 번민을 버리고, 사문이 되어 뭇 고난을 없애는 것으로써 몸을 다스리는 근본으로 여기지 않기 때문이다.

이러한 까닭으로 보살은 태어나는 곳마다 왕이 되어도 위의 세 가지 일을 여의고 스스로 부처가 되느니라.

또 세 가지 일이 있다.

첫째 젊어서 공부하여 나라를 다스리고 백성들을 통솔하며 교화하되, 백성들로 하여금 열 가지 좋은 일을 실행하도록 하는 것이니라.

둘째 재물로써 빈궁한 사람이나 고아나 의지할 데 없는 노인들께 보시하고, 문무백관들이 백성들과 동고동락하는 것이니라.

셋째 언제나 세상이 무상하고 목숨은 영구토록 머물지 아니함을 생각하여 의당 출가하여 사문이 되어 괴로움의 인연을 끊고 다시는 나고 죽지 말아야 하는 것이니라.

이 세 가지 일을 실행하지 않으면 아무 것도 얻는 것이 없느니라.”

이렇게 말씀하신 부처님께서 자기의 전생에 있었던 일, 한 가지를 말씀하셨습니다.

“나는 어느 세상에 전륜성왕이었는데 이름이 남왕황제였다. 칠보가 언제나 주위에 가득하였고, 궁전과 풀장과 목욕탕과 별장은 말할 것도 없고, 심지어 전용 공원과 사냥터까지 있었다. 또 신하와 왕자와 왕후와 후궁과 코끼리와 말과 주방 식구들이 팔만사천 명이었다.

왕자가 일천이었는데 모두가 용맹스럽고 기예와 무술이 출중하며, 혼자서 일천 명을 대적하고도 힘이 남았으며, 그 모습도 모두 뛰어나게 아름다워 한 번 본 사람들은 남녀노소를 불문하고 호감을 지녔었느니라. 또 그들은 허공을 자유롭게 날아다녀, 온 국토를 순행하되 나라를 왕법에 조금도 어긋남이 없게 다스리는 일을 하였으니 백성들은 격양가를 부르며 팔만사천 살을 행복하게 살았다.

그렇게 행복했었는데도 나는 이렇게 생각하였다.

‘사람의 목숨은 짧고 세상은 무상하여 오래 보존하기 어렵다. 다만 복을 짓고 도를 구하는 것만이 진실하다. 항상 세상 사람들에게 보시하기로 생각하고, 지니고 있던 재산을 백성들에게 나누어주었다. 이미 복덕을 심고 오직 출가하여 사문이 되어 탐욕을 끊으면 반드시 괴로움을 없앨 수 있을 것이다.'

이후 나는 머리를 손질하는 미용사에게 명령했다.

'만일 내 머리에 흰 머리카락이 보이거든 지체없이 나에게 말하여라.'

몇 만 년 뒤 미용사가 나에게 말했다.

'대왕마마 흰 머리카락이 생겼사옵니다.'

나는 그것을 뽑도록 하고, 그것을 집무실 책상 위에 두고 눈물을 흘리며 말했다.

'첫째 사자가 벌써 왔구나. 지금 나의 머리는 벌써 희었다. 나는 집을 떠나 사문이 되어 열반의 도를 구해야 하겠다.'

흰털을 손으로 쥐고 시를 읊었다.

지금 내 머리의 머리카락에
흰털이 생겼으니 도둑을 맞았구나.
이미 하늘 사자가 부르거니
이제는 출가할 때가 되었네.

나는 곧 모든 신하를 불러 모아 태자에게 왕의 자리를 물려 주었다. 곧장 산으로 들어가 사문이 되어 공부하다가 죽었는데, 두 번째 하늘 제석천왕의 태자로 태어났다. 그 곳에서 수명이 다하여 다시 전륜성왕이 되었고, 나는 또 미용사에게 흰 머리카락이 생기거든 나에게 말하라고 명령했다. 머리에 흰 머리카락이 나면 나는 또 시를 읊었다.

지금 내 머리의 머리카락에
흰털이 생겼으니 도둑을 맞았구나.
이미 하늘 사자가 부르거니
이제는 출가할 때가 되었네.

나는 예전처럼 곧 모든 신하를 불러 모으고 태자에게 왕위를 물려준 뒤, 산에 들어가 사문이 되어 도를 닦다가 죽었고, 역시 두 번째 하늘의 제석천왕이 되었고, 먼저 제석천왕은 하늘 수명이 다하여 인간 세상에 태어나 전륜성왕의 태자가 되었다. 이 세 임금은 다시 서로 부자父子가 되어, 하늘에 태어나면 제석천왕이었고, 인간 세상에 태어나면 전륜성왕이 되었으며, 그 가운데 태자가 되었다. 이렇게 돌고 돌기를 삼십 육

회나 반복하였지만 언제나 세 가지 일을 실행하여 스스로 부처가 되기에 이른 것이다. 그 때 처음 전륜성왕이 된 것이 지금의 부처인 나며, 태자는 사리불이고, 태자였던 인물은 지금의 아난다다. 서로서로 돌아가며 왕이 되어 천상과 천하를 교화시켰느니라. 이러한 까닭으로 부처인 나와 세 세상에서 견줄만한 이는 아무도 없느니라."

부처님께서 이 말씀을 마치시자 큰 나라의 태자와 아울러 작은 나라의 모든 왕자들은 다 기뻐하며, 다섯 가지 계율을 받아 우파사카가 되더니 곧 스로타판나의 도를 얻었습니다.

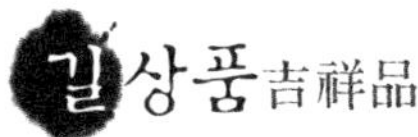

가장 좋은 것은

어느 때 부처님께서 라자그리하의 그리드라쿠타 산에서 하늘 사람과 사람들과 용과 귀신들을 위하여 삼승三乘법을 말씀하시고 계시던 어느 때, 그 산의 남쪽에 있는 갠지스강 가에 오래 전부터 집을 나와 수행하는 니르그란타 무리들이 있었습니다. 그들은 두루 도를 통달하여 지혜가 뛰어났고, 그 덕은 다섯 가지 신통을 부릴 정도며, 고금의 모든 것을 분명하게 알았습니다. 오백 명의 제자를 가르쳐 모두 천문과 지리와 별과 사람의 감정에 두루 통달했으니, 안팎으로 인간의 길흉화복을 관찰하여 모르는 것이 없고, 귀신의 출몰까지도 죄다 알고 있었습니다. 니르그란타의 제자들은 과거에 부처님 밑에서 수행을 했기 때문에 반드시 도를 얻을 수 있었습니다. 그들은 삼삼오오 짝을 지어 강가에 이르러 빙 둘러 앉아 토론하였다.

'세상의 모든 나라 사람들이 실행하는 것 가운데 어떠한 일이 세상에서 길상吉祥한 일인가?'

그러나 그들은 오십 보 백 보일 뿐, 결론을 내리지 못했습니다. 결국 그들은 스승을 찾아가 문후 여쭙고 물었다.

"저희들이 배운 지가 오래되어 배운 것은 이미 아옵니다. 그러나 모든 나라의 백성들이 무엇으로써 '길상한 일이라.'라고 하는가 하는 말을 듣지 못했습니다."

스승이 대답했습니다.

"훌륭한 물음이구나! 이 세상에는 열여섯 개의 큰 나라가 있고, 작은 나라는 팔만사천 개가 있다. 각 나라에는 제각기 길상한 것이 있다. 금과 은과 그리고 코끼리와 말과 수레, 음악과 공작과 해와 달과 별 그리고 범지와 도사 등이니 이런 수정과 유리와 보배병과 명월신주明月神珠와 산호와 가패珂貝(큰 조개) 것들이 그 나라에서 좋아하고 기뻐하는 길상이며 상서로운 감응이니, 만일 그것을 보면 좋은 일이 헤아릴 수 없다고 말한다. 이러한 것이 상서롭게 감응하면 나라의 길상이 된다."

제자들이 다시 물었습니다.

"그 외에 특수한 길상으로써 살아서는 몸에 유익하고 죽어서는 하늘에 태어나는 것은 없습니까?"

"옛날 스승에서부터 지금까지 아직 이것보다 더 좋다는 어떠한 것도 책에 기록되어 있는 것은 없다."

제자들이 말했습니다.

"요즈음 석씨 종족으로서 출가하여 육 년 동안 단정히 앉아 도를 닦고 악마를 항복받아 부처가 되어 세 가지 밝은 지혜로써 어떠한 물음에도 걸림이 없다는 소문이 자자합니다. 저희들이 같이 가서 그가 아는 것을 물어보고 시험해 보고 싶은데, 스승님 생각은 어떠합니까?"

스승과 제자 오백 명이 산길을 걸어 부처님께서 계신 곳에 도착하여 부처님께 예배하고 문후 드린 뒤 자리에 꿇어앉아 합장하고 여쭈었습니다.

"모든 나라에는 각 나라마다 좋은 길상은 이러저러하온데 그보다 더 훌륭한 것이 있습니까?"

부처님께서 범지들에게 말씀하셨습니다.

"그대들이 말하는 바는 세간의 일이 순순히 이루어지면 길상이고, 일이 제대로 이루어지지 아니하면 흉액이다. 그러므로 그 길상은 사람으로 하여금 정신을 구제하여 괴로움을 벗어나게 하지는 못한다. 내가 말한 길상에 대한 법문은 실행하는 사람은, 복을 얻음은 물론이고 영원히 세 세계를 벗어나 스스로 열반에 이르게 된다."

이에 부처님께서는 시로써 말씀하셨습니다.

부처는 어떤 하늘 보다 높나니
부처는 항상 뜻을 드러내기 때문이네.
어떤 범지 도사가 와서
어떠한 것이 길상이냐고 묻네.

이에 부처인 나는 그대들 가엾이 여겨
그대들 위해 진실하고 중요함 말하리라.
바른 법 이미 믿고 좋아한다면
이것이 최고의 길상이라네.

하늘에 빌지 않고
요행을 바라지 않으며
신사에 빌지 않으면
이것이 최고의 길상이라네.

어진 벗 찾아 좋은 데 살고

언제나 복덕 짓기 먼저하며
몸을 정돈하고 참되고 바른 법 이어 받으면
이것이 최고의 길상이라네.

악함은 버리고 착함을 따르고
술을 피하고 스스로를 절제하며
여색에 빠지지 않는다면
이것이 최고의 길상이라네.

많이 듣고 계율을 실행하고
율법 따라 정진하고 배우며
자기를 다스리되 다툼이 없으면
이것이 최고의 길상이라네.

집에서는 부모를 효도로 섬기고
집에서는 처자를 먹여 살리며
부질없는 행실 하지 않으면
이것이 최고의 길상이라네.

교만하거나 스스로를 뽐내지 않고
만족한 줄 알고 생각마다 반복하며
때 맞춰 경전을 외우고 익히면
이것이 최고의 길상이라네.

들리는 것 언제나 욕되어도 참고
스님들 뵈옵는 것 즐거워하며
언제나 강론하고 설법 청하면
이것이 최고의 길상이라네.

재법을 지키고 범행을 닦고
언제나 현명한 이 뵙고 싶어 하며
분명히 지혜로운 이 의지하면
이것이 최고의 길상이라네.

이미 도덕이 있는 이 믿고
정직한 뜻으로 의심 없이 실행하여
세 가지 나쁜 갈래 벗어나려 하면
이것이 최고의 길상이라네.

평등한 마음으로 보시 행하고
도를 얻은 모든 분을 받들며
또한 모든 하늘 사람 공경하면
이것이 최고의 길상이라네.

항상 탐욕과 색욕을 몰아내려 하고
어리석고 성내는 마음 몰아내려 하며
도를 이룰 견해를 익힐 수만 있다면
이것이 최고의 길상이라네.

만약 힘쓰지 않아도 될 것 버리고
도를 믿고 닦아 쓸 수 있으며
항상 할 수 있는 일하면
이것이 최고의 길상이라네.

일체가 세상을 위하고
큰 자비의 뜻을 세우며
인仁을 닦아 중생을 편안히 하면
이것이 최고의 길상이라네.

지혜로운 이와 한 세상에 살고
항상 길상함을 익혀 실행하며
스스로 지혜로운 견해를 성취한다면
이것이 최고의 길상이라네.

범지의 스승과 제자들은 위의 시를 듣고 흔쾌하게 마음의 문이 열려, 매우 크게 기뻐하며 부처님께 사뢰었습니다.

"매우 미묘하옵니다. 세존이시여, 진실로 이 세상에서 드문 일이옵니다. 저희들은 지금까지 몰랐습니다. 세존께서는 저희들을 가엾이 여겨 제도하여 주시옵소서. 저희들은 스스로 부처님과 법과 스님들께 귀의하여 스님이 되기를 소원하오니, 아래에 두셔서 수행하게 해 주십시오."

"대단히 훌륭하도다. 잘 왔구나, 비구들아."

그들은 마음속으로 호흡을 헤아리는 수행법을 실천하더니 그 자리에서 바로 아라한이 되었습니다. 그리고 같이 설법을 듣던 수 없는 사람들은 모두 법 눈을 얻었습니다.

어려운 말 풀이

ㄱ

각의【覺意】: 방법이나 기한을 정하지 않고, 마음이 지향하는 것에 몰두하여 열반을 증득하려고 공부하는 방법.

감로【甘露】: 범어 amṛta. 天神들의 음료. 또한 하늘에서 내리는 단 이슬.

갠지스강(강가강)【恒水】: 범어 Gaṅgā의 음사. 항하(恒河)를 다르게 표현한 말. 지금의 갠지스 강.

공【空】: 범어 śūnya. 이 세상 물체는 인연을 따라 생겨났기 때문에 인연이 다하면 인연을 따라 생긴 물체도 다 없어진다. 즉 인연이 없어지면 물체가 없어지니 모든 것은 결국에 공이란 뜻이다.

관법【觀法】: 마음으로 법이나 진리를 관찰하는 방법.

광음천【光音天】: 범어 Ābhāsvara의 역어. 불교의 세계관으로 볼 때 욕계·색계·무색계 가운데 색계 제 2선천의 세 번째 하늘. 여기 하늘 사람은 음성을 대신하여 빛을 내어 의사를 전달하므로 광음천이라 함.

구람니: 고대 인도의 국명.

구십육 종류의 이교도: 부처님 당시에 인도에 있었던 96가지 이교도

그리드라쿠타산: 범어 Gṛdhrakūṭa의 음사. 한자로 기사굴산(耆闍崛山) 지금의 차타(chata)산. 경전에는 영축산(靈鷲山)으로 나온다. 중인도 마갈타국에 있는 산.

금강력사【金剛力士】: 범어 Vajrapani의 역어. 금강수(金剛手)라고도 번역함. 부처님과 법과 스님들을 옹호하는 금강신·인왕(仁王)위 절 문 양쪽에서 수호신으로써 신장 노릇을 하는 신.

금강저【金剛杵】: 스님들이 공부할 때 손에 드는 일종의 밀교적 기구. 저는 원래 무기였는데, 이 무기로 수행을 방해하는 적을 막는다는 의미로 손에 들고 수행함.

금시조【金翅鳥】: 범어 Garuḍa의 역어. 인도인이 신격화 한 상상의 새로서 용을 잡아 먹는다고 함.

기타 숲 외로운 이 돕는 절: 한자어로 기수급고독원(祇樹給孤獨圓)·기다수급고독원(祈多樹給孤獨圓)이라 하고 줄여 기원·급고독원 이라고도 한다. 부처님 당시에 수닷타라는 재가 불자가, 부처님과 제자들이 한 곳에서 생활하는 데 불편함이 없도록 지은 가장 큰 절. 이 절에 얽힌 설화가 현우경에 자세히 전함.

ㄴ

네 가지 뒤바뀜【四顚倒】 : 범부의 네 가지 전도와 이승(二乘)의 네 가지 전도가 있다.

1 범부의 네 가지 전도 : 나고 죽음의 세계에 대하여 그것이 항상함이 없고, 즐거움이 없고, 내가 없고, 깨끗함이 없는데도 항상하고, 즐겁고, 내가 있고, 청정하다고 하는 견해.

2 이승의 네 가지 전도 : 열반계가 항상하고 즐겁고 내가 있고 깨끗한데도 이 네 가지가 없다고 잘못 집착하는 견해. ①을 함이 있는 네 가지 뒤바뀜이라 하고, ②를 함이 없는 네 가지 뒤바뀜이라 한다. 위의 ①과 ②의 견해를 여의어야 보살이라 함.

네 가지 선정【四禪】 : 범어 catvāri-dhyānāni의 역어. 사정려(四靜慮)라고도 한다. 색계 18층 하늘에서 닦는 선정 네 가지.

1 초선천 : 세 하늘에서 닦는 깨달음과 관함이 있는 선정.

2 2선천 : 세 하늘에서 닦는 깨달음은 없고 관함만 있는 선정.

3 3선천 : 세 하늘에서 닦는 깨달음과 관함이 모두 없는 선정.

4 4선천 : 아홉 하늘에서 닦는 움직이지 않는 선정.

네 가지 요소【四大】 : 범어 mahā-bhūta. 물체의 기본 요소인 흙·물·불·바람(地水火風). 불교에서 사람 몸을 구성하는 네 가지 요소가 위의 네 가지라 함.

네 가지 진리【四諦】 : 범어 catvārisatyāni의 역어. 네 가지 거룩한 진리(四聖諦)라고도 한다.

1 현실의 실상을 괴로움(苦)으로 관찰함.

2 괴로움에 시달리는 원인의 모임(集), 즉 업(행위)의 실상을 말함.

3 깨달음 이상, 즉 멸(滅)하는 실상을 지낸 열반을 말함.

4 열반에 이르는 길(道), 즉 이상에 도달하는 방법을 말함.

네 가지 헤아릴 수 없는 마음【四無量心】 : 자(慈)·비(悲)·희(喜)·사(捨) 의 네 가지 마음이 헤아릴 수 없음을 말함.

네 부류의 대중 : 불교 교단을 구성하고 있는 四部大衆의 우리말. 비구·비구니·우바새·우바이를 말함.

네 부류 제자【四部大衆】 : 부처님의 가르침을 따라 살아가는 네 종류 사람.(비구, 비구니, 우바새, 우바이)

니르그란타 : 음사하여 니건(尼犍). 부처님 당시 있었던 옷을 벗고 수행하던 외도의 한 다섯 가지 감관 : 눈·귀·코·혀·몸. 다섯 뿌리의 다른 이름. 사물을 상대하여 느낌을 내는 다섯 가지 기관.

ㄷ

다섯 가지 감관 : 범어 pañcendriyāṇi. 눈 · 귀 · 코 · 혀 · 몸. 다섯 뿌리의 다른 이름. 사물을 상대하여 느낌을 내는 다섯 가지 기관.

다섯 가지 계율 : 범어 pañca-śila. 불교인이 지켜야 하는 기본 계율 다섯 가지.
1. 살아있는 동물을 죽이지 말라.
2. 주지 않는 것을 가지지 말라.
3. 혼인 관계가 아닌 상대와 섹스는 하지 말라.
4. 거짓말 하지 말라.
5. 정신을 가누지 못 할 만큼 술 먹지 말라.

다섯 가지 신통 : 여섯 가지 신통에서 끝의 누진통을 제외한 앞의 다섯 가지 신통. 이 오신통을 증득한다고 해도 나고 죽음을 벗어나지 못하고 윤회하며, 다음에 태어나면서 이 신통은 없어진다.

다섯 가지 쌓임 : 오음(五陰)

다섯 가지 쾌락 - 오욕【五欲】 :
1. 재물에 대한 욕심.
2. 이성에 대한 욕심.
3. 음식에 대한 욕심.
4. 명예에 대한 욕심.
5. 수면에 대한 욕심.

다섯 가지 흐린 세상【五濁惡世】 : 다섯 가지 흐리고 나쁨이 많은 세상. 부처님의 가르침에 인간의 수명이 84,000살에서 점점 줄어 20,000살이 되면
1. 시대가 더러워지고
2. 견해가 더러워지고
3. 악덕이 횡횡하고
4. 마음과 몸의 질이 점점 더러워지고
5. 수명이 감소하여짐을 말함.

두 가지 좋은 것【二吉】 : 두 가지 좋은 것.

둘째 하늘 : 욕계 6천 가운데 두 번째에 있는 도리천을 말함.

뜻으로 짓는 세 가지 마음작용【意三】 :
1. 탐하는 마음.
2. 성내는 마음.
3. 어리석은 마음.

ㄹ

라자그리하 : 범어 Rājagṛha. 왕사성(王舍城) 마갈타국의 왕도. 한문 경전에 나열기(羅閱祇)로 표기된 것이 많다.

ㅁ

마가다국 : 범어 Magadha의 음사. 부처님 성도하신 곳의 고대 인도의 나라 이름. 마갈제 · 마갈타라고도 함.

마우드갈야야나 : 범어 Maudgalyana의 음사. 부처님의 10대 제자 가운데 신통이 가장 뛰어났든 제자. 목건련.

몸으로 짓는 세 가지 행위【身三】:
❶ 산 것을 죽이지 말라.
❷ 주지 않은 재물을 갖지 말라.
❸ 혼인 외 이성과 섹스하지 말라. 등

무차대회【無遮大會】: Panca-parisad의 역어. 참여하는 사람에 어떤 조건 없이 누구나 참여할 수 있는 큰 모임.

미음정사【美音精舍】: 절 이름

ㅂ

바라문【婆羅門】: 범어 Brāhmaṇa의 음사. 고대인도의 네 계급 중 하나. 범지(梵志)

바루: 범어 pātra. 바릿대, 바리라고도 함. 스님들이 밥을 담아 먹는 밥그릇.

범성【梵聲】: 여래의 음성.

범지【梵志】: 범어 Brahmacārin. 일반적으로 불교인이 아닌 수행자를 말함.

범천【梵天】: Brahma-deva. 色界初禪天이란 뜻. 대가 梵衆天의 임금을 가리키지만 여기서는 초선천(初禪天) 셋을 가리킴. 욕계의 음욕을 여읜 깨끗하다는 뜻.

법륜【法輪】: 범어 dharma-cakra의 역어. 부처님의 가르침이 중생들의 번뇌·망상을 깨뜨려 부숴 버리는 것이 흡사 전륜성왕의 윤보(輪寶)와 같으므로 비유하여 쓴 말. 또 부처님께서 한 사람을 제도하시면 그 사람이 부처님의 가르침을 또 다른 사람에게 가르침으로 법이 일정한 사람이나 일정한 장소에 머물러 있지 않고 퍼진다는 뜻으로 윤(輪)자를 썼으니 윤자의 원래 뜻은 '여기저기로 퍼진다.'는 뜻이다.

법복【法服】: 스님들이 입는 가사를 다르게 일컫는 말.

병사왕【甁沙王】: 범어 Bimbisāra. 부처님 당시 마갈타국 국왕. 죽림정사를 지어 석존께 공양한 중인도 마갈타국 왕의 이름.

보제삼매【普濟三昧】: 중생을 널리 제도하시는 일에만 정신을 쏟는 높은 수행 경지의 하나.

불가사왕: 부처님 당시 인도에 있었던 어떤 나라의 임금.

브라흐마【梵】: 범어 Brāhman의 음사. 인도의 정통 바라문의 사상에서 우주 최고의 원리이자, 만유의 근본을 브라흐마라 함.

비파시인【毘婆尸】: 범어 Vipaśyin. 과거 세 분 부처님 가운데 제일 처음 출현하신 부처님 이름.

빔비사라 왕 : 병사왕

ㅅ

사문【沙門】 : 범어 śramaṇā의 音寫. 부처님 당시에는 출가하여 도를 구하여 수도하는 사람에 대한 총칭으로 쓰임. 여기서는 스님이란 뜻.

살귀【殺鬼】 : 원관념은 시간을 뜻함. 일반적으로 저승사자라 함.

삼장스님【三藏】 : 불경을 경장(經藏) · 율장(律藏) · 논장(論藏)으로 나누는데 이 세 가지에 능통한 스님을 일컫는 말.

삼천대천세계【三千大千世界】 : 간단히 삼천세계라고함. 고대 인도인의 세계관. 수메루산을 중심으로 주위에 네 개의 큰 바다가 있고, 그 둘레에 아홉 개의 산과 여덟 개의 바다가 있는데 이것을 한 세계라 한다. 이 한 세계는 색계의 초선천으로 부터 아래로 풍륜(風輪)까지를 말하고, 여기에는 해 · 달 · 수미산이 하나씩이고, 네 개의 천하와 육욕천이 네 개씩 있는데 이것 천 개를 小千世界라 함. 이러한 소천세계 1,000 개를 中天世界라 하며, 중천세계 천 개를 합하여 三千大千世界라 한다. 즉 삼천대천세계라는 말은 1,000이 세 개라는 말이 아니고, 1,000을 3제곱한 세계를 말하니, 한 부처님께서 교화하시는 범위를 말한다.

상인【上人】 : 지혜와 덕을 갖춘 스님네. 경전에서는 해탈을 한 분을 말함.

상호【相好】 : 범어 Laksana-vyanjana의 역어. 용모 또는 형상이란 뜻인데 대인의 생김새인 삼십이상(三十二相)과 팔십종호(八十種好)의 합성어.

샤리푸트라 : 범어 Sariputra 음사. 부처님의 10대 제자 가운데 지혜가 가장 뛰어났던 제자. 사리불

선승도량【善勝道場】 : 확실히 알 수 없으나 경전의 내용으로 부처님께서 성도하신 보리수가 있는 주위를 말하는 듯함.

세 가지 나쁜 갈래【三惡途】 : 중생들이 사는 세계를 여섯 갈래로 나누고, 그 가운데 나쁜 곳인 지옥 · 아귀 · 축생을 삼악도 즉 세 가지 나쁜 갈래라고 함. 세 갈래 중생

세 가지 독【三毒】 : 탐욕 · 성냄 · 어리석음

세 가지 지혜【三達智】 : 과거 · 현재 · 미래를 통달하여 아는 지혜.

세 가지 해탈【三解脫】 : 해탈을 얻는 세 가지 방법.

1. 일체 모든 것이 모두 공하다.
2. 상대적으로 차별된 모양이 없다.

3 모든 것은 구할 것이 없다.

세 갈래 중생 : 지옥 · 아귀 · 축생 셋을 말함. 불교에서 중생 모두를 여섯 갈래 중생이라고 하는데, 여기서는 업이 무거운 셋만을 뜻함.

세 세계【世界】 : 중생들이 업에 따라 살아가는 세계를 세 종류로 구분하는 불교의 세계관.
1 욕계(欲界) : 지옥에서 하늘의 6층까지. 여기에 태어나는 중생은 온갖 탐욕에 탐착하므로 욕계라 함.
2 색계(色界) : 욕계 위에 위치하는 18층까지 하늘 세계. 여기에 태어나는 중생은 형상은 있으나 욕계처럼 탐욕이 치성하지 않고 선정을 익혀 그 선정의 얕고 깊음에 따라 태어나는 층수가 달라진다.
3 무색계(無色界) : 색계 위에 있는 4층의 하늘로 형상은 없고 정신세계만 있는 세계.

수닷타 : 범어 Sudatta. 부처님 당시 거사 이름. 기수급고독원을 지어 부처님께 바친 대부호로 언제나 네 부류의 어려운 사람을 도왔기 때문에 한자어로 給孤獨이라 번역함.

수메루산 : 범어 Sumeru-parvata. 須彌山으로 음사. 불교의 우주관에 의하면 우리가 사는 세계를 사바세계(괴로움이 많기 때문에 참으며 사는 세계)라 하고, 사바세계를 동 · 서 · 남 · 북으로 나눌 때 중앙에 우뚝 솟은 산을 수메루산이라고 한다. - 수미산(須彌山)

수미산【須彌山】 : 범어 Sumeru-parvata. 고대 인도의 세계관에 나오는 우주의 중심에 있다는 산이름. 바다 가운데 높이 솟아 물 밖으로 8만 유순, 물 밑으로 8만 유순의 높이라 함. 1 유순에 대한 정확한 계산은 없고 여러 가지 말이 있는데, 덩치가 무지하게 크고 무지하게 높다는 뜻임. (1 유순 : 약 30리)

수부티 : Subhuti의 음사. 부처님의 제자 가운데 공(空)에 대하여 제일 잘 알던 제자. 수보리.

수식관【數息觀】 : 내쉬는 숨 들이쉬는 숨을 헤아려 산란한 마음을 방지하는 관법.

숙명통【宿命通】 : 여섯 가지 신통.

슈라바스티 : 범어 Śravasti. 한자어로 왕사성(王舍城). 중인도 마타갈국의 옛날 서울의 성 이름이었으나 나라 이름이 됨.

스로타판나 : 범어 Srota-āpanna. 한자어로 수다원(須陀洹). 성문 4과의 첫 과로서 성인의 경지에 처음 들어간 경지.

스물여덟 하늘【二十八天】 : 욕계 6천,

색계 18천, 무색계 4천 등을 합하여 하늘 세계를 28천으로 나눈 불교에서 하늘을 보는 세계관.

식신【識神】: 마음, 영혼의 다른 이름

신지【神紙】: 사람에게 손해를 끼치지 않는 귀신.

ㅇ

아나가민 : 범어 anāgāmin. 아나함(阿那含). 소승의 네 과위 가운데 세 번째 과위. 불환과(不還果)라 번역하니 '번뇌의 세계에 다시는 돌아오지 않는다.'는 뜻.

아나파나 : 범어 ānāpāna. 한자어 安那般那의 음사. 다섯 가지 마음을 머무는 관법 가운데 들숨과 날숨을 관하여 번뇌를 없애고, 생사를 건너는 선정의 한 가지.

아난다【阿難陀】: 부처님 10대 제자 중 한 분. 범어 Ānanda 음사(音寫). 부처님의 사촌 동생으로서 부처님 성도 뒤 20년부터 열반에 드실 때까지 시봉을 했고, 불교의 3대 교조가 되었으며, 다문(多聞) 제일로서 불경의 결집에 가장 큰 역할을 한 스님. 너무 미남이어서 여난이 많았다고 함.

아라한【阿羅漢】: 범어 arhat. 소승불교의 수행으로 도달 할 수 있는 최고 경지의 이름. 보살의 7 · 8지로 생사를 벗어난 불퇴전하는 이상적인 경지.

아자타사트루 : 범어 Ajatasatru의 음사. 빈바사라 왕의 둘째 왕자로 간신의 꼬임에 빠져 부왕을 죽이고 태자를 죽인 왕. 데바닷타와 공모하여 부처님을 배척했던 부처님 당시의 악독한 왕. 아사세. 석가족을 멸족시킨 왕.

아홉 가지 괴로움【九惱】: 부처님께서 세상에 계실 때 겪으신 아홉 가지 재난.
1 섹시한 손타리의 모함을 받음.
2 전차 바라문 여자에게 비방을 받음.
3 제바달다에게 엄지발가락에 상처를 입음.
4 나무에 발을 찔림.
5 비루리왕 때문에 두통을 앓으심.
6 어느 여름 석 달동안 말먹이 · 보리만 자심.
7 찬바람으로 척추병을 앓으심.
8 6년 고행.
9 바라문의 마을에 들어가 밥을 빌었으나 끝내 얻지 못하심. → 홍기행경

여덟 가지 바른 길【八正道】: 범어 aryastanga-maga에 대한 역어.
1 정견(正見) : 바른 견해, 특히 중생에게는 바른 믿음
2 정사유(正思維) : 바른 의사(義思)
3 정어(正語) : 바른 말.
4 정업(正業) : 바른 짓.
5 정명(正命) : 바른 생활.

❻ 정정진(正精進) : 바른 노력.
❼ 정념(正念) : 바른 의식.
❽ 정정(正定) : 마음이 하나에 매여 딴 생각을 하지 않음.

여덟 가지 삿됨【八邪】 : 여덟 가지 바른 도와 상대적인 말
❶ 삿된 견해
❷ 삿된 뜻
❸ 삿된 말
❹ 삿된 행동(邪業)
❺ 삿된 생명줄
❻ 삿된 방편
❼ 삿된 생각
❽ 삿된 선정

여덟 가지 어려움 : 구체적으로 불법을 듣는데 여덟 가지 어려움을 말함.
❶ 지옥에 있는 중생.
❷ 아귀에 있는 중생.
❸ 축생으로 있는 중생.
❹ 오래 사는 하늘에 있는 사람들.
❺ 변경지역에 사는 사람.
❻ 눈멀고, 귀먹고, 벙어리 등
❼ 너무 똑똑한 사람.
❽ 부처님보다 앞에 난 이, 부처님 열반 후에 난 이.

여덟 가지 해탈【八解脫】 : 여덟 가지 생사를 벗어나기 위하여 닦는 선정.
❶ 마음으로 여자를 탐하면 손상된 여자의 몸이나 시체가 퍼렇게 멍든 것을 관하여 여자를 좋아하는 마음이 일어나지 않게 함.
❷ 위 1의 수행을 더 깊게 하여, 여자를 탐하는 마음이 다시 일어나지 않게 함.
❸ 이성을 생각하는 마음을 여의고, 스스로 깨끗함을 구족하는 삼매에 듦.
❹ 물질인 육신을 싫어하고 가없는 허공의 자재함을 기뻐하며, 공의 이치를 알고 수행함.
❺ 공이 무변함을 싫어하고 식(識)과 상응하며 마음이 고정되어 움직이지 않는 정신 상태.
❻ 식이 세 세상에 걸쳐 끝이 없는 것을 싫어하고, 인연하는 것이 모두 가지고 있을 것이 없다고 관하는 삼매에 듦.
❼ 이 경지에서는 거친 생각이 없으므로 비상(非想) 또는 비유상(非有想)이지만 세밀한 생각이 없지 않기 때문에 비비상(非非想) 또는 비무상(非無想)이라는 삼매.
❽ 멸진정(滅盡定)에 들어 수(受)와 상(想) 등을 싫어하여 무심(無心)에 머물러 해탈을 하려는 삼매에 듦.

여래【如來】 : 범어 tathagata의 역어. '진리에 따라 왔다.'는 뜻. 부처님 열 가지 이름 가운데 하나.

여섯 가지 경계【六入】 : 눈 · 귀 · 코 · 혀 · 몸 · 뜻의 여섯 뿌리와 빛깔 · 소리 · 냄새 · 맛 · 닿임 · 법의 여섯에 대상하는 물체. '여섯 가지로써 여섯 가지를 거두어 들인다.'는 뜻. 한문으로써 불경을 처음 번역할 때 여섯 뿌리를

여섯 가지 바깥에서 거두어 들임이라 함. 여섯 대상물체를 여섯 가지 안에서 거두어 들임이라 한다.

여섯 가지 기예【六藝】: 중국에서 관리가 될 사람을 가르친 여섯 가지 필수과목. 예의 · 음악 · 활쏘기(사격) · 다른 사람을 다루거나 자기를 제어하는 도덕 판별기능 · 읽고 쓰기 · 셈(수학)

여섯 가지 덕【六德】: 부처님의 여섯 가지 덕행.
1 뜻대로 하심
2 무엇이든 최고 최상임.
3 더 이상 단정할 수 없음.
4 이름이 모두에게 알려짐.
5 언제나 뛰어난 상서로움만 있음.
6 더 높거나 더 귀할 수 없이 존귀함.
※ 이 경전에서는 여섯 가지 바라밀인 듯 함.

여섯 가지 바라밀【六波蘿蜜】: 범어 sat-paramita의 음사. 보살이 부처가 되기 위해 공부해야 하는 필수적인 수행 방법 여섯 가지.
1 다른 이가 필요로 하는 것은 무엇이든지 베푼다.
2 계율로 제정한 것을 어기지 않는다.
3 어떤 상황에서도 참는다.
4 위 과를 얻기 위하여 노력한다.
5 선정을 익힌다.
6 모든 진리를 밝게 알기 위한 슬기를 기른다.

여섯 가지 신통-육신통【六神通】: 인간의 생각으로 해낼 수 없는 일들을 해내는 여섯 가지 신통.
1 천안통 : 육안으로 볼 수 없는 것을 본다.
2 천이통 : 어디서 나는 소리든지 장소와 시간에 구애 없이 듣는다.
3 타심통 : 다른 사람의 생각을 확실히 안다.
4 숙명통 : 지금 사는 모양이 아닌 전생이나 후생을 훤히 통달한다.
5 신족통 : 어디든지 마음만 내키면 갈 수 있다.
6 누진통 : 모든 번뇌를 떨쳐 버렸다. 육신통(六神通)

여섯 가지 욕심【六欲】: 눈 · 귀 · 코 · 혀 · 몸 · 뜻이 경계를 당하여 생기는 여섯 가지 욕망.

여섯 가지 탐욕【六欲】: 색욕을 여의지 못한 중생이 여자에 대하여 내는 여섯 가지 욕심.
1 색욕
2 형상이나 모양에 대한 탐욕.
3 걷고 앉고 웃는 등 맵시에 대한 탐욕.
4 소리 · 음성 · 노래 등에 대한 탐욕.
5 부드러운 살결에 대한 탐욕.
6 남녀의 사랑스런 모습(人相)에 대한 탐욕 - 여섯 가지 욕심(六欲)

열 가지 악행【十惡】:
1 몸으로 짓는 세 가지 나쁜 짓. 생명

을 끊는 殺生 · 남의 물건을 훔치는 도둑질 · 혼인관계가 아닌 이성과 섹스하는 행위

2 입으로써 짓는 나쁜말. 거짓말 · 겉이 다르고 속이 다른 말 · 두 말 · 악담

3 뜻으로써 짓는 세 가지 나쁜짓. 탐욕심 · 성냄 · 어리석음

열 가지 좋은 행실【五戒】: 불자가 지켜야 하는 다섯 가지 기본 계율.

1 살아있는 중생을 죽이지 않는다.

2 주지 않는 물건을 내 것으로 만들지 않는다.

3 혼인하지 않은 이성과 섹스하지 않는다.

4 거짓말하지 않는다.

5 비단같이 번드레한 말 하지 않는다.

6 이간질하는 말을 하지 않는다.

7 꾸짖는 말이나 악담을 하지 않는다.

8 탐욕을 부리지 않는다.

9 성내지 않는다.

10 삿된 견해를 가지지 않는다. 위의 열 가지를 저지르면 열 가지 악한 행실이 된다.

열두 가지 인연 : 범어 dvādaśāga-pratltya. 십이인연법 · 십이지연기 · 십이연문이 라고도 한다. 열두 가지 인연이 일어나는 순서를 밝힘. 장아함경 10권에 자세히 설명되어 있다. 무명(無明) · 행(行) · 식(識) · 명색(名色) · 육처(六處 : 처를 입入 이라고도 함) · 촉(觸) · 수(受) · 애(愛) · 취(取) · 유(有) · 생(生) · 노사(老死). 무명을 반연하여 행이 생기고 행을 반연하여 식이 생기고, 생을 반연하여 노사가 생긴다.

열반【涅槃】: 범어 Nirvāṇa의 음사. 나고 죽음의 법을 체득한 불교인 최고 경지.

오개【五蓋】: 범어 Pañca-āvaraṇani. 오장(障)이라고도 함. 다섯 가지 법이 있어서 마음 성품을 가리워 선법(善法)을 낼 수 없게 함을 말함.

1 탐욕개(貪慾) : 오욕에 집착함으로써 심성을 가리움.

2 진에개(瞋恚) : 성냄으로써 심성을 가리움.

3 수면개(睡眠) : 마음이 흐리고 몸이 무거워짐으로써 심성을 가림.

4 도회개(悼悔) : 마음이 흔들리고 근심함으로써 심성을 가림.

5 의법개(疑法) : 법에 대하여 결단성이 없어 미룸으로써 심성을 가리움.

오역죄 : 다섯 가지 구제되지 못할 죄를 말함. 일부러 ① 父 ② 母 ③ 아라한을 죽임이며, ④ 부처님 몸에 피를 나게 함(해코지하여 상해를 입힘). ⑤ 스님네의 사이를 갈라놓는 등인데, 소승과 대승에 차이가 있고 경전마다 조금씩 다르다.

오음【五陰】: 범어 pañca-skandha. 오온(五蘊)의 옛날 번역어. 다섯 가지 쌓임.

1 색(色) : 스스로 변화하고, 또 다른 것을 장애하는 물질.
2 수(受) : 괴로움 · 즐거움. 괴롭지도 않고 즐겁지도 않음을 느끼는 마음작용.
3 상(想) : 외계의 사물을 보고 듣고 받아들여서, 그것을 想像하는 마음의 작용.
4 행(行) : 인연에 따라 생겨났다가 시간에 따라 변천하여 없어짐.
5 식(識) : 의식하고 분별하는 작용.

우트라쿠라 : 인도의 동쪽에 있었던 나라이름.

원길수【元吉樹】 : 부처님께서 성도하실 때 앉으셨던 나무. 즉 보리수의 한자어.

유리【瑠璃】의 오역죄【五逆罪】 : 범어 Virūḍhaka. 유리는 빈바사라 왕의 둘째 왕자. 태자인 형을 죽이고, 왕인 아버지를 죽이고 임금이 되어 석가족을 몰살시킨 마갈타국의 임금. 한문으로 아사세(阿門世)로 음사하였음.

응진【應眞】 : 아라한의 한자어.

입으로 짓는 네 가지 말(口四) :
1 거짓말 하지 말라.
2 꾸미는 말 하지 말라.
3 두 가지 말 하지 말라.
4 악한 말 하지 말라. 등

일곱 가지 재물【七財】 : 범어 Spatadhanāni. 믿음 · 계율 · 자기 부끄러움 · 남부끄러움 · 많이 들음 · 보시 · 지혜 등. 부처님의 가르침에 따라 실천하는 일곱 가지 강령을 재물이라 함. 재물

일곱 번째 식【七識】 : 5식 · 6식 · 7식 · 8식 · 9식 가운데 말라식인 7식을 말함.

ㅈ

장로【長老】 : 범어 āyuṣmant의 역이. 가장 윗자리에 앉는 분이라는 등의 뜻을 지닌 말로 학덕을 겸비하고 스님이 되신 지가 오래된 스님을 일컫는 말인데, 스님이 아니라도 수행하여 학덕이 뛰어나면 일컫게 되었다.

장자【長者】 : 범어 Śreṣṭha. 문벌이 좋고, 부귀하며 덕행이 뛰어나 존경을 받는 남자.

재【齋】 : 범어 upoṣadha의 역어. 몸과 마음을 청결히 하고, 생각과 행위를 부처님의 가르침대로 하는 것이 큰 의미의 재임. 재계(齋戒)에서 분리한 말. 즉 '일곱 가지 계율을 지키며 정해진 때에만 밥먹다.' 는 八재계에서 온 말.

재계【齋戒】 : 齋는 정오가 지나면 먹지 않는 것. 戒는 不殺生 등의 7戒를 가지는 것. 곧 八齋戒의 준 말. 또는 식사와 몸가짐, 마음 가짐을 조심하고 삼가하

는 것.(→ 齋)

전단향【旃壇香】: 범어 candan의 음사에 한자 향(香)에 붙인 말. 향기가 좋은 나무로서 상록수. 불교에서 제일 좋은 향을 전단향이라 함.

좌선【坐禪】: 범어 dhyāna의 역어. 바로 앉은 자세로 모든 생각을 쉬고 하나만을 생각하는 수행방법. 지금 한국의 선방에서 하는 참선과는 자세가 같으나 내용은 많은 차이가 있다.

중우【衆祐】: 여래를 다르게 일컫는 말.

중음【中陰】: 범어 antarā-bhava의 역어. 중유(中有) 또는 중온(中蘊)이라고도 한다. 중생이 지금 몸을 버리고 다음 몸을 받는 중간에 있는 존재하는 영혼의 몸.

지관【止觀】: 범어 Śamatha의 역어. 사마타(奢摩他)로 음사함. 정(定)과 지혜를 닦는 공부 방법. 악을 중지하고, 본래의 마음을 관찰하여 선정에 드는 부처님 당시의 참선법.

진인【眞人】: 아라한의 한자어 번역. 소승에서는 부처님도 아라한이라고 했다.

ㅊ

철위산【鐵圍山】: 범어 Cakrāvaḍa의 역어. 불교에서 보는 사바세계의 생김새 가운데 제일 바깥에 있는 산으로 모든 산은 다이아몬드 같은 강한 물질로 되었고, 높이는 312유순이라 하며, 산록에는 빛이 닿지 않는다.

청신사【淸信士】: 세속에 살면서 부처님의 가르침을 따르는 남자, 즉 우바새를 이르는 한자어.

ㅋ

카필라바스투: 범어 Kapilavastu. 부처님께서 탄생하신 옛날에 인도에 있던 나라 이름. 지금 네팔 타라이 지방.

칼란다카 대숲 절-죽림정사【竹林精舍】: 범어 Venuvana의 역어. 부처님께서 성도하신 뒤 곧 바로 귀의한 가란타 거사가 대숲을 기증하자, 마갈타 국왕 빔비사라 임금이 절을 지어 부처님께 시주한 불교최초의 사원(寺院)으로 2대 가람의 하나.

캐슈밀: 범어 Kapisa. 한자로 계빈(賓)이라 음사함. 북인도에 있던 나라이름.

코삼비국: 범어 Kauśāmbi. 부처님 당시 인도에 있었던 나라 이름.

ㅍ

팔관재【八關齋】: 구체적으로 팔관재계(八關齋戒)라 함. 범어 aṣṭāṅgaśīla의 역어. 출가인이 아닌 불자가, 8일 15일, 24일, 30일(그믐날)에 24시간

동안 지키는 일곱 가지 계율과 한 가지 재법.

프라세나짓 : 범어 Prasenajit. 파사닉(波斯匿)은 음사. 부처님께서 세상에 계실 때 중인도 사위국의 임금으로서 부처님과 동갑이었다.

푸라데카 : Pratyekabudda. 한자어로 음사하여 벽지불(辟支佛). 연각(緣覺)·독각(獨覺)이라 번역함. 자연의 변화를 보고 무상함을 느껴 공부하여 깨달은 이.

ㅎ

한 가지 흉함【一凶】 : 한 가지 좋지 못한 것.

함이 없음-무위【無爲】 : 범어 asaṁskṛta의 역어. 무위법이 같은 말이다. 인연에 의해 조작되는 것이 아니고, 나고 죽음을 떠난 상주불멸의 영원한 적멸의 세계를 뜻함. ↔ 유위

함이 있음-유위【有爲】 : 범어 saṁskṛta의 역어. 의식적으로 하는 행위, 또는 유위에 법을 붙여 유위법이라 한다. ↔ 무위

법구비유경
경전시리즈 5

1판 1쇄 인쇄 2008년 8월
1판 1쇄 발행 2008년 8월

저 자 몽산(夢山) 관일(觀一)
펴낸곳 (주)두배의느낌 | 등록번호_제317-2007-46호 |
서울 송파구 방이동 22-5 잠실리시온 624호
전화02-2272-0252 팩스02-2272-0251

제 작 (주)은성프린터스

ISBN 978-89-92948-17-3 03220